本书是国家社科基金重点项目“数字技术驱动的社会创业行为与过程管理研究”（20AGL008）、上海市软科学重点项目“包容性数字城市的推进机制与政策研究”和中国高校创新创业教育改革研究基金项目“创新创业教育课程体系研究”（项目批准号：2019CCJG01Z003）的阶段性成果。

中国社会创业研究中心丛书

创业型经济

中国创业七讲

刘志阳◎著

上海财经大学出版社

图书在版编目(CIP)数据

创业型经济:中国创业七讲/刘志阳著. 一上海:上海财经大学出版社,2021.8
ISBN 978-7-5642-3817-9/F·3817

Ⅰ.①创… Ⅱ.①刘… Ⅲ.①创业-研究-中国 Ⅳ.①F279.232.2

中国版本图书馆 CIP 数据核字(2021)第 121370 号

创业型经济

中国创业七讲

编 著 者:刘志阳 著
责任编辑:灼 华
封面设计:桃 夭
出版发行:上海财经大学出版社有限公司
地 址:上海市中山北一路 369 号(邮编 200083)
网 址:http://www.sufep.com
电子邮箱:webmaster@sufep.com
经 销:全国新华书店
印刷装订:上海颛辉印刷厂有限公司
开 本:710mm×1000mm 1/16
印 张:20.75
字 数:356 千
版 次:2021 年 8 月第 1 版
印 次:2021 年 8 月第 1 次印刷
定 价:79.00 元

代序：从创业型经济到创业型社会

任何社会的发展进程和运行状态，都是由其内在的动力机制决定的。随着新发展阶段下中国经济“低垂的果实”逐渐消失，创新创业不仅日益成为中国经济增长的新动能，而且也逐步从经济层面向社会层面渗透。从创业型经济向创业型社会发展，是中国“双创”战略从经济层面向社会层面渗透发展的必然趋势。在创业型社会中，创新创业是全社会赖以发展的主要活动。从创新主体看，不仅涉及个人、公司，还包含社会组织、社区、学校、城市和国家等不同主体；从创业领域看，不仅涉及传统的商业领域，更是包含气候、环保、医疗、教育、养老、扶贫、志愿服务等多样的社会领域。多样化的创新主体与创业领域的融合创新活动，推动创业型社会的快速发展。

一、创业型社会的背景

创业型社会，是指由商业创新和社会创新驱动，制度创新作为保障，充满创新创造活力的一种新型社会形态，创业型社会是人们追求自由方式的主动选择。

第一，创业型社会是商业创新及其带来的创业型经济发展的结果。创业型社会的经济基础是大量的技术创新现象和创业型企业的存在。约瑟夫·熊彼特(Joseph Schumpter)很早就意识到，只有企业家实现创新，“创造性地破坏”经济循环的惯行轨道，才有经济发展。大卫·罗默(David Romer)认为技术创新是内生于企业的，最终将被扩散，由此提出了内生经济增长理论。威廉·鲍默尔（Willam Baumol）则详细对比研究了大企业和小企业对创新的不同贡献，他认为大企业往往循规蹈矩，更多进行着常规性创新活动。而最具革命性想法的大部分来自自主的创新家，他们往往通过创业的手段来实现技术的商业化。创新的扩散则主要是通过鼓励技术贸易和技术授权等方式来实现。大量的技术创新及其扩散在20世纪70年代尤其显著，苹果、微软等很多革命型创业企业通过技术创新打败当时的成熟大企业，"蚂蚁绊倒大象"的例子屡见不鲜，大量新创企业的出现不仅带动新兴产业的快速发展，也成为社会就业的主渠道。据统计，1980年以来小企业每年创造了70%以上的新产品和就业机会，所以彼得·德鲁克（Peter Drucker）将上述现象称为"创业型经济"。

创业型经济，是相对于管理型经济而言的，是指以大量新创企业和成长企业为支撑的经济形态，其典型特征包括：创新和创业成为经济增长的主要驱动力；创业投资是推动创新创业的重要金融工具；孵化器是创业型经济的载体；新兴产业是创业型经济的产业基础；包容失败的创新创业文化是重要保障。在中国高质量经济发展新背景下，以供给侧改革为攻坚任务配合创业型经济发展，正从根本上重塑着中国经济的供需两端，逐步孕育着经济中长期发展的根本动力，也让创业型社会的经济基础越加坚实。

第二，创业型社会也是社会创新及其带来的包容性发展的结果。创业型社会的社会基础是大量社会创新的运用和包容性发展水平的提高。在经济增长的同时，也带来了环境恶化、贫困、食品安全等社会问题。各界都在积极探索有效的社会创新手段来解决诸如此类的包容性发展问题。诺贝尔和平奖获得者尤努斯以"穷人的银行"实践案例开创发展了"小贷"扶贫服务，促进了社会创新理念在全球的迅速传播。管理学家C. K. 普拉哈拉德（C. K. Prahalad）提出根治贫困的金字塔底层（BOP）理论，倡导通过商业模式创新的方式把穷人与外部世界平等地连接在一起，同时创造出经济、社会和环境等多重价值。一些企业家呼吁大企业应该承担更多的社会责任，将CSR理念融入企业的发展战略和技术创新中。越来越多的人认识到，社会创新不是社会组织的专利，企业更有必要导入社会创新战略，在生产、营销、财务等运营行动中，植入社会大众重视的社会问题创新解决方案，通过运营行动一方面解决问题，另一方面争取社会大众的认同及支持，强化企业营运优势及市场绩效。在此背景下，创新理论经历了从技术创新向社会创新的“范式转移”,迈克尔·波特(Michael Porter)等人甚至认为社会创新的重要性不亚于技术创新,有时可能还更重要。随着社会创新概念的普及,创办社会企业和社会组织成为一种潮流。美国社会学家格里高利·狄兹(Gregory Dees)率先提出了“社会企业光谱”的概念,他指出社会企业是处于商业企业和非营利组织之间的一种多元混合体,是一种受混合动机驱动并创造经济价值和社会价值的组织。中和农信、深圳残友、天津鹤童等社会企业在中国的发展实践也表明,社会创新和社会创业是推动经济社会可持续和包容性发展的有效方式。从技术创新到社会创新,从商业创业到社会创业,创业型社会的根基也在全方位夯实。

第三,创业型社会还是人们追求自由生产和生活方式的主动选择。在创新型国家创新驱动和“双创”战略的推动下,创业不再是离经叛道的个人抉择,而是全社会青年人可以接受的共同价值观。创业失败不再是耻辱,而是走向成功的试金石。越来越多的年轻人参与到创业过程中,全民创新创业的理念得到更多的认可。同时,互联网也有效降低了创业的技术门槛,多样化的众创空间降低了创业的成本,各种制度设计帮助创业者克服合法性难题,全社会的多样化创新使得创业越来越成为实现个人价值的生活方式。

二、创业型社会的特征

创业型社会意味着新的“技术—经济—社会—制度”范式的变迁,由此形成了创新、资本、空间、产业和制度文化五大典型特征。

第一,创新是创业型社会的驱动力量。这里的创新不仅包含商业创新,也包含社会创新和更具广泛性、系统性的制度创新。层出不穷的商业创新(包括技术和商业模式创新)只解决了创造私人财富。更加重要的问题是:如何将私人财富的一部分转化为公共福祉,如何在实现财富创造的同时也兼顾环境可持续发展。社会创新就是创造性地组合资源以满足社会需求为目的的社会行动。社会创新是伴随着社会企业而兴起的一种社会活动,但它不仅是NGO、社会企业的行为,还可以是政府及商业机构的创新活动。商业创新和社会创新的双轮驱动推动大量初创企业和社会企业涌现,制度创新则推动创新的大量扩散。

第二,公益创投和创业投资是创业型社会的金融工具。创业投资是创业企业发展的重要助推器。公益创投是金融创新主动适应社会创新和社会创业的主要融资方式。公益创投已被欧美实践证明是社会企业孵化的有效形式，它是借鉴商业创投方法对初创期社会企业进行投资孵化的资本形态。它以支持社会企业发展和获得社会影响力为前提，同时也追求必要财务回报以维持可持续发展，既有别于完全追求社会价值的慈善基金，也有别于完全追求商业价值的商业创投。公益创投的出现弥补了解决社会问题所需要的巨大资金缺口，将成为创业型社会的重要金融投资工具。

第三，众创空间和社会企业孵化器是创业型社会的孵化载体。众创空间改变了传统孵化器的单一地理集聚的功能，其有效的创新资源链接以及开放式创新知识扩散模式使创新创业加速发展成为可能。作为创业型社会的新群落，众创空间具有自组织、无边界、开放性、共享性等显著特征。国内外成功的众创空间运营模式显示，开放式创新背景下的众创空间不是由单一要素构成的。除了空间场地、基础服务等标准配置，它还需要配置精细全面的创新创业服务来吸引创业者。在这个过程中，众创空间发挥了资源配置的作用，并且也在验证着创业最重要的要素资源。对创新要素资源的不同选择常常会孕育出不同模式的众创空间，但只有那些深刻理解创新要素资源、深刻理解创业者需求的创新型众创空间，才有可能在创新创业浪潮中行稳致远，这样的众创空间才有可能塑造出创新的群落环境，成为创业型社会发展的载体。展望未来，众创空间管理应当充分借鉴群落管理、集群管理和开放式创新管理的新理念和新方法，摸索出一套适合自身发展的新时代管理模式。目前正在兴起的社会企业孵化器，借鉴了创意空间的模式，从硬体规划着手，为社会企业入驻打造集办公、社交、活动等于一体的新型工作场所，并将创业辅导、资源平台、学习网络构建等一揽子软性服务充实其中，是最具活力的社会创新空间。同时它们还借助社区营造方法，推动居民参与社会创新。可以说，社会企业孵化器激活了社会创新和社会创业细胞，它们与众创空间融合发展，是创业型社会的主要载体和加速器。

第四，共享经济和平台经济是创业型社会的支柱产业。互联网平台通过业务在线化和数据挖掘，能够促进供需双方精确匹配，缩短供需对接环节，提高效率，同时也能改善供需信息不对称等带来的问题。另外，云服务、众筹、众包等极大地降低了中小企业、个人创新创业成本，催生了新业态、新模式。平台经济发展的同时，产业之间的联系愈发紧密，产业共享成为趋势。共享经济催生了一种新型的社会分工方式，为创业型社会提供了更低的门槛、更大的平台、更广的空间，让更多的人参与到创业创新活动和社会化大生产中来，夯实创业型社会的产业基础。

第五,鼓励开放式创新的制度文化是创业型社会的文化土壤。推动创新扩散离不开一系列激励创新的制度安排,这里既包括对创新者获利保护的各种严格的知识产权制度,更包含为克服专利丛林问题所自发形成的各种技术授权许可联盟。另外,为推动更广泛的创新,迫切需要打开封闭的专利围墙,使开放式创新成为社会的共识。开放式创新是将企业传统封闭式的创新模式开放,引入外部的创新能力。在开放式创新下,企业在期望发展技术和产品的同时,能够也应该像使用内部研究能力一样借用外部的研究能力,能够也应该与所有利益相关者建立紧密联系来共同拓展市场的创新方式,以实现创新要素在不同企业、个体之间的共享,构建创新要素整合的网络体系。开放式创新的制度文化让创业型社会的发展动力更加持久。

总之,构建创业型社会是一场创新革命,是管理型经济向创业型经济转型的结果,也是创业型深化的结果,应当作为中国新一轮改革与发展的重大战略(见下图)。要充分发挥政府政策的引导作用:一是从发展战略层面,将社会创业纳入国家"双创"战略部署,推进"双创"从经济层面向社会层面纵深发展,努力构建形成社会创业与商业创业双轮驱动的有效生态系统;二是从战略实施层面,加快推进创业型城市、创业型城区、创业型社区等不同层次与不同主体的评价指标体系建设和绩效考评,动员全社会参与"双创"工作,推进创业型社会的生根落地。同时要充分发挥市场配置作用,基于"技术—经济—金融—社会"相结合的范式,从推进工具、产业基础、建设载体、金融手段以及文化土壤五个维度来构建创业型社会的政策路径。

	管理型经济	创业型经济	创业型社会
驱动力量	成本控制	技术创新	商业创新+社会创新+制度创新
金融工具	产业资本	风险投资	风险投资+公益创投
孵化载体	产业园区	孵化器	众创空间+社企孵化器
支柱产业	传统工业	高科技产业+新兴产业	分享经济+平台经济
文化支撑	封闭式创新文化(效率至上)	保护型创新文化(创造至上)	开放式创新文化(自由至上)

三、丛书结构安排

“双创”是影响全球的时代巨浪，社会上的各种认识层出不穷，泥沙俱下。立足新发展阶段，贯彻新发展理念，构建新发展格局，站在新的历史起点有必要从理论上对“创新创业创造”进行一次更为宏大的基础性阐释与提升。希望笔者的有关观点可以帮助澄清一些社会偏见，扬弃一些发展过程的杂声，同时也能求教于各位方家。更期待随着中国特色社会主义新征程的开启，中国特色的创业学学科体系、学术体系和话语体系能够逐步得以构建。

本次推出的两部书系姊妹篇，是笔者近年来在《光明日报》《解放日报》及学术期刊和资政报告上发表的“创新创业创造”相关文章的系统整理。在汇编过程中，除了必要的文字编排改动，数据没有根据最新情况更新。笔者认为，做一个时代的忠实记录者也是一种认真负责的态度。书中涉及的很多文献在论文期刊中都有标注，考虑到读者的阅读习惯故没有在汇编过程中再次详细标注。

《创业型经济——中国创业七讲》，围绕“从管理型经济向创业型经济转型”的命题，着重阐述创新创业创造的时代要义以及创业型经济的有机构成。第一讲“机会创建：从创业到创变”，重在说明创业过程以及创变意义；第二讲“创业成长：发展是硬道理”，阐明初创企业成长过程的机会迭代、治理优化、创业融资等步骤；第三讲“新兴产业：技术路线图”，意在阐释新兴产业集群化、金融化和自主化背后的基本逻辑；第四讲“长三角双创：如何充当桥头堡”，侧重从长三角区域层面阐述如何推进创新创业一体化；第五讲“围炉问政：双创如何落到实处”，重在讲述如何从国家层面持续推进双创活动；第六讲“双创教育：新经济源头”，旨在回应社会有关双创教育就是鼓吹创业的片面认识，强调双创教育对于个体发展和创业型经济培育的重要意义；第七讲“时代燃灯：释放创新创业创造新动能”，意在阐释创新创业创造在百年未有之大变局和伟大复兴战略全局的历史作用。

《创业型社会——中国创新五讲》，围绕“创业型经济向创业型社会转变”的命题，着重阐述推进创业型社会发展的社会企业家力量、社会创业行动以及公益创投手段。第一讲“企业家精神：从冒险到责任”，基于改革开放史的视角分析当代中国企业家精神的发展进程，阐释社会企业家精神的儒家文化根基；第二讲“乡村振兴：从乡建到乡创”，认为新时代乡村建设不仅是新的商业机会，更是一场涉及众多主体的社会变革；第三讲“社会创业：新商业的崛起”，强调社会创业应该纳入国家“双创”战略的构成，解决社会问题也是新的商业机会；第四讲“公益创投：新金融的上场”，强调应该超越传统金融一味追求财富回报的固有认识，推动公益创投作为可持续和负责任的新金融的重要力量；第五讲“数智创业：数智时代的破坏性力量”，强调应该面向数智时代系统理解数字创业的全新内涵。

在丛书付梓之际，要感谢众多前辈、师长和同行对我的关心和帮助。我的博士生导师——南开大学荣誉教授高峰先生引领我进入学术的殿堂，始终鼓励我为学求真求实。尽管先生已经仙逝，但先生高洁的学术追求永远像灯塔一样指引着我；南开大学张玉利教授是创业研究的大家，也是我在南开大学读书的师长，感谢张老师的鼓励和鞭策，让我有信心从经济学转向管理学研究；我的博士后导师苏东水先生是一位极富洞见的管理学家，先生对于传统文化的毕生追求潜移默化也影响了我对管理思想史的好奇；我在加拿大访问期间的合作教授陈智琦教授，十分关心我的个人学术发展；我工作期间的单位领导一直对我的工作予以高度支持，借此机会向上述师长表示最由衷的感谢。

我要感谢中国社会创业研究中心的研究团队在书稿撰写过程中所付出的辛勤努力，他们是陈和午、李斌、赵陈芳、王陆峰、邱振宇、陈咏昶等；感谢上财创业学院袁筱和黄伟芳对原始书稿的收集整理，感谢上海财经大学出版社黄磊总编，他们卓有成效的工作使本书顺利出版。感谢工信部原副部长杨学山先生、北京大学陈春花教授、国务院发展研究中心魏加宁研究员、清华大学朱旭峰教授、圣路易斯华盛顿大学张付强教授对丛书的推荐。

最后，特别感谢我生命中的三位女性。我的母亲身体不好，但是无私的母爱一直是我前行的最大动力；我的女儿学习自觉，无形中给了我很多奋进的温暖动力；感谢我的太太，没有她近二十年来的包容鼓励和坚定支持，不会有我的现在。

刘志阳于沪上
2021 年 7 月 1 日

目录

Contents

01

第一讲

机会创建

从创业到创变

所谓创变领导，是指他们能敏锐地关注到组织内外的变化，勇于打破旧的秩序，创建新的业务，将潜在威胁转化为现实机会。创变时代，领导者最重要的职责是带领团队创造变化，而不是被动应对变化。

何为创业

说到“创业”，所有人似乎都知道，但是又未必每个人都明白。创业是基于创新为基础的创建行动。创业和创新、发明、创建这些词汇高度相关，但是又很容易混淆。

理解创业第一步，就是要理解创新，包括技术创新和商业创新。

熊彼特认为，所谓创新就是要“建立一种新的生产函数”，即“生产要素的重新组合”，就是要把一种从来没有的关于生产要素和生产条件的“新组合”引进生产体系中，以实现对生产要素或生产条件的“新组合”。后来，人们将他这一段话归纳为五个创新，依次对应产品创新、技术创新、市场创新、原材料创新和组织创新。

管理学家蒂斯（David Teece）则认为，价值创造并不等同于价值占有，发明并不是创新的全部。在他看来，创新包含了技术发明和商业化，在严格的独占性制度下，价值更多取决于技术发明，但在宽松的独占性制度下，价值占有则与商业化高度相关。

多数情况下，技术发明和商业化隔着巨大的鸿沟，这导致很多创新者未必就是最终的商业化成果实质占有者。

虽然科学研究与技术发明是新兴科技产业发展过程所必须具备的基础，但由于经济利益必须在商业市场中方能呈现，而科研阶段尚未出现商业市场，因此科研成果的预期商业价值普遍不高。

迷你案例

价值创造不等于价值占有

英国 EMI 公司发明了断层扫描仪，但是最后真正的美国市场赢家却是通用电气公司。Bowmar 公司最早推出便携式计算器，但却没能抵挡住来自德州仪器、惠普等公司的竞争而最终退出市场。苹果公司利用施乐公司的技术在计算机操作系统中进行了图形用户界面系统的商业化，但最终的获利者却是微软公司。

在中国，万燕公司创新了 VCD 产品，但获利者却是后来的新科公司。究其原因，与万燕没有找到从自己的创新中独享收益的方法有关，万燕既不能控制 VCD 技术的扩散，也无法从这种扩散中获利。江民软件是国内杀毒软件的开创者之一，但是最终市场的主要占有者和获利者却是 360 公司。

发明家专注于探索未知世界，给世界带来全新的技术，但不会过于关注发明带来的经济回报。他们可选择的创业路径有三：一是出售发明的知识产权，最快实现发明价值，直至被商业化；二是与具有创新能力的其他人合作创业；三是尝试同时成为发明家和商业家，但会承受一定风险。很少有人在两种角色上同时成功，因为两种角色需要不同的技能和能力倾向。

风险投资行业的先驱者乔治·多利特(Georges Doriot)曾表示："一些优秀的科学家最终被证明是糟糕的商人。"只有很少像爱迪生、莱特兄弟和亚历山大·贝尔这样的成功的发明家同时也是商业家。因此，创业成功最可能的选择就是创建一支平衡的团队，同时包括发明家和商业家。

有一些初创者会错误地认为，他们不是创业者，因为他们从未发明过任何东西，也没有想出足以建立一家公司的新点子。不过即便如此，很多人仍是创业者，他们通过市场创新依然满足了部分人的部分需求。

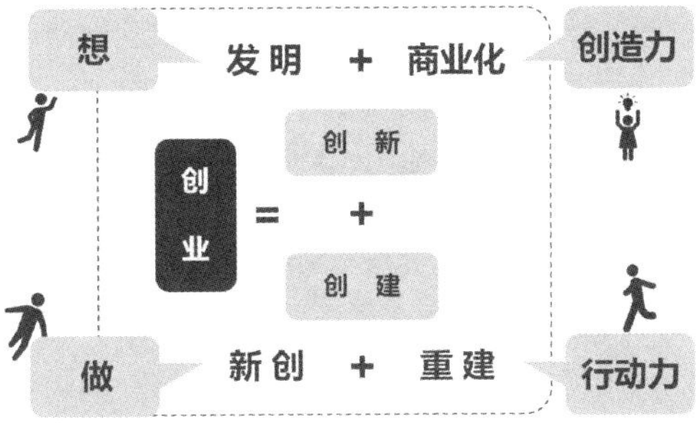

创业的内涵

理解创业第二步,就要理解创建,包含从零新创和变革重建。

哈罗德·埃文斯(Harold Evans)指出:“企业家的贡献可能在于就已知事物实现承诺。”换句话说,创新者探索未知事物,企业家实现已知事物。而“实现”通常比“探索”更容易带来经济回报。发明家通常只能获得商机中的一小部分财富,因为他们专注于发现突破,而非最终的经济回报。另外,由于个性原因,发明家往往缺乏合适的技能将创新的点子转化为商业运转的企业。

例如,比尔·依格(Bill Yeager)虽然是多重协议路由器的发明者,但他个人并没有因思科的成功而获得任何商业利益。波萨克与莱纳虽然不是路由器的发明者,但他们却能熟练应用路由器技术并发现它的市场价值。创业家与发明家的不同在于:创业家能看到技术产品的市场价值,并且能采取行动实现这样的价值。

创业活动,是在创业精神驱动下对创业机会进行识别和开发的活动过程,是创业者主导下的高度综合的不确定管理活动。创业活动不完全等同于创新或一般意义上的创建活动,创业活动既需要创造力,更要求行动力。

提到“创建”,就要理解两种创建行动:一种是我们常见的新创活动,即0—1;另一种是更广泛的、在已有组织的重建行动,往往被我们忽略,即1—10。

例如,3M公司内部,如果员工认为某一项目的潜力诱人,可以向所在部门申请资助,如果他所在部门不予支持,该员工还可向其他部门或公司的新业务开发部申请资助,一旦项目最终获得批准,项目发起人可以在公司内部招人组建项目小组。

迷你案例

壳牌内部创业计划

荷兰皇家壳牌石油公司(Shell)于1996年成立了“规则改变者”内部创业小组,拨款2 000万美元给内部创业者,授权他们实践打破惯例、改变规则的创业新思路。公司的任何人都可提出想法,并在顾问的指导下,制定可行的商业计划、界定机遇的边界、确定潜在的伙伴关系,认清真正的竞争优势及财务问题,并实施计划。“规则改变者”创业小组将这种内部创业进程制度化,每周举行会议商讨新的提议,决定值得投资的项目。仅1999年,公司5个最大的增长计划中有4个可在“规则改变者”创业小组的项目中找到源头。

理解创业的第三步,就要理解中国的独特情境。

当下,中国最缺的是技术发明,而不是市场创新。

“双创”浪潮席卷大江南北,但也泥沙俱下。最近的创业“死亡”大名单,让我们看到大量的共享经济、电商、社交等所谓新企业的倒下。

这些倒下的大部分创新企业都是商业模式驱动,最大的短板是技术发明的缺乏,在一个资本为王的时代,缺乏技术的护城河,也就交出了企业存亡的最大决策权。新企业如果不能取得短时间的规模扩张,往往就会被资本抛弃,所以结局是必然的。

我们要说,创变时代最大的不变是科技创新,这仍是创业的最重要根基。对于一个国家来说,科技实力是大国强国的根基,想要保持高速的经济发展速度,应对外部的风吹草动,唯有技术实力才能充当全球经济竞争的最高护城河。

(原文由刘志阳、黄毅承整理发表于“志阳创谈”公众号)

是否应该创业

一个人是否选择创业，与他的动机和能力都有关系。想不想创业是动机问题，能不能创业则涉及个人特质与能力。

一、想不想创业？

根据动机和能力不同，大致可以分为创业者、失败者、精英者、老实人四种类型。多数人都不具有强烈的创业动机，属于传统工作体制下的“老实人”，少之又少的人是具有创业能力但不想创业的“精英者”，相当一部分人有创业动机但是不具备创业实力，同时具有创业动机又具有创业能力的创业者是极少数的。

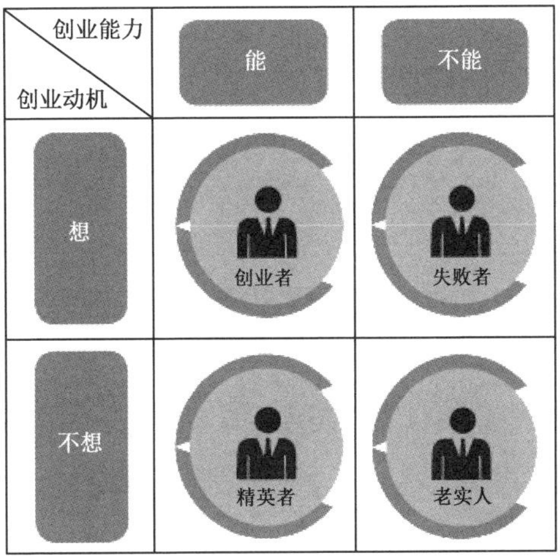

四种类型的人

创业之初，最重要的是清楚自己所属的类型。促使创业者选择创业之路的原因，往往是他们的动机。据调查，创业者的动机主要分为以下四类：

第一类：渴望做自己的老板。这虽然是最常见的原因，但并不意味着创业者难以与他人共同工作，或他们难以接受领导权威。实际上，许多创业者只是具有强烈的创业欲望，想成为自己的老板，或是对目前的工作现状不满想另谋出路。

第二类：渴望实现自己的创意。有些人天生机敏，当看到新产品或有新服务创意时，就渴盼这些创意得以实现。在现存企业环境下进行创新的公司创业者，常常具有使创意变成现实的意念。然而，如果现存企业阻碍了这些创新，员工就会带着未实现的创意离开企业。

第三类：渴望获得经济回报。创业者会将主要精力投入他们希望能够生存并实现营利的企业中，即拥有自己创业的企业并享有企业赚取的利润。在这些创业者看来，所有权是财富的关键，而他们的目标就是创建一个有着持续营利能力的企业。

第四类：改变社会。许多创业者不仅追求物质层面的满足，更追求精神层面的满足。他们希望通过创建既能够营利又对社会有益的企业，达成帮助大众、改变社会、助力实现中国复兴的伟大目标。

二、能不能创业？

决定你能否走上创业之路的另一个因素是创业能力，具体有领导能力、学习能力、沟通能力、整合能力、决策能力和执行能力。

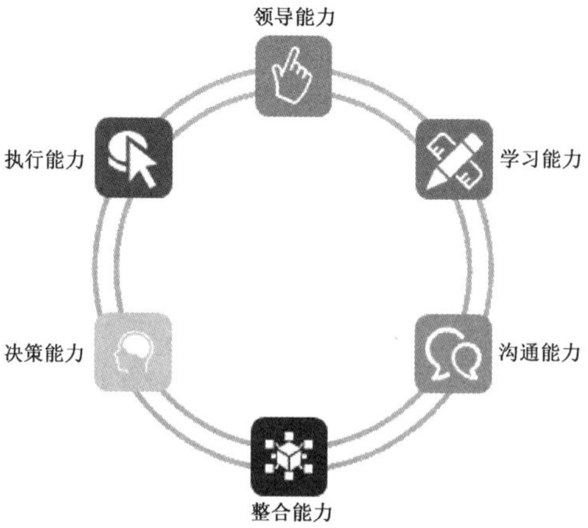

创业需要的能力

第一,领导能力。领导能力是创业者最重要的技能。它不同于一般的管理能力,其核心是完成机会的开发,促进创业的进行。

而我们该从哪些方面提升创业领导力呢?一是识人能力,即选择合适的创业伙伴是开始创业要做的第一步;二是洞察能力,即有关行业趋势和创业机会的洞察,这是最关键的能力;三是应变能力,即如何应对创业过程中无处不在的挑战,这是最考验创业者的能力;四是协调能力,即资源协调和团队协调,需要做好协调的不只是物,更有人。

第二,学习能力。创业者的学习能力一般包括直觉和预见、分析和综合、推导和总结。对于创业者这个可能会经历无数次失败的人来说,最重要的就是从失败中学习的能力。不仅要从中汲取知识,更要学会如何从失败的挫折中走出来。

第三,沟通能力。沟通能力包括表达能力和交际能力两个方面。创业是一个无法避免交流的过程,需要和团队、投资人、客户、供应商等各个团体进行沟通。在这个过程中,能否用强大的沟通能力解决遇到的问题从而获取更高的利益,尤为重要。

第四,整合能力。创业过程是资源聚集与整合的过程——整合创业资金、产品创意、推广渠道、各类人才和社会各类资源。在创业的进程中,资源整合能力比创业者个人的专业知识和素质更重要。

创业小贴士
START-UP TIPS

如何做好创业资源的整合?

一是要转变思想,意识先行,认识到整合资源是非常重要的一部分;二是要做到自己手头有资源,而不是完全依赖别人;三是要发挥资源杠杆效应,用一种资源补足另一种资源产生更高的复合价值,或者利用一种资源撬动和获得其他资源;四是要设置合理利益机制,资源通常与利益相关,利益关系越强、越直接,整合到资源的可能性就越大;五是要找到利益共同点,在多数情况下,将相对弱的利益关系变强,更有利于资源整合;六是要准备多种整合思路,建立共赢机制,建立稳定的信任关系,并加以维护管理。

第五，决策能力。关于决策能力，需要注意两点：一是创业决策具有很大的不确定性，不能强求十全十美；二是创业决策是一个动态过程，通常也是一个系列决策。

第六，执行能力。创业不仅要有梦想、有计划，更要有行动，付诸实践。“实践是检验真理的唯一标准”，不要怕犯错，要勇于试错，错是成功的基石。在创业执行中，尤其要注意克服拖拉作风，高效做事，会省去不少麻烦。

如果您检验了自己的创业动机和创业能力，而且都没有问题，那么就让我们开始创业吧！

从滴滴的发展看创业过程

2018 年乐清女孩顺风车遇害事件发生后，滴滴创始人程维和总裁柳青在公众压力下，联名发表了公开信，信中进行了道歉、反思和后续的改进措施。但是，公众显然不接受这样的道歉，所有的矛头都指向一路狂奔的滴滴。

多数评论认为，滴滴缺乏应有的生命敬畏感，企业在投诉和客服等方面的投入与其市场扩张不对称。也有评论认为，公众的强烈反响事实上是在捍卫日趋垄断的中国出行市场的消费者权利，滴滴不再是当初低价便捷出行的代名词，滴滴打车越来越贵了。

少数评论认为，滴滴被资本绑架，失去了“美好出行”的初心。事实上，2012—2018 年滴滴已完成了 16 轮融资，累计资本超 200 亿美元。在资本的力量下，滴滴收购了快的，合并了 Uber，仅在 2017 年就融资 95 亿美元。滴滴扩张的速度之快，被程维形容为“每天都像坐在飞速行驶的车上，连轮子都要飞出去了，还要不断踩油门”。资本的逻辑就是通过市场规模扩大来获得定价权。免费也好，补贴也好，目的都是为了打败竞争者，获得更多的市场用户。

为什么滴滴会变成现在这样？从创业过程的角度思考滴滴的成长，反思创业者进化，也许可以帮助我们清晰地认识滴滴，也更有助于我们思考中国当下的创业环境。

创业过程大致可以分成初创和成长两个阶段。初创源于创业者对机会的发现和创造，成长则是指机会的开发和实现的过程。前一阶段高度依赖创始人的机会警觉，后一阶段则离不开创业团队和创业资源的支持。在这些要素中，创业机会是创业过程的核心要素，创业资源是创业过程的物质要素，创业团队是创业过程的主体要素。创业管理学者蒂蒙斯认为，创业过程就是创业机会、创业团队和创业资源之间适当配置的高度动态平衡过程，这一过程也被形象地形容为"踩跷跷板"的过程，主导这一切平衡的正是创业者。在初创阶段，创业机会的价值更高，"跷跷板"向机会倾斜。在成长阶段，随着市场的普及，竞争的加剧，机会的优先价值逐步消失，此时创业资源的重要性越加突出，"跷跷板"开始向创业资源倾斜，直至企业达到一定的稳态。企业成长的过程，其实是创始人领导力养成和发挥的过程，是初创团队向成熟团队进化的过程。在企业达到稳态后，外部的市场变化和企业家精神的驱动，又让创始人开始新的一轮机会发现过程，"跷跷板"又开始摇摆。

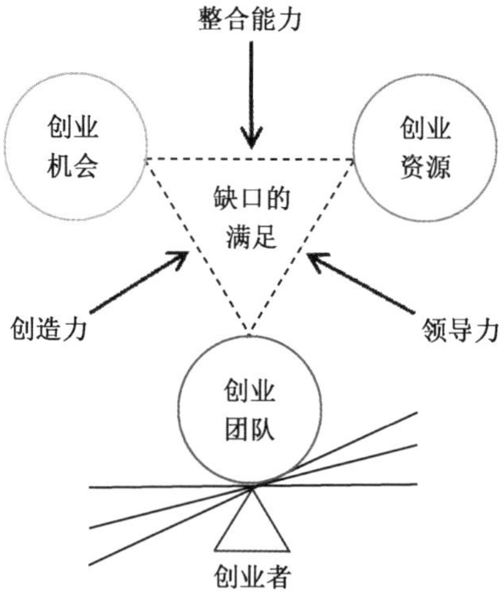

【志阳创谈】创业初期机会挖掘与选择是关键，创业团队的决策重心在于迅速整合资源以抓住创业机会；随着新企业的创立与成长，资源日渐丰富，企业面临更为复杂的竞争环境与市场环境，创业团队的决策重心转向合理配置资源以提高资源使用效率，构建规范管理体系以抵抗外部竞争与不确定性等活动。

滴滴的成长也是如此。2012 年,年仅 29 岁的程维已是阿里巴巴支付宝 B2C 事业部副总经理,他从支付宝离职并创立了小桔科技。出身于传统互联网的程维发现,在酒店机票预订、电商、社交等领域,传统互联网巨头有完整、成熟的商业模式。在进入移动互联网时,这些既有领域的移动互联网创业公司很难与之抗衡,就如米聊之于微信,市场竞争十分残酷。所以,最好的方式是要避其锋芒。程维想到了市内交通这个还未被互联网明显影响的市场机会。这是一个典型的 O2O 项目,不仅需要技术团队,更要整合线下资源。2012 年 8 月北京昌平,只有 200 辆出租车的银山出租车公司成为第一家跟"滴滴打车"合作的公司。当时有 100 名司机在场,却只有 20 人有智能手机。2012 年 9 月 9 日"滴滴打车"上线时,已经安装了 500 个司机端,但是上线亮灯的只有 16 个。2012 年北京第一场大雪的时候,"滴滴"看到了成功的希望——滴滴的客户第一次超过 1 000 个。

在创业机会开发过程中,滴滴也在及时补充初创团队。2013 年 8 月,原百度研发经理张博加入,推出"滴滴打车"的重构产品。2014 年,原高盛亚洲区董事总经理柳青加入,帮助滴滴完成出行产品多元化、并购快的和多轮融资。

在商业机会实现的同时,竞争如期而至。2013 年 4 月,十多家打车软件互相竞争,"摇摇招车""打车小秘""微打车""易打车"等常常在"滴滴打车"设点的对面设点。和传统产业的局部市场领先不一样,数字时代不可能存在所谓的区域市场,创始团队早就清楚,区域性打车软件如果无法保持全国第一,就根本没有生存的可能。这也注定了滴滴从一开始就要一轮轮恶斗。

要和对手战斗,最关键的是要拥有充足的创业资源,尤其是资本。2012 年,滴滴获得了来自金沙江创投的 A 轮融资 300 万美元。此后,融资更是一路狂奔。2014 年 2 月,"滴滴打车"完成了三轮融资,总共融资 1.18 亿美元,其中腾讯投资近 5 000 万美元。2014 年开始,行业进入了滴滴和快的双寡头时代。双方对于司机和乘客的补贴不停加码。程维在回忆这场并购大战中曾经提道,"这个行业的时间窗口只有三个月,如果有一方资金断裂,就会彻底出局"。资本的作用可见一斑。兵马未动,粮草先行。2016 年 6 月,"滴滴出行"完成新一轮实际总额高达 73 亿美元的股权融资。在这一新背景下,2016 年 8 月,"滴滴出行"与 Uber 全球达成战略协议,"滴滴出行"收购 Uber 中国的品牌、业务、数据等全部资产在中国大陆运营。至此,滴滴成为互联网出行的王中王。尽管偶尔遭遇美团的挑战,但是总体上滴滴已没有对手。

资本在获得足够的市场份额后，最大的逻辑就是上市和变现。2018年8月6日，滴滴宣布公司旗下汽车服务平台正式升级为“小桔车服”公司，涵盖汽车租售、加油、养护、分时租赁等多项业务。有消息显示：拆分前滴滴的车服业务与专车业务都未能实现独立盈利，需要滴滴为其输血；盈利业务以快车和拼车业务为主。尽管滴滴官方否认一系列的业务分拆与上市时间有关，但将亏损业务逐一剥离，很难不让人做此联想。

至此，**创业和企业成长的逻辑清晰可见：(1)创始人将创业想法转变为现实的创业机会；(2)通过与资本等合作，获得更多的创业资源；(3)根据企业需要快速扩充创业团队；(4)扩张并快速占领市场；(5)进行市场变现。如此周而复始。**

创业者在创业过程中的领导力更多体现在机会、资源、团队的动态平衡中。初创阶段，创业者的作用是完善并创造出可行的机会；成长阶段，创业者的作用一方面要不断评估机会的当前价值，实时应对外界对现有机会的挑战，另一方面要根据发展需要，快速获得资金资源和人力资源。如何让企业的资金、团队与机会的扩张相适应，这对创业者来说是极大的考验。资金和团队进来，创业者的决策就要受到更多的约束，尤其是强势资本，所以很多创业者会受制于资本的要求。此外，优秀人才加入团队，也对企业提出了更高期望，往往加速了快速发展的过程。程维、柳青也遇到这种情况，这也是滴滴这几年快速发展而失去自我约束的关键所在。

对于多数创业者来说，从初创走向成长，是一个最难跨越的陷阱。很多企业在获得早期订单后，往往就停步不前，这与创业者自身领导力和平衡力有关。成长阶段更要依靠团队而不是依靠创始人自己，但多数创始人并不懂得如何赋能团队，实现“从我向我们”的转变，所以就错失了市场扩张的机会。此外，根据发展来平衡资源和团队需求，不断应对内外的危机和挑战，也需要多数创业者所不具备的平衡力。

程维曾经说过，“滴滴就是一辆250迈高速行驶的汽车，在路况异常复杂的路上，还有人来撞你。任何一个细节操作的失误，任何一个弯道，甚至一块石头，都很可能让我们前功尽弃。”乐清顺风车事件显然不是一个小弯道，滴滴领导者在实现创业过程中不仅需要平衡资本和团队快速发展的需要，也需要平衡公众对于垄断的担心和对于安全的紧迫需要。这一切不仅需要创始人不断修炼，更需要年轻的独角兽企业履行自身应有的社会责任。

（原文由刘志阳、黄毅承整理发表于“志阳创谈”公众号）

一、李宁登上国际时装周

提到国产运动品牌“李宁”，以前大家脑海浮现的可能是“番茄炒西红柿”。

2018 年春节的纽约时装周，李宁带着“悟道”主题运动装“亮瞎”了世界的眼。原来中国还有这样的运动装！

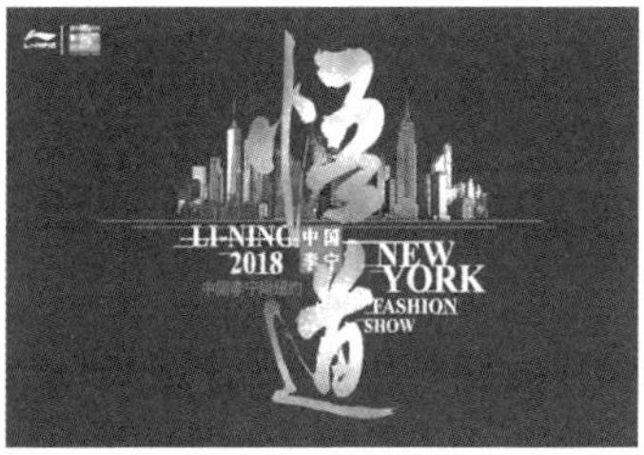

这套中国乾坤主题卫衣，款式简单、配色简洁，胸前大大的“中国李宁”特别抢眼。很多人第一次觉得原来李宁这么好看！

特别是这双“重”“燃”的鞋子，选择了低调有质感的灰黑配色，加上中国传统的圆图案，一种重量感扑面而来，体现了“中国制造”的决心。

民族运动品牌“李宁”为什么会有这么大的转变？这和创始人李宁的复出息息相关。

自 2004 年集团上市以来，作为中国运动品牌领军人物的李宁逐渐将权力下放给职业经理人。但是，公司业绩却直线下滑，2010 年首次被本土品牌“安踏”赶超，2012—2014 年，李宁集团连续三年亏损，金额累计超过 31 亿元。

2014 年底，年过半百的李宁不得已重新接管，公司业绩才有所好转。2016 年度业绩报告显示，李宁集团全年营业收入 80.15 亿元，净利润达 6.43 亿元，同比增长 4 395.5%。

二、李宁创变“三板斧”

在快消品市场变化如此快的时代，李宁如何带领团队走出困境？

1. 拥抱互联网，重新定义“李宁”

李宁宣布公司战略方向将由体育装备提供商向“互联网＋运动生活体验”提供商

转变。运动品牌的生死很大程度上取决于年轻人的认同。作为一位超过50岁的大叔,李宁在重新回到第一线后,立即融入互联网、积极与年轻人互动、开通微博努力提高曝光度。这位潮大叔丝毫不输年轻人。

从体育装备转向生活体验,意味着产品也要更潮、更有型。那么,如何洞察新的市场机会?这是创变者的主要职责。

传统运动品牌厂商视互联网为洪水猛兽,认为互联网冲击了线下渠道。但是互联网恰恰最张扬个性,给了中国潮牌很多新的机会,李宁果断抓住了这样的自我革命机会。"悟道"系列就是李宁联合小米、时尚设计师在互联网产品方面不遗余力地进行研发和推进的结果。

2. 优化供应链,夯实管理基础

互联网时代,快是价值。

李宁公司供应链管理的目标是从供应链整体价值最大化出发建立敏感型的整合供应链,即敏锐地捕捉市场需求的变化并快速响应,同时不断提高整个供应链的效率。在这种模式下,李宁实现了从"轻公司"变成"快公司"的战略转型,将品牌设计中心、原料供应商、制造商、仓库、配送中心和渠道商等有效地组织在一起,优化供应链管理,实现降本增效,图为李宁供应链模式。

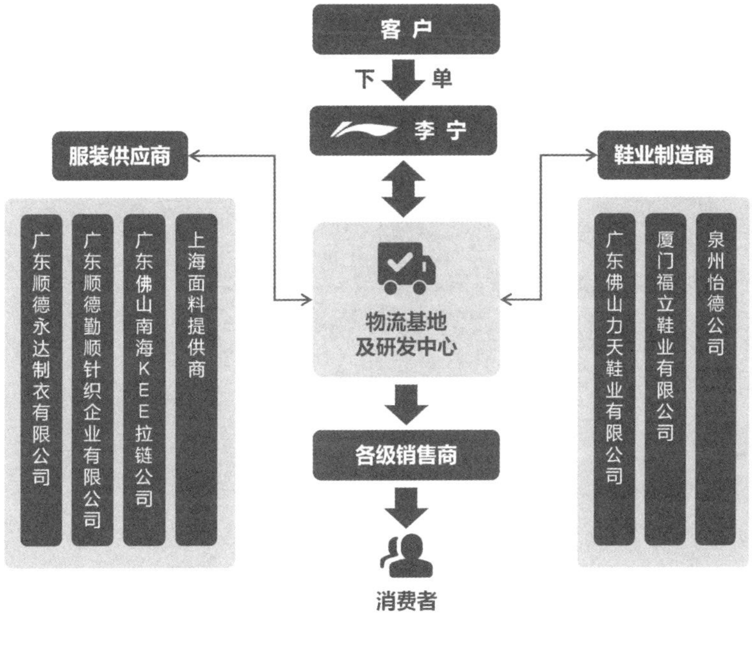

3. 数字化运营转型

互联网终端直接连接消费者，电商能力最终将影响李宁公司未来数字化生意模式的构造。对于李宁而言，电商的意义不只是营收规模和毛利率，而是搭建一套挖掘消费者需求的运营体系。为了更直接获取数据，从2014年开始李宁电商调整自营占比，由此前的40%增加至80%，未来仍将维持较大比重。

三、创变者李宁

数字时代，世界变快了，顾客变挑剔了，组织也变平了，当代企业家应如何应对？显然，仅有管理是不够的，更需要卓越的领导。“变”既然是时代的内核，那么传统的以工作导向和关系导向为划分的领导四象限肯定不适用，这也意味着领导职能的深刻改变。管理实践中，特质领导早已被抛弃，情境领导、魅力领导、真我领导也只适应了组织中员工变化的某个方面。

创变时代呼唤新的英雄，创变领导呼之欲出。**所谓创变领导（又称创变者），是指他们能敏锐地关注到组织内外的变化，勇于打破旧的秩序，创建新的业务，将潜在威胁转化为现实机会。创变领导者最重要的使命是带领团队应对变化、创造变化，而不是简单地寻找变化、跟随变化。**李宁显然就是这样的创变者。和创变者相对应的还有三种类型企业家：创业者，指进行创业机会开发、实现从0到1任务的创业者，他们在企业成长之前大多没有太多的资源和能力实现企业新的变化，如“极客”；经营者，指积极改变公司经营成本以适应外界变化，但总体公司战略方向未变的经营者，如很多的企业内部革新者；打工者，大多数企业内部都是这种管理者，他们循规蹈矩，维护企业的正常运转。

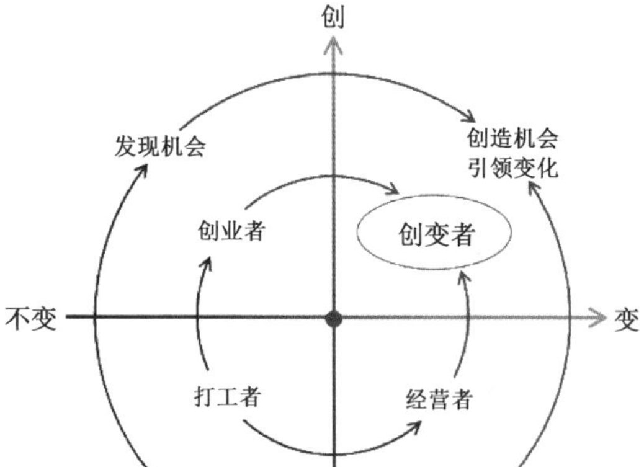

虽然我们渴望创变时代创变者出现，但也不能否定其他类型企业家的卓越贡献。

四、创变领导三要素

机会重塑、资源拼凑、团队赋能是创变领导的三大要素。

数字时代,机会重塑是起点。李宁正是将互联网挑战当作机会,重塑了李宁快消品的潮牌形象。

调动资源的能力,决定了应变的速度。李宁善于利用自身优势,与供应商、时尚设计师、小米等进行全方位合作,解决了以往公司所缺乏的互联网基因问题和资源不足问题。

团队认同与赋能,是创变能否取得最终成功的关键。李宁潮牌的出现与李宁在公司内部的创变愿景成功沟通高度相关。没有团队的认同,领导者的想法往往无法实施;如果没有采取有效措施赋能克服障碍,那么创变也很可能是昙花一现。

从家乐福退出谈创变领导

2018 年 8 月，家乐福正式宣布法国总部裁员 2 000 人，并和腾讯、永辉签订了中国潜在投资意向条款，此后，家乐福将把重心转向电子商务。这一纸声明透露，家乐福最终“卖身”腾讯，退出中国市场。

成立于 1959 年的家乐福，是欧洲第一大零售商、世界第二大零售连锁集团，更是大卖场业态的首创者。自 1969 年开始进入国际市场后，已在全球 30 多个国家开了 11 000 家门店，服务超 20 亿人。其巅峰时有员工超过 50 万名。2004 年，家乐福列全球 500 强第 22 位。

看起来不那么容易倒下的家乐福，近年却频频传出退出中国市场的声音。2018 年初，界面新闻就曾专门披露家乐福因股东出售价格不一致导致出售搁浅的消息。

一、家乐福退出的原因

第一，家乐福的退出是自己惹的祸。

企业缺乏核心竞争力导致家乐福从 2009 年以来节节败退。2009 年，家乐福的门店数量被大润发超越。2010 年，家乐福的销售额被沃尔玛超越。2012 年后，家乐福中国业绩和利润进入双下滑阶段。2016 年，家乐福的单店业绩从 2009 年的 2.35 亿元滑落至 1.58 亿元，而大润发和沃尔玛的单店业绩分别为 2.54 亿元和 1.75 亿元。

家乐福最大的短板在于供应链缺失。因为没有建立自己的配送中心和物流环节，所以没有自己的供应系统，家乐福的物流体系一直是由供货商将货品直接送达店面。在大卖场的黄金时代，供应商处于相对弱势，但在电商时代和新零售时代，这却成了最大掣肘。反观永辉，当时在生鲜供应链端通过买断、直采等方式不断积累自己的生鲜供应渠道与链条，在生鲜领域建立起自己的壁垒，并把这样的做法延伸至其他商品品类。一个没有行业核心竞争力的企业，即使没有遭遇挑战，早晚也会出问题。

年份	大润发	家乐福	沃尔玛
2009	3.34亿元（404亿，121家店）	2.35亿元（销售366亿元，156家店）	1.94亿元（340亿，175家店）
2010	3.51亿元（502亿，143家店）	2.31亿元（420亿，182家店）	1.83亿元（400亿，219家店）
2011	3.32亿元（615亿，185家店）	2.22亿元（451亿，203家店）	1.58亿元（430亿，271店）
2012	3.31亿元（725亿，219家店）	2.08亿元（453亿，218家店）	1.47亿元（580亿，395家店）
2013	3.06亿元（807亿，264家店）	1.98亿元（467亿，236家店）	1.77亿元（722亿，407家店）
2014	2.82亿元（857亿，304家店）	1.93亿元（457亿，237家店）	1.76亿元（724亿，411家店）
2015	2.64亿元（1079亿，330家店）	1.71亿元（401亿，234家店）	1.70亿元（735亿，432家店）
2016	2.54亿元（933亿，368家店）	1.58亿元（505亿，319家店）	1.75亿元（767亿，439家店）

备注：家乐福2016年统计口径变为大中华区，加入了台湾地区的业绩。

界面新闻　data says　　数据来源：历年连锁百强榜单

2009—2016 年家乐福、大润发、沃尔玛单店业绩比较

第二，家乐福的退出是阿里和腾讯从线上向线下竞争的结果。

家乐福的退出反映了传统零售业态的衰退。如今大型超市关张已经见怪不怪，但早些年百思买、国美、永乐传统家电零售的关门却引来众多围观。

BAT 时代 O2O 盛行的背景下，阿里和腾讯加紧布局线下入口，从出行、外卖到支付，零售也不会例外。这两家几乎把持了中国零售的半壁江山：阿里收购了联华、百联、大润发、银泰和三江购物；腾讯拿下了永辉和沃尔玛，如今又把家乐福收入麾下。

第三,家乐福退出最根本原因是领导者的责任。

中国城市中产阶级开始挺起腰杆的时候,正是家乐福的黄金时间,那时家乐福处于“躺着”赚钱的阶段。早在施荣乐和罗国伟领导家乐福的时代,物流和配送中心的建议就被提出,但一直到罗国伟卸任的2011年,物流中心的计划仍因成本过高而被搁置。沃尔玛也曾同样遭遇过危机,但沃尔玛做出的反应是在全国加大了物流中心和配送仓库的建设,2014年沃尔玛在全国已经拥有物流配送中心20个,这使得沃尔玛在物流不断上涨的年代大幅提升了效率。

二、领导者的职责

第一,领导者职责是要不要变。

多数企业在舒适区“躺”了太久,以至于忘了风险。

大企业都有这样的通病,“躺”在自己的舒适区赚钱,高度依赖主营业务,因此很难转向短期内难以见效的新型业务,即使转变也做不到重视并持之以恒。这往往是“躺”在舒适区的企业领导者最大的问题,家乐福中国的领导者也不例外。2012年,家乐福中国新一任总裁唐嘉年(Thierry Garnier)上任,但直到2015年他才开启了家乐福在中国的最大变革。

第二,领导者职责是如何快速应变。

要让下属相信变化的愿景,并全力以赴。

与其在变化中犹豫观望,不如一点一滴将变化试出。成功变化的关键是,让他人相信变化愿景,动员全部可用资源,一以贯之,全力以赴,实现变化的机会。

在业绩下滑的压力下,家乐福做出了三大变革——集中采购权、开建配送中心、上线电商业务。但是显然一切都晚了。

2014年,家乐福在上海推出橙色鲜亮的“Easy家乐福”便利店。2015年,家乐福开出了购物中心。2016年,家乐福将部分门店调整为24小时营业。但这些都不被看好。评论认为,“Easy便利店”既不像便利店,又不像小超市,家乐福完全找不准定位。毕竟,小业态和大卖场的经营完全不一样,粗放式和精细化的风格完全不同。家乐福虽然在欧洲有4 000家便利店业态,经验丰富,但在中国仍不能解决规模和效益的均衡问题。

在同城一日达作为标配的当下,家乐福为了适应新零售的变化推出了“次日达”

业务。但是,实践下来配送往往要两三天,这充分说明家乐福的单品管理、配送系统的效率仍亟待提高。

第三,创变应变不应是穷途末路的被动选择。

创变时代所有人都需要创变应变领导力。

星巴克已经和阿里签约。即使是“星爸爸”也在积极拥抱新零售的风口。

任何一家企业,都不应当在行业变化中犹豫不决、摇摆信念!

【志阳创谈】与其说家乐福被新零售抛弃,不如说家乐福在创变时代缺乏创变领导力。我们坚信,基业长青的企业是创变领导力的结果,唯创变能应变。

一、认识创业和创业领导

LEVI'S案例讲述的是企业新机会的创建过程。

第一，矿工的需求是怎么被发现的？只有在现场，才能注意到矿工的需求，才能发现矿工的痛点需求。即信息能够帮助形成新创意。

第二，为什么其他淘金者没有注意到创业机会？首先，李维·施特劳斯有一定的行业经验，对帆布的属性十分熟悉；其次，李维具有一定的创造性，创造性地将帆布结实的功能属性转移到裤子上。

第三，如何把潜在机会转化为现实的产品和服务？李维会考虑如何将创意变成产品，如何组建团队、筹集资金、研发产品、市场推广，从而慢慢把小生意变成大机会。这就是一个机会开发的过程，非常重要。

第四，如何扩大创业机会？李维·施特劳斯的牛仔裤后期经过非常多的变革，如加了水洗、铆钉等，使裤子越来越时尚，紧跟顾客的需求。从矿工穿的耐磨的裤子变成青年人愿意接受的时尚品、轻奢品，这就是机会扩大的过程。即把初期形成的流程模式相对固化，并能够自我持续，根据顾客的需要积极求变。

迷你案例

LEVI'S(李维斯)

李维·施特劳斯20岁时跟着一大批人去西部淘金,途中有一条大河拦住了去路,他发现了属于自己的机会——租船给人摆渡;不久摆渡的生意被人抢走了,他又想出了新的生意——因为采矿工出汗很多且饮用水紧张,于是别人采矿,他卖水。采矿时工人跪在地上,使得裤子的膝盖部分特别容易磨破,而矿区里有许多被人扔弃的帆布帐篷,李维·施特劳斯就把旧帐篷收集起来、洗干净、做成裤子,卖给工人,而且销量很好。大家都称这裤子为LEVI'S。

根据这个案例,大致可以将创业概括为五个阶段:创意验证——客户验证——市场验证——运营验证——自我持续,前面四个是创业的过程,自我持续是创变的过程。

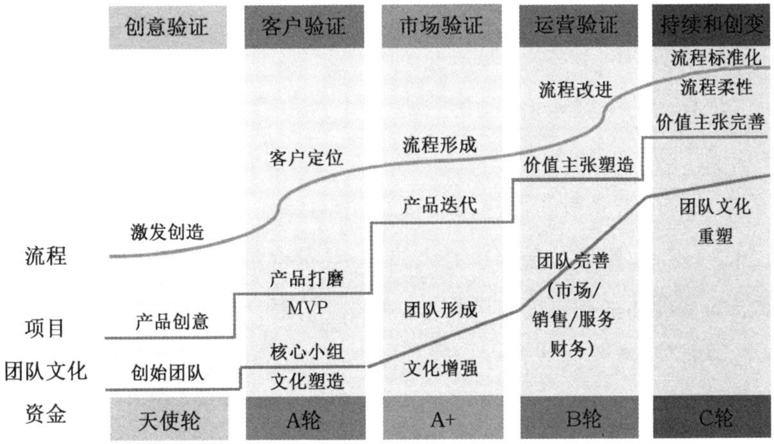

创业的过程

在这个过程中,初创企业需要关注四个因素:项目、团队、资金和流程。项目因素,即要做什么、产品或服务是什么;团队因素,即要打造什么样的团队;资金因素,即资源;流程因素,即形成相对固定的流程化,也就是企业的管理。这四个因素对初创企业和成熟企业都非常重要。

创业是不断验证、不断试错的过程，是不断迭代、不断试探顾客需求的过程。企业交付的是产品，是顾客的价值。创业者不清楚顾客满意与否，只能不断尝试。这个过程虽然痛苦，但也非常幸福。

创业过程当然离不开领导。一般意义讲，领导的本质是影响他人，通过他人达成目标。每个人都需要领导力。在新的时期，领导力更是激发自己、影响他人和实现目标的能力。领导效能，除了与领导者、被领导者或组织有关，也与情境有关。当前企业面临新的情境——数智时代，新的组织、员工及合作伙伴对领导产生新的挑战。

从创意到企业自我持续的过程，是创业领导力发挥的过程，是以企业使命为牵引带领团队不断实现目标的过程。在工业时代和互联网时代，领导力更多的是领导产品的价值创造，需要不断保持企业人、财、物的平衡，与此对应的就是创业机会、创业团队、创业资源不断协同。

二、认识数智时代

（一）新的历史阶段——数智时代

面对全球疫情的冲击，经济的预期越来越悲观，这样的悲观远远超过2008年的金融危机。从我国的角度来讲，2020年前三个月不管是投资、消费，还是进出口，都面临着严峻的挑战。2018年我在《创业画布》中提出“蜗牛创业心法”，认为在慢经济时期，要改变已有的雄鹰般的快速行动模式，学习蜗牛小心试错做法。蜗牛有一个小触须，每往前一步，都要通过触须小心试错，一旦觉得是安全的，就快速翻滚过去。蜗牛小心试错的精神和坚持不妥协的恒心，在慢经济时代里非常值得学习。

理解数智时代，需要创业者有长周期的思维，有产业链的整体发展的思维。当前正处于第三次工业革命向第四次工业革命交棒的时期。第三次工业革命在1950年左右兴起，主要是信息技术革命，最早是国防工业对于半导体的需求引发了半导体产业的发展，逐渐才有了个人电脑时代的到来。个人电脑的普及引发了互联网的革命，大量的公司参与互联网浪潮，因而产生了众多互联网时代的佼佼者。互联网不仅改变衣食住行，也加速了对传统产业的改造。“互联网＋”产生了大量的数据，企业家通过海量的数据可以对消费者的行为、甚至生产者的行为进行较为准确的预测，开始出现“数智时代”。

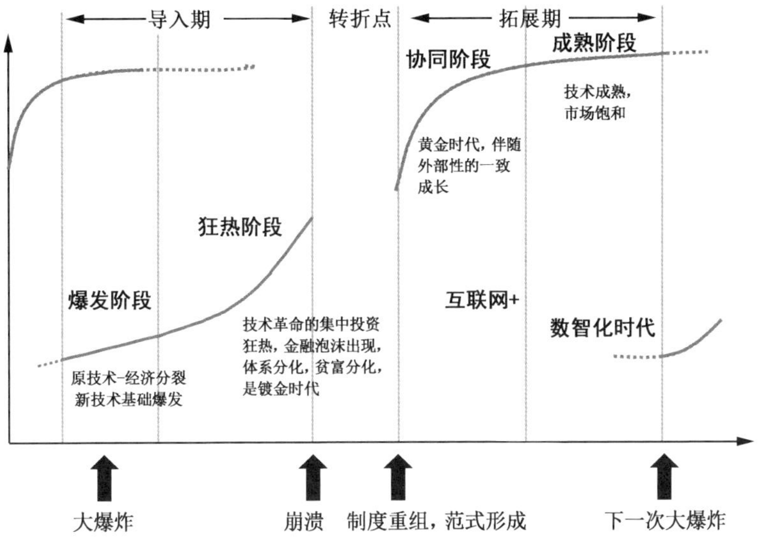

技术革命发展变化图

从技术革命发展变化图中可以看出,每一次产业革命都是一百年左右,前 50 年是导入期。互联网时代的导入期大致为 1946—2000 年,中间经历一个转折点——从 2000 年左右美国金融危机到 2008 年金融海啸,随后进入拓展期。2010—2020 年是"互联网+"时代,累积了大量的互联网数据,并逐步孕育和进入数智时代。

第一,数智时代仍然属于第三次工业革命或产业革命的成熟阶段。成熟阶段信息技术趋向成熟,市场也趋向饱和。第二,数智时代是酝酿新技术的时候,处于技术革命之间的交棒时期。互联网革命遗留的大量"数据",为人类智能化决策奠定了扎实的基础。到底智能化是否能成为下一次的主导产业革命,让我们拭目以待。

(二)数智时代的特征

1. 数字技术改变了创业流程的基本内容

数智时代有诸多新的变化。第一个变化是数字技术发展得越来越快,用数字技术和人工智能武装起来的新实体经济,有可能代替旧的实体经济。

回到 LEVI'S 的案例,LEVI'S 在数智时代有没有进行变革?答案是肯定的。比如 LEVI'S 现在可以通过激光技术,90 秒钟就能完成一件衣服,同时可以将设计和开发过程逐步数字化,用先进的成像工具设计和制作成品,并将数字文件直接发给供应商，实现大规模、快速生产。可见，在数智时代，只有主动创变，才能应变。

迷你案例

MatchU(码尚)

码尚是上海交通大学的三位学生(钱宝祥、刘祥、蔚馨)做的创业项目。客户只要在微信端或头条，用90秒、6个步骤下单，系统就能自动采集衣服的信息，7天后就可以收到定制的衣服。

码尚用到的成衣远程量衣系统由自己研发，有大量的算法做支撑。大量的衬衣都是基于欧美人的数据，跟东方人的体型数据不太一样，所以如何开发东方人的数据，如何把复杂的问题变得简单化等，都需要大量算法的支撑。而且客户的板式直接发给生产端，这要认识企业提供的数据代码，整个过程也完全是数智的过程。这是码尚开启的行业变革，称为轻定制的行业变革。2016年从衬衣入手，每个月的订单只有400件左右；2018年每个月的订单破8万件；2018年10月每个月的订单超过15万件，企业同时完成了B轮融资。

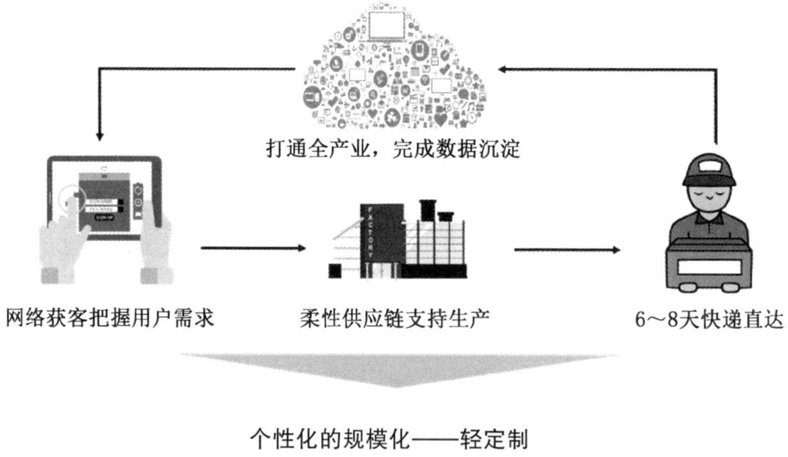

码尚创业历程分析如下：

第一，创意的验证。

在激发创意阶段,他们从衣食住行、"互联网+"做分析。"食",交大已经有饿了么;"住",需要大量资金,一般人做不了;"行",滴滴等已经占领了市场。所以,只能从衣服着手。

紧接着他们开始进行痛点分析。一开始的想法是从搭配入手,因为很多男生不太会搭配。他们最早的项目是"美丽搭配",让女生把搭配好的方案推荐给男生。结果发现,没有太多女生愿意推荐,而且推荐的也不专业。

后来,他们做了深入分析,认真研究行业里最重要的问题是什么?行业的库存怎么解决?发现第一种全产业链的模式是大公司把设计、生产、分销全部掌握在手中;第二种方式就是以需定产,即C2M定制。码尚创始人决定从C2M入手,并且希望通过人工智能技术的方法采集客户的数据,快速反应到平台上,生成基本的模型,实现以需定产。直到此时,码尚团队才找到靠谱的创业方向。

实际上,寻找创业方向是一个非常痛苦的过程,没有人一开始就能找准方向,所以创业前期是一个机会不断迭代的过程,当然也是发挥团队创造性、不断激发创意的过程。

第二,客户的验证。

有了创业方向和项目后,创业者需要做客户验证。码尚最初的"最小化产品"选定为西装,因为西装更标准,价格也更高,是更有利可图的方案。所以码尚迅速做了西装投入市场,但客户反馈平平。因为当时客户对于C2M还很陌生,对AI技术本身也不放心;再者西装价格很贵,不合身的西装往往客户不愿意穿。因此,码尚推出的西装迟迟没有得到大量购买,客户的数据反馈也极少。后来,创始人想到了衬衫,因为衬衫是高频需求,大部分男士可以不穿西装但不能不穿衬衫;并且衬衫价格便宜(定价199元)。衬衫推出以后,客户慢慢接受,并给予了大量反馈。前期,码尚并没有非常好的算法,也没有充足的数据,以致客户反馈了许多问题,如袖口、版型等。这些问题慢慢通过客服端给了团队更多的意见和反馈,由此码尚积累了非常多的用户数据,不断地更替自身的算法。

第三,市场的验证。

除了客户反馈以外,更重要的是市场的验证。码尚一开始在头条投放广告,后来开通了微信商城、抖音,也跟其他的一些互联网平台合作。平台合作越来越多,大家给的反馈越来越好,又对产品进行了很多验证。同时,码尚开始往四五线城市、三四线城市拓展，路越走越宽，这就是市场验证的过程。2018年，整个企业进入了高速增长的阶段。

第四，运营的验证。

在码尚创业的过程中，不得不提到算法的优化。例如，每个人的身形数据是不一样的，所以根据年龄会对应有一些修改，也包含对售货地址的分析。这就包括算法优化及供应商优化。

在码尚创建初期的时候，以小作坊作为生产商，虽然可以立即生产，但质量不稳定，产能也无办法满足。码尚转而与山东的多家工厂合作，但又出现了多家工厂间标准协同的问题。这就是供应商优化的问题。

还有售后服务的问题。码尚刚推出衬衣的时候，许多人打后台的电话要求修改，售后率居高不下，随着算法的优化，售后率不断下降。

在运营验证的过程中，还需要处理管理流程的优化问题，如企业创建初期可能只管理3～5人，但后来增至200人，就需要对流程进行优化。

一个优秀的团队需要形成组织文化，具体表现为团队有无共同的价值观。这也表现在初创阶段。

通过码尚数字化创业的案例，创业者可以认识到项目、机会的重要性，认识到激发团队创造性、资金以及优化管理流程的重要性。当然更重要的是通过数字的力量赋能企业，从而加速企业的变化。

数智时代创业过程包含五个步骤："激发创意——客户验证——市场验证——运营验证——自我持续"，通过码尚的案例可以深刻体会。

2. 创新创业创意创造成为新的生活方式

除了技术变化，数智时代第二个非常重要的变化就是组织变得越来越平。如今人人都可能是产品经理，人人都是信息员，人人都是创意家，员工来到组织，不仅是为了赚工资，也可能是为了实现自我的创意。

创业非常重要的是要实现人、团队与信息流、资金流之间的协同。如今个体和团队都变了，那么组织要不要变？《创意阶层的崛起》中提出，"我们今天所处的时代面临创意阶层的兴起，他们并不占有人和物质上的重要资产，他们的资产源于创新能力，从事钟爱的工作，开始有意义的新形式，进行终身制的创新创造。"

《重新定义公司——谷歌是如何运营的》提出,“未来企业的成功之道,是聚集一群聪明的创意精英,营造合适的氛围和支持环境,充分发挥创造力,快速感知客户需求,愉悦地创造相应的产品和服务”。

所以,组织必须发生新变化,未来的办公室可能是创造相遇、帮助众人实现个人创造想法的载体。

在数智时代中,技术、组织、客户等一系列组织问题都可能被重新定义。数智化重新定义创业的过程,仅一般化的管理是不够的,需要有新的领导。领导最重要的是把正在发生的变化创造出来,而不是一味地应对变化。概而言之,即以创变来应变。

在这个过程中,传统的领导方式需要发生变革。传统的经验式领导是不是继续可行?控制型领导是不是继续可行?成本导向型领导是不是继续可行?恐怕未必,这些都对创业领导方式提出了挑战。

应对挑战,第一种方式是强化领导者本身的自我领导力,让下属一直跟着你;第二种方式是努力把组织变成平台,充分发挥每个个体的能动性。数智时代对于创业和创变提出了新的要求,但我们经常漠视它,总觉得数智时代特别遥远,就像一头体型庞大的犀牛,认为它一定撞不到我,但恰恰被撞到了,这就是典型的“灰犀牛”现象。数智时代最可怕的不是“黑天鹅”,而是“灰犀牛”,巨大的不确定性中隐含了很强的确定性。这个过程恰恰需要企业家有更强的创业领导力,更有力的创变领导力。

3. 数智化核心特征

第一,可视化。消费者的行为可以看得见,生产者的行为也可以看得见。产业互联网或者消费互联网非常重要的一点就是消费者行为和生产者行为的可视化，其背后是数字化的力量。

第二，可量化。企业家可以对管理流程进行改造，甚至组织文化都可以定量地分析。

第三，实时化。企业家可以实时地看到组织内部的变化，可以实时注意到外界的反馈。

第四，智能化。企业家可以利用机器来参与一些决策，可以减少复杂劳动。

第五，可优化。企业家可以借助海量、直观、可视的数据，这意味着整个管理是可以优化的，创业领导行为也是可以优化的。

三、数智时代创业领导力

1. 数智时代提出的创业新挑战

创业过程四要素是项目、人、物和流程。这四要素都面临着数智时代的挑战：一是对创业者能力的挑战，二是对机会发展的挑战，三是对资源获取的挑战，四是对团队组建的挑战。

数智时代改变了创业者能力的要求。数智时代要求创业者具备高强度的信息分辨能力、数据验算能力及对消费者和员工的同理心，这将使得创业者个人特质的价值逐步下降，相应的数据系统和核心团队的价值得到大幅度的释放。这对创业团队、对整个数据系统提出了更高的要求。而对于创业者而言，最核心的能力是要懂得如何赋能系统、懂得如何让团队发挥更大的作用，让系统和团队去发挥更大的作用。

数智时代改变了机会利用和开发的过程。第一，数智时代下创业机会更多是由云计算和机器所驱动的，所以创始人先决性的条件往往被降低。第二，创业机会的时间窗口被大量压缩，以机器为主的分析判断往往更容易形成集中且快速的决策。第三，技术和数据的生成积累往往造成了机会迭代的路径锁定。企业拥有的数据类型、数据质量往往决定着可能的迭代或演化方向，这是机会利用开发过程中非常重要的一点。在工业化时代和传统互联网时代，机会开发过程是线性的、是以创业者为中心的；数智时代的机会开发则是以团队为中心、以消费者为中心、以机器为中心，即消费者、团队、机器共同参与的机会生成、识别和开发的过程。

数智时代改变了资源的属性。在工业化时代和互联网时代,资源的稀缺性决定了资源本身的价值。但数智时代资源的价值是由消费者定义的,消费者认为好,资源才有价值;消费者认为不好,即使是核心资源,也未必是有价值的资源。所以说,如何抢占用户或者消费者的心智资源,让消费者认可企业所提供的产品,显得尤其重要。在这样一个注意力时代中,企业和创业者必须导入情感,用各种各样的方法抢占消费者的心智资源,才能给产品赋予更高的价值属性。

数智时代改变了组织自身的属性。一方面组织越来越扁平,企业越来越没有边际,产生了大量的众包、虚拟团队、内部创业、业务小组等组织形式。原来只有企业可以作为组织载体,现在则未必,已经出现诸如零工经济、分享经济、临时团队等新的组织载体。这种新的组织形式也参与价值创造,但并不需要通过企业这样一个专有的组织群体。

未来可能很难给出一个关于组织属性的准确定义,因为组织在模糊化,也在适应数智时代的新要求。

2. 数智时代创业领导和创变领导过程

数智时代对于创业过程的四要素提出了新的定义,这就要求创业者的领导力与时俱进。创业者要学会洞察数智时代对行业带来的挑战和机会,要具备借助数智技术赋能组织创意实现并达成目标的能力。目标仍然是人(团队)、货(机会)、物(资源)、流程(管理)四个方面,但要推动这四个方面新的数字化组合方式。

创业领导过程可以用简单的 12 个字概括:激发创造、市场验证、快速迭代。激发创造,要更充分的激发相关者的创造性,这需要赋能的作用,也需要激发的作用;市场验证,要利用各种各样数字化的手段做出最小化的产品进行市场验证;快速迭代,是创业的基本过程,也符合精益创业的过程。

数智时代除了对创业领导提出新要求,也对现有企业领导力提出新挑战,这就是创变领导的问题。

数智时代创变领导的三部曲是:感知变化、重塑战略、领导变革。感知变化,是指快速感知数智时代产生的挑战和环境变化。企业家既要自我意识到,更要愿意做出改变;重塑战略,要求更新价值主张,共创价值创造,共赢价值战略;领导变革,是指领导者要有效地领导企业创变,只有这样才能让商业飞轮自转起来。

四、数智时代创业领导者应该养成的思维

(一)客户为先

客户为先,而不是产品为先。企业要想到客户需要什么,而不是企业能提供什么,这是两个不同的概念。所有创业者都认为自己的产品非常好,却没有考虑产品究竟是不是客户想要的。企业要更多地借助数智化力量听取顾客的声音。新时代下,客户需要的往往是最终的解决方案。从产品驱动型商业模式转向服务和解决方案驱动型商业模式,这就是数智时代非常重要的价值表现之一,也体现为“客户为先”。

例如,以前立邦是卖一罐一罐不同颜色的漆,现在立邦提出了新的口号“为你刷新生活”,这就是立邦新的使命。这个使命启动了新的战略,立邦从卖油漆转而致力于为消费者提供整体涂装的解决方案。客户真的需要油漆吗?不是的,客户需要的是五颜六色、环保安全的家居环境。以前客户买了油漆,还要请刷漆工进行粉刷;如今,客户不想要这样的产品。所以,企业要想客户所想,要及时地改变。

(二)数据为器

身处数智时代,毫无疑问应该以数据为器,企业家做任何变化都要借助数据。

迷你案例

企鹅医生

医院最大的难点在哪里?每个人的身体数据都在不同的医院里,且历史数据从未联系在一起,所以病人需要不断地检查,到每一家医院都要重新检查。实际上,个人的病情往往是历史累积的结果,如果能将过去的所有数据连接在一起,就能够快速地知道病人的身体变化状况。因此,互联网医院最核心的是连续性的数据构建及开放策略。

针对上述难点,企鹅医生将自己定义为一个标准化的共享医疗平台,这个平台是“线下入口”“连接器”,同时还是“连续数据的获取方”。企鹅医生用一年时间悄悄在北京、深圳、成都开了三家全科诊所。每个诊所的面积从800平方米到2 000平方米不等,每家诊所投资几千万元。虽然是诊所的外形,但其核心在于“开放”与“连接”。企鹅医生对于连续数据精准的理解是诊前、诊中、诊后双向的连续数据。

(三)平台运营

数智时代里，所有企业都应该具有平台运营的思维。

迷你案例

薪太软

薪太软是基于互联网薪酬支付的人力资源供应链数字化交易 SaaS 平台。现实中，大量的人力资源企业，特别是建筑类型的人力资源派遣企业，其联系的用工单位多、员工多、报税系统多。企业中大量的发票流、资金流、合同流交织在一起，产生了许多困难。比如，在发放工资的过程中，人力资源企业并不知道工人有没有收到工资，或者有的时候是企业没有能力按时发放工资。因此如果没有人力资源的服务平台，实际上很难清楚用工企业的需求和难处，也很难了解工资发放过程的难处，更难实现实时税收的缴纳。薪太软针对这个行业痛点，思考如何改造已有的人力资源企业，对人力资源企业进行赋能，引导行业性的变化。薪太软利用数字化重建人力资源管理的平台，在平台上实现农民工按时取薪，借助供应链金融的力量解决甲方资金暂时短缺的问题。

薪太软既是平台运营案例，也是社会创业案例。社会创业是一个新的蓝海，大量的社会问题需要商业化的力量来解决。如果创业者能够有效地解决社会问题，尤其是通过数智化的力量解决，也就发现了新的蓝海。

(四)共创共赢

在数智时代，企业和员工的关系已经不是简单的雇佣关系，而是合伙关系。现在很多企业在做“阿米巴”变革，把雇佣者转变成合伙人。比如，恒安公司就提出“阿米巴计划”，在内部做了各种各样的平台化，推动各种各样独立经营核算的小团体产生，员工从原来领工资变成现在的合伙人，这就是恒安的精神——恒变则安。这是一个组织再造的过程，是一个共赢的心态。当然共赢里也有共创，创业和创变领导者都要赋能组织里各种各样的合伙人，包括外部、内部的合伙人，把价值共同创造出来，这是时代赋予每个人的职责。

五、结语

第一，在数智时代，领导者最重要的使命是激发大家的创造，做各种各样的市场检验，包含客户验证、市场验证、运营验证等，并且快速迭代产品。在这个过程中，数字赋能尤为重要。

第二，领导者核心的职能是实现人（创业者）、货（项目）、资源和管理的数智化组合。人、货、管理发生了很多变化：团队的力量超越了创业者的力量；项目识别和开发过程已经不是线性的；资源是由消费者定义的；数智系统的管理力量超越一切力量。总之，数智化领导的力量就要实现管理的可视化、可量化、实时化、智能化、可优化。

第三，企业在数智时代要养成客户为先、数据为器、平台运营、共创共赢的思维。这个时代变得很快，企业家只有善于学习、勇于学习，才能成就新时代的创业领导者和创变领导者。

（原文根据作者2020年上海财经大学MBA讲座整理）

02

第二讲

创业成长

发展是硬道理

创业是个“小步快走”的过程。“雄鹰”一般快速行动固然重要，但是“蜗牛”的小心试错也非常值得提倡。创业路上，如果有了“蜗牛”不断试错的精神和坚持不妥协的恒心，每个创业者都可能达到心中的目标。

在经济增速总体放缓新形势下，我认为已有企业家创业模式也要主动改变。以往“快经济”时代“雄鹰”般快速创业模式固然重要，但是“慢经济”时代“蜗牛”的小心试错更是值得提倡。我在《创业画布》一书中提出了“蜗牛创业心法”，来帮助各位企业家理解如何在“慢经济”和不确定性时代下生存、适应、发展并走向成功。

“四步塑造”（认知改变—把握机会—实现机会—领导成长）是蜗牛创业心法的核心，其所提供的框架能有效地帮助创业者加深对创业规律的理解，掌握回避创业陷阱的方法，经过四步塑造、跨越12个陷阱，可以成长为合格的企业家型创业者。

（一）认知改变

创业不仅仅是创建新的项目或者企业，更重要在于公司的重建、人生的创建，后者是更高层次、更为重要的。为什么那么多人着迷创业？因为在创业路上可以获得人生的自豪感，

“这么多的事情都克服了，还有什么克服不了的呢?”这是创业者前进的动力，所以创业更重要的是人生的创建。这是我理解的创业，也是我们当下谈蜗牛创业心法——认知改变的基础。慢经济时代，掌握创业的第一要义就是要从本质上重新理解创业的行动逻辑。都说“爱拼才会赢”，“拼”在今天仍然很重要，但是今天“爱拼”可能会跌的更惨，“会拼”更重要，要从认知上确认创业是需要方法指导的，不要像第一代企业家那样“先干再说”。

首先，要认识到创业不等于无原则冒险，每一步行动开始，我们都要确信我们“能输多少”和“愿输多少”。在这个意义上“愿意输多少才可能赢多少”，创业不是成功学，更是失败学。如果你不愿意输下去，聪明的人也要懂得尽快撤。其次，要认识到多数情况创业不能想太远，而必须基于眼前来确认每个下一步。所以，“计划对于创业一定程度已经失效”，创业永远只有“下一步”。具体来说，这一阶段需要跨越如下陷阱：

认识陷阱：认识自己是创业活动的起点。然而，简单认为创业就是赚钱、不清楚创业的真正含义、对创业要素不了解等误区在现实中很常见。实际上，创业不仅是新创企业的专利，所有创建活动都可以被理解为创业。创业对创业者的意义不仅仅在于财富的积累和地位的提高，还在于它是创业者证明自我、实现个人梦想，进而超越自我、影响他人和社会的过程。

决策陷阱：创业是个重大决策，需要审慎思考，认真准备，预防各种决策陷阱。要明确创业目标，选择恰当方式，实现创业梦想；要及时评估进展，及时选择合适的创业出口，兑现创业利益。

情境陷阱：创业强调情境的重要性，这也使得“中国式创业”受到自己生长的土壤——中国的影响，内涵也会发生相应变化。每一个创业者在创业的时候都必须将环境因素纳入他的计划，盲目照搬照抄国外所谓成功模式往往死得很惨。

方法陷阱：很多人认为创业是没有方法的，多数情况下靠“勤奋＋运气”，这种认识在数智时代并不准确。事实上，很多创业路上走的弯路就和他们没有掌握恰当的创业方法有关。精益创业就是将设计思维应用于创业过程的一种科学的创新思维方法，要坚持不断迭代和尝试，永远不存在所谓的完美创业计划。

(二)把握机会

蜗牛创业心法的第二步是“把握机会”。新产品和新业务模式的开发，以往更多靠市场调查,也带有一定的猜测成分。在当前不确定性环境下,我们倡导精益创业三步法,这对产品开发来说是有效的方法:(1)创业者先把最小化产品原型做出来;(2)市场和顾客给予充分反馈;(3)进而快速迭代产品。我们经常说,在岸上是永远体会不到海里的波涛,市场需求也不是规划出来的,精益方法就是强调要亲自去试探客户需求。如何去把握创业机会,还需要掌握创业计划的方法。这一阶段需要跨越如下陷阱:

机会陷阱:创业是从机会分析开始的,是创业者在面对大量的不确定性因素时分析、评估机会并进行有选择的投资决策的行动。但是,创意并不等于创业机会。好的商业机会需要满足一定条件,如能吸引客户、在机会之窗存在期间被实施等,在机会陷阱中创业者一定要注意克服太早或太晚进入市场的问题,另外机会壁垒的构建也是企业创建时应该考虑的。

计划陷阱:创业计划首先是一种吸引投资的工具,同时也是确定目标和制订计划的很好的行为指南。真正好的创业计划常常是在不够好的构想基础上改进而来的。创业者不可因为只是一些普通的构想就停步不前,放弃创业的心愿。此外,创业计划还需要避免商业计划书准备不充分、太花哨、概要太长且松散、团队资格陈述不清、财务预期不合理等陷阱。

(三)实现机会

机会的实现涉及商业模式设计,融资和团队组建等重要过程。其中最重要的一点就是团队的管理。当下时代的员工已经变了,他们加入公司并不仅仅为了获得工资,更重要的是为了使用公司的服务,这个非常重要。我们应该将公司定义为提供公共服务的平台,员工不是为企业家打工,他们只是借企业的平台来实现人生价值和个人梦想。因此,未来的企业团队管理应该赋能和加速每一个员工梦想的实现,同时实现企业规划的机会。因而,管理的实质也应该从控制、激励走向赋能。这一阶段需要跨越如下陷阱:

商业模式陷阱:商业模式解决的是这些产品如何生产和实现盈利的问题。从本质上讲,商业模式是企业的价值创造和价值占有逻辑。从价值角度来思考创业的实质,有助于及时识别出商业模式太复杂、缺少经营成本上的控制、缺少渠道运作资源、市场细分不合理等陷阱。

团队陷阱:如何组建一个优秀的团队是每个创业者面临的最大挑战。大量研究也表明，创业团队在创建新企业的过程中起着非常关键的作用。正是因为创业团队对创业成败具有某种决定性的作用，不论是风险投资者还是创业者，对此问题都高度关注。在组建和完善创业团队中一定要注意克服常见的股权分配、新老成员安排等陷阱。

融资陷阱：资金是创业企业成长过程中的难题。在此过程中，创业者需要避免是否要融资，融资多少，融资方式如何选择等融资陷阱。和投资者谈判关键不在于价格高低，而在于是否价格合适。更重要的是你不要将投资者当成你的对手，而是要将他当作你的合作者。

法律陷阱：企业创建涉及注册、公司命名等问题；创建后企业面临的主要是生产管理、营销管理和财务管理等问题；在创业过程中，还将涉及相关的法律，主要有：知识产权法、劳动法、合同法、质量法、财会制度、破产清算法等。创业者可能会因为缺乏企业创建的相关知识碰到管理上和法务上的陷阱。

(四)领导成长

蜗牛创业心法的最后一步是“领导成长”。企业注册后就进入企业成长阶段。创业企业成长过程充满了复杂性和不确定性，如何应对上述问题是创业管理的重要课题。企业传承在企业成长中同样非常重要，如何在内部传承、外部传承和家族传承中培养企业的接班人也是企业成长的重要课题。此外，对于所有公司来说，用商业方式解决社会问题的社会创业新机会也是企业成长的另外一种新路径。这一阶段需要跨越如下陷阱：

成长陷阱：提到成长，必须理解成长的五个阶段：第一阶段是靠企业家个人自己能行；第二个阶段企业家要有一群人跟他一起干活；第三个阶段企业家要用各种各样的规章制度让这群人干活，就是规范化；第四个阶段企业家要让这群人更高效、更高质量地干活，就是精细化；最后一个阶段是合作，不仅仅要跟企业里的每一个员工合作，还要跟外面的人合作，也即与顾客共创。我特别要强调，领导成长最重要的是最后一个阶段。如何与顾客共创才是企业走向永续发展的关键。

社会创业陷阱：社会创业作为一种新型的创业形式，倡导利用商业方法来解决社会问题，可创造巨大的商业和社会价值。公益创投则是支持社会创业的金融工具。由于社会创业和公益创投在中国起步较晚，国内对它们的理解仍然存在一定误区，且社会企业和公益创投目前还存在各种各样的限制因此无法快速发展。

北京大学国家发展研究院陈春花教授说："创业的乐趣也许在于，你永远预料不到接下来迎接你的是什么。所以，需要做的就是专注于价值的创造。"创业是个"小步快走"的过程。"雄鹰"一般快速行动固然重要，但是"蜗牛"的小心试错也非常值得提倡。创业路上，如果有了"蜗牛"的不断试错精神和坚持不妥协的恒心，每个创业者都可能达到心中的目标。

（原文发表于《中国青年报》，2018年6月5日）

创业机会迭代

创业是对创业机会进行识别、开发和利用的过程，创业机会推动了创业活动的展开，因此很多人将初创企业的成立看作是创业机会的终点。然而，初创企业成立之后仍面临着巨大的不确定性，创业者仍然需要根据环境变化、利益相关者反馈等外界刺激对原有机会进行部分调整和完善，以获得成熟稳定的最终机会，我们将这一过程称为创业机会迭代。**创业机会迭代本质上是企业创建后创业机会构建过程的延续，是在原有机会基础上不破坏原有机会原型的调整、完善或升级。**尤其是在互联网信息技术时代，创业机会迭代更是频繁发生，但是驱动初创企业进行创业机会迭代的主要原因到底是什么？为什么有些企业进行了机会迭代，有些却没有？实现迭代的企业为什么迭代速度不一样？这些都是创业过程中无法回避的重要命题。

已有关于创业机会的研究主要聚焦在机会的形成过程及机会形成过程对后续机会开发和利用的影响。学者们对机会形成过程的讨论尤为激烈，观点基本可以分为两类：持机会发现观点的学者认为机会是受到来自先前已存在于市场或行业的外部因素冲击而被发现的，持机会构建观点的学者则认为机会是由创业者内部创造而来的，也有学者论述机会的形成是综合了机会发现和机会构建的结果。然而，不论持哪种观点，学者们基本忽略了初创企业创建后初始机会不断迭代从而形成最终机会这一持续的动态过程。虽然近年来部分学者开始关注企业创建后的创业机会问题,但更多的是关注创业机会的重构问题,很少触及创业机会迭代问题。创业机会迭代与创业机会重构的最大区别在于是否破坏原有机会原型。相比于创业机会重构,建立在原有创业机会基础上的创业机会迭代是一种更普遍的现象。然而,目前创业机会迭代的机制、驱动因素及影响创业机会迭代速度的原因等问题仍未得到有效解答,因而,研究企业创建后的创业机会迭代过程具有十分重要的理论和现实必要性。

基于实践中的现实问题和现有研究的理论空白,本文通过对四家初创企业的案例进行分析,初步构建初创企业创业机会迭代的理论框架。

一、案例描述

依据典型性原则和理论抽样准则,本文选取运去哪、御食、精通和库米四家初创企业作为案例研究对象。这四家初创企业的典型特征与本文的研究问题十分契合。这四家企业均属于上海互联网平台企业,而互联网行业具有典型的快速迭代的特征,这从宏观层面上保证了本文所选案例的代表性和典型性。这四家初创企业在创建之初均面临着相似的初始情境,即都出现了利益相关者机会共识的破坏,生成了创业机会迭代动力,但四家企业在最终迭代结果上存在明显差异。这四家企业在相似的背景下,分别体现了四种创业机会迭代结果的差异,因此能形成较好的对比分析,有利于深入挖掘和比较内在机制。

案例企业代表性特征描述

异同	维度	案例企业			
		运去哪	御食	精通	库米
共性	迭代情境	SaaS平台不能提高客户订单量	VR产品数据真实性受到客户质疑	APP平台无法实现客户的高效匹配需求	服务平台无法满足客户的期望
	企业类型	互联网平台企业	互联网平台企业	互联网平台企业	互联网平台企业
差异	迭代前产品类别	国际货运SaaS平台	营养数据服务平台	中小企业互联网营销平台	IT项目服务和培训平台
	迭代后产品类别	国际货运交易平台	配餐平台	中小企业互联网营销平台	无
	迭代结果	创业机会快速迭代	创业机会缓慢迭代	创业机会不迭代	创业机会颠覆

迷你案例

运去哪

运去哪成立于2014年5月，是上海汇航捷讯网络科技有限公司旗下的B2B电商交易平台，公司团队主要由一名创始人、两名联合创始人和一位投资人构成。运去哪最初在商业计划书中对公司的定位是："为行业提供一个标准化的SaaS软件平台，围绕着如何让企业高效运转开发包括CIM管理在内的一系列软件工具。"2014年6月，运去哪的SaaS平台正式推出，并获得一些稳定的付费客户。2015年4月，运去哪决定正式转型，彻底放弃SaaS平台方向，此时其商业计划书中对企业目标的描述变为："旨在为进出口企业和货运代理企业搭建一条快捷的沟通与交易通道。"2015年2月，运去哪交易平台正式上线，同时获得千万美元级别的A轮融资，后多次入选"中国B2B企业品牌影响力百强榜"。

迷你案例

御　食

御食成立于2016年3月，是上海义象网络科技有限公司旗下的白领市场营养配餐平台，公司团队主要由一名创始人和一名联合创始人构成。御食最初在商业计划书中对公司的定位是："借助于VR和大数据技术，通过线上图片识别帮助消费者在现有选择基础上预判热量并自动录入，线下通过套餐咨询的方式，解决当下都市人群饮食中口味、忌口、冷热、荤素搭配等一系列问题，合理配套降低运营费用，为商户带来靠谱的人流。"2016年3月，御食VR平台正式上线。2016年6月，御食关停VR平台。2016年7月，御食正式决定转型，改变自身科技服务公司的定位，彻底放弃VR技术，此时其商业计划书中对企业目标的描述变为："做一家针对白领市场的营养配餐平台。"2017年4月，御食营养配餐平台正式上线，进入试运营阶段。

迷你案例

精　通

精通成立于2016年4月,是上海张张网络科技有限公司的主打服务平台,公司团队主要由一名创始人、两名联合创始人和一位投资人构成。精通最初在商业计划书中对公司的定位是:“为初创企业提供设计、新媒体、视频制作等立体化形象包装服务,致力于铸造最高性价比、最高效的初创企业美容院。”2016年5月,精通平台APP正式上线,并凭借价格优势获取了相当数量的初始客户。2016年7月,精通平台成交量和用户活跃度双双开始下降。目前,精通仍维持其创建之初的发展方向和模式,但由于难以有效满足客户的需求,已长时间处于发展瓶颈状态。

迷你案例

库　米

库米成立于2015年6月,是上海库米科技有限公司的IT服务平台,公司团队主要由一名创始人、五名联合创始人和一位投资人构成。库米最初在商业计划书中对公司的定位是:“为创业公司与创业者提供集顶尖的信息技术外包、信息技术培训、信息技术解决方案套件等于一体的一条龙服务平台。”2015年7月,库米平台正式上线运营,并签约企业客户5家。2015年底,库米举办了一期“库米CTO实训营”,共招收学员25名。2016年原计划推出三期“库米CTO实训营”,因合作企业的退出只成功举办了一期。2016年12月,五位创业团队成员集体离职,并自立门户。2017年5月,库米平台进入无限期维护阶段。

二、研究发现

从案例来看,四个企业的创业机会迭代形成了四种不同结果和机制:运去哪是创业机会的快速迭代,御食是创业机会的缓慢迭代,精通是创业机会的不迭代,库米则是创业机会的颠覆。但是,四个企业创业机会迭代路径都是遵循着从创业机会迭代动力生成到创业机会迭代战略制定,再到创业机会迭代结果形成的机制。因此,四个企业的创业机会迭代都可以分为迭代动力生成、迭代战略制定和迭代结果形成三个阶段。

(一)运去哪:创业机会的快速迭代

1. 迭代动力生成阶段

运去哪创业机会迭代的主要动力来自利益相关者机会共识的破坏。利益相关者机会共识是企业内外部利益相关者对创业机会前景的认可一致度。创业机会的形成本身就是建立在利益相关者机会共识的基础之上的,因而在企业创建后利益相关者机会共识的破坏也必然导致原有创业机会被质疑,形成创业机会"去前景化",进而生成创业机会迭代的动力。运去哪的 SaaS 系统最初虽然获得了利益相关者的一致认可,但在上线运营之后,利益相关者的反馈显然已经表明最初的利益相关者机会共识出现了破坏。

首先,对于客户而言,其真正"痛点"在于订单量的提高,而运去哪的 SaaS 平台系统仅局限于提供揽货、订舱、报关、报验等服务,不具备独立的增值服务,并不能为客户带来订单量的直接提高。这就导致客户对运去哪的 SaaS 平台系统能否为其带来收入的增长产生了质疑。

其次,运去哪在 SaaS 平台系统上线之前就开始接触投资人,大部分有意向的投资人都是看中了运去哪在传统国际货运服务行业中"搅局者"的潜力,然而投资迟迟未能达成正是因为投资人觉得运去哪当时做的 SaaS 平台系统"还不够",希望运去哪能"再多做一点"。

最后,运去哪的 SaaS 平台系统虽然购买成本不高,但使用成本却较高,在使用过程中需要运去哪不断安排员工对客户进行培训。然而,很多客户公司的企业文化特点导致培训难度大、培训效果差,从而导致运去哪的员工抱怨不断。正如运去哪 CTO 所说:"培训起来难度很大,员工也很抱怨。"

可见,利益相关者对运去哪原有创业机会的共识已破坏,原有创业机会的发展前景受到了质疑,原有创业机会已经“去前景化”,迫切需要进行创业机会迭代。

2. 迭代战略制定阶段

在创业机会迭代动力出现后,初创企业需要制定相应的创业机会迭代战略进行响应,而企业创始人则是这一战略的主要制定者。对于运去哪而言,其创始人最终推动企业制定了创业机会升级的迭代战略,这一过程主要体现为创始人进行创业学习和认知升级的过程。

首先,创始人创业学习主要体现在,一方面亲自进行市场调研,通过走访客户发现问题的根源在于自身方向的错误定位,因为用 SaaS 平台系统无法真正有效、快速地改善行业的效率,因而果断提出了变革的想法;另一方面,广泛学习他人,对同行业企业和其他商业模式创新的企业进行深入学习和尝试。运去哪最终的交易平台模式很大程度上受到“找钢网”“一亩田”等互联网企业经验教训的启发。在总结其他企业经验教训和自身特点的基础上,创始人大胆地进行嫁接思考,提出了一个撮合+自营的“互联网+”国际航运交易平台的最终方案。

其次,创始人认知升级主要体现在三个方面:一是抛弃定见,重新定义自己。在运去哪 SaaS 平台系统推出后,面对出现的问题,公司内部人员提出了技术改进的方案,但其创始人则选择先从自身层面寻找问题。二是洞察需求,重新定义客户。在确定进行变革后,运去哪创始人采取市场取样调查,发现客户真正的“痛点”是订单量,而订单来源于货主(即外贸企业),运去哪创始人决定将企业的客户目标由原有的单一货代企业转变为货代企业+货主。三是针对需求,重新定义企业。在重新确定了客户目标之后,着眼于促进客户订单量的提高,运去哪创始人决定放弃 SaaS 平台业务,打造国际货运行业综合交易服务平台。

通过创始人的创业学习和认知升级,运去哪最终制定了创业机会升级的迭代决策。而创始人创业学习和认知升级的过程本质上体现的是其心智模式的修正过程,也就是说,在面对创业机会迭代动力时,创始人能够从利益相关者反馈中持续学习并相应地修正自己的心智模式。正是这种动态的心智模式促使了运去哪创始人制定了创业机会升级的迭代决策。

3. 迭代结果形成阶段

对于企业来说,一项战略能否得到有效执行,首先取决于组织内部是否能达成战略共识。因而，对于运去哪来说，在确定了创业机会升级的战略后，这一战略能否有效执行的关键就在于其内部是否能达成战略共识。一方面，为促使战略共识达成，运去哪创始人不断地与合伙人、投资者交流和讨论，还邀请众多企业管理者和研究学者一起探讨；另一方面，为了说服广大员工，运去哪仍针对原客户群体，对 SaaS 平台系统进行深层次改进，验证原方案是否可行，但最终的效果不如人意。通过这两方面努力，运去哪创始人首先让其投资人、合伙人和广大员工认识到了创业机会升级方案的必要性和可行性。虽然有一位合伙人一直持怀疑态度，但由于投资人对做交易平台的方案十分感兴趣，最终合伙人也选择认同创始人提出的交易平台方案，整个组织开始将所有力量投入到交易平台的打造上。

通过战略沟通和战略承诺的过程，运去哪最终很快达成了组织内战略共识。而得益于组织内战略共识，运去哪的创业机会升级决策得以有效执行，从 2014 年年中确定迭代决策到 2015 年 4 月，运去哪已迭代完成，完全转变为一家综合交易平台企业。

综上，利益相关者机会共识的破坏生成了运去哪创业机会迭代的动力，在创始人动态心智模式的作用下运去哪制定了创业机会升级的迭代决策，而组织内战略共识的达成则保障了迭代决策的有效执行，形成了创业机会快速迭代的结果。

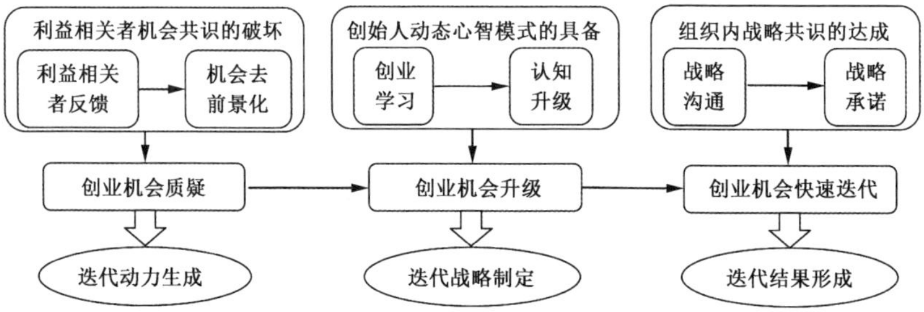

"运去哪"创业机会快速迭代过程

(二)御食：创业机会的缓慢迭代

1. 迭代动力生成阶段

御食创业机会迭代的主要动力同样来自利益相关者机会共识的破坏。首先，御食的客户对其产品产生了质疑。御食最初的 VR 产品希望打通线上数据采集与线下配餐的咨询和服务。这种又大又全的产品必然导致服务的不流畅及服务质量的低下,御食测试发现,当时大部分客户在使用过一次后,便不再使用。御食通过客户的反馈发现,客户真正关心的是用最简单、最直接的方式吃到高品质、价格合适的营养食物,对食物中各种营养成分的比例并不关心,而御食的 VR 产品却将重心放在食物的营养成分数据上,恰恰是将满足客户需求复杂化了。

其次,御食的合作伙伴也对其产品产生了质疑。御食与各大餐厅以共享数据的形式进行合作。虽然御食是跟全球领先的服务商进行匹配,通过摄像头判断一盘食物热量的准确度可以达到 80%,并且已经和一些餐饮商户打通了数据,但对于数据真实性仍受到质疑。因为中国食品品类非常多,食品数据的真实性很容易受到挑战。这就导致御食的 VR 产品很难在客户中推广,难以给合作餐厅带来更大的效用。

所以,利益相关者对御食原有创业机会的共识已然破坏,原有创业机会的发展前景受到了质疑,原有创业机会已经“去前景化”,迫切需要进行创业机会迭代。

2. 迭代战略制定阶段

面对上述创业机会迭代的动力,御食创始人同样推动企业制定了创业机会升级的迭代决策。

首先,创始人进行创业学习。在第一阶段运营后,御食创始人迅速组织团队进行市场调研,寻找改进方向。通过市场调研,御食创始人发现客户的真正需求在于高品质、价格合适的营养食物,并且这一需求在都市白领中最大。同时,御食创始人利用其在世界五百强企业和咨询公司工作时建立的关系,积极寻求众多企业管理者的建议,正是通过对比这些“外脑”提供的思路,御食的创始人才最终确定了迭代方向。

其次,创始人实现认知升级。一是抛弃定见,重新定义自己。面对大量的利益相关者反馈,御食创始人敢于从自身寻找问题,在看到问题的症结在于自身产品后,首先想到的是改变,而不是寻求投资、靠资本铺开市场。因此,在第一阶段运营结束后,御食创始人就迅速关停平台并向客户说明。二是洞察需求,重新定义客户。在了解客户真正需求后,御食创始人决定调整公司目标,不再以满足客户对食物营养成分的获取为目标,而是以满足都市白领客户对高品质、价格合适的营养食物的需求为目标。三是针对需求,重新定义企业。在确定了都市白领的配餐服务目标后,御食创始人决定完全抛弃原有 VR 技术,将原有平台打造为一个针对白领阶层的营养配餐平台。

通过创始人的创业学习和认知升级,御食最终制定了创业机会升级的迭代决策。

这本质上体现的也是御食创始人动态的心智模式，同样是这种动态的心智模式促使了御食创业机会升级这一迭代决策的制定。

3. 迭代结果形成阶段

这一阶段，不同于运去哪，御食形成了创业机会缓慢迭代的结果。而造成这种不同结果的关键原因是御食在组织内未能达成战略共识。虽然御食创始人在做出迭代决策后便与其团队成员进行了交流和讨论以寻求其认同，虽得到了大部分团队成员的认同，但技术合伙人与创始人产生很大的理念分歧。创始人将问题归结于产品本身，希望进行变革，而技术合伙人却将问题归结于客户，希望寻求投资来培育市场。

由于组织内未能达成战略共识，御食的创业机会升级战略难以得到有效执行。2016 年 5 月，御食创始人已确定迭代决策，但在后来的 3 个月中，御食创始人和技术合伙人一直在对公司发展方向进行探讨，导致创始人把大量的时间分配于对技术合伙人的说服和挽留上，公司无法把所有的资源都调配到新的发展方向上，公司发展原地踏步，直到技术合伙人离职。作为一家互联网平台公司，技术支撑是御食进行迭代的重要基础。虽然御食积极寻求第三方“外脑”的技术支持来进行迭代，但沟通和衔接等方面的不及时，以及效率的下降和成本的增加，很大程度上拖慢了迭代的速度。

综上，利益相关者机会共识的破坏生成了御食创业机会迭代的动力，在创始人动态心智模式的作用下御食制定了创业机会升级的迭代决策，然而组织内战略共识的缺乏导致了迭代战略难以有效执行，造成了创业机会缓慢迭代的结果。

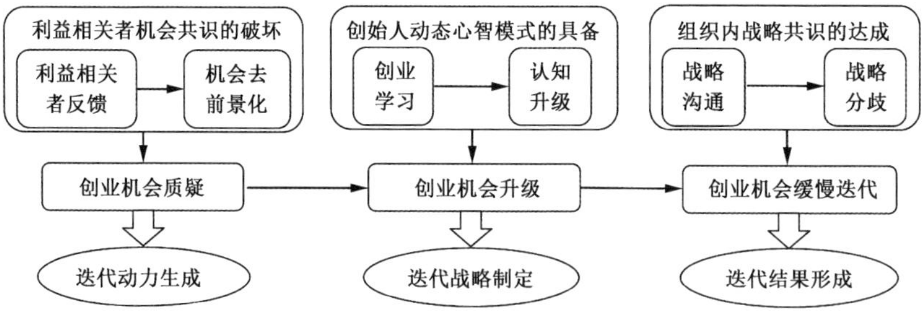

“御食”创业机会缓慢迭代过程

(三)精通：创业机会的不迭代

1. 迭代动力生成阶段

虽然与运去哪、御食形成了截然相反的迭代结果，但精通并不缺乏进行创业机会迭代的动力,因为在精通的发展过程中,客户和合作伙伴等利益相关者的机会共识同样破坏了。首先,客户需求难以得到有效满足。精通的产品本质上是一个匹配创业企业营销需求和在校大学生技能的平台,其客户为在校大学生群体。但在精通 APP 正式上线后不久,大量在校大学生抱怨很难通过 APP 找到匹配自身技能的企业,平台自动匹配的企业需求往往与自己并不匹配。

其次,合作伙伴质疑其"精""通"能力。精通的主要合作伙伴是有人才和技能服务需求的初创企业。虽然精通 APP 在上线之初凭借价位优势吸引了相当数量的初创企业与之进行合作,但随着大量体验问题的出现,初创企业通过平台匹配到的在校大学生不仅难以满足其需求,甚至有时还起到反作用。精通宣传的"精""通"能力,受到合作伙伴的质疑。

所以,利益相关者对精通原有创业机会的共识已然破坏,原有创业机会的发展前景受到了质疑,原有创业机会已经"去前景化",迫切需要进行创业机会迭代。

2. 迭代战略制定阶段

面对上述创业机会迭代的动力,精通创始人没有选择进行创业机会升级,而是推动企业制定了创业机会维持的迭代决策。

首先,创始人自我守固。精通创始人追求稳定发展,希望走一条"逐渐积累、循序渐进的道路",而不希望发生大的变革。对于当前的发展模式,精通创始人表示在 3 年之内不动摇。此外,精通创始人先前积累了丰富的大学生资源和大学生活动经验,导致其在选择创业方向,以及在后期的发展过程中,都严重依赖这一资源和经验。在精通创始人看来,精通当前的道路是其能够看到的最好的。因此,面对创业机会迭代的动力,精通创始人难以形成进行创业机会迭代的意愿。

进而,创始人承诺升级。由于创始人的自我守固,在精通自身模式存在明显问题的情况下,其创始人没有进一步深层次挖掘客户需求来寻求自身模式或方向的改变,而是选择继续将重心放在 APP 的优化上。正如精通联合创始人兼 COO 谈道:"我觉得我们走上了一条骑虎难下的路,走上了一条不归路。"

创始人自我守固和承诺升级的结果必然导致精通制定了创业机会维持的迭代决策。这本质上体现的则是精通创始人动态心智模式的缺失。也就是说,在面对客户的反馈时,创始人难以实现原有心智模式的修正。正是动态心智模式的缺失促使精通创业机会维持这一迭代决策的制定。

3. 迭代结果形成阶段

这一阶段，精通创始人需要寻求组织内达成战略共识来实现其创业机会维持的决策。为此，精通创始人就企业出现的问题与其团队和投资人进行了多次讨论。而由于创始人是位连续创业者，有丰富的项目和团队管理经验，从创建之初开始，精通创业团队内部便始终以创始人为主，核心创始人拥有绝对的权威和权力，因此，精通合伙人往往最终都能遵从创始人的想法，很难否定创始人的决定。同时，精通的投资人表示："在投资之初我们就很明确，我们投的是人，是创始人。"因此，精通创始人的战略决策在第一时间得到了投资人的认同。从而，精通创始人的迭代战略最终得到了组织内的一致认同，从而整个组织将所有的力量都投入到 APP 的优化上。

通过上述战略沟通和战略承诺的过程，精通很快达成了组织内战略共识。而得益于此，精通的创业机会维持战略得以有效执行，企业能够在其最初创业机会的框架下持续运营。

综上，尽管利益相关者机会共识的破坏生成了精通创业机会迭代的动力，但由于创始人动态心智模式的缺失，精通制定了创业机会维持的迭代决策，组织内战略共识的达成则又保障了这一决策的有效执行，造成了精通创业机会不迭代的结果。

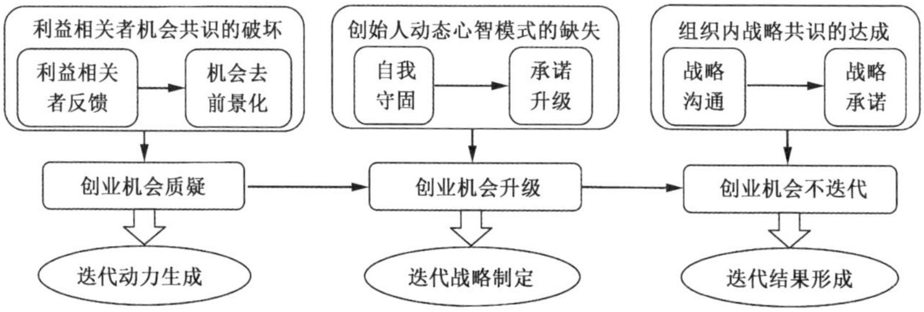

"精通"创业机会不迭代过程

(四)库米：创业机会的颠覆

1. 迭代动力识别阶段

在该阶段，库米同样生成了来自利益相关者机会共识破坏的创业机会迭代动力。首先，客户体验低下。库米希望通过将 IT 外包项目承做、创业公司 CTO 计算机教育培训、低成本开发解决方案套件三个业务来打造一个商业闭环。然而，这三个业务本身都分别属于一个细分市场业务，都可以独立为一个创业方向。库米在一开始就将三个业务同时并行开展,其直接后果是自身运营和服务能力的不足导致三个业务无法良好衔接,客户投诉不断。很多客户在体验一次后便转而寻求其他更专业的 IT 外包公司或教育培训机构。

其次,合作伙伴质疑其可行性。库米的合作伙伴主要是科技类创业公司。库米最初对于合作伙伴的吸引在于通过库米完成 IT 项目的同时可以获得库米提供的 IT 人才输入。然而,在实际运营中,合作伙伴发现库米提供的 IT 人才并无优势,很难满足需求。因此,合作伙伴对库米产生了质疑,认为其与一般的 IT 外包公司或教育 IT 培训公司无太大差异。

此外,团队内部出现大量抱怨。在库米的业务架构下,其团队成员的工作量剧增,薪资却无法跟上,大部分团队成员都对创始人最初提出的宏大设想提出了质疑。正如库米创始人所说:"他们有提出一些改变的想法,一个很重要的原因就是累,薪资也没有及时跟上去。"

所以,利益相关者对库米原有创业机会的共识已然破坏,其发展前景受到了质疑,已然"去前景化",迫切需要进行创业机会迭代。

2. 迭代战略制定阶段

面对上述创业机会迭代的动力,与精通一样,库米创始人也推动企业制定了创业机会维持的迭代决策,这一过程同样体现在其自我守固和承诺升级上。

首先,创始人自我守固。通过三个业务连接以打造一个逻辑严密的商业闭环,这个设想在库米创始人看来能够使得公司将自身优势、外部合作资源充分利用,从而稳定实现业务维持与盈利。从访谈中也可以感受到库米创始人对其设想始终相当自豪和自信。此外,库米有着强烈的风险规避倾向,对于任何改变可能带来的风险都十分敏感。因此,在面对客户反馈时,库米创始人并没有强烈的动机去改变。

进而,创始人承诺升级。由于自我守固,尽管后来在实际运营中出现了一系列客户反馈的问题,库米创始人也始终认为这些问题并不是其当前创业机会本身的问题,而是可以随着时间和投入的增加通过规模的形成得以解决的。在后来的发展中,库米一直在努力寻求增加投入来扩大规模。

因此,库米的创业机会迭代战略也必然是创业机会维持。这本质上体现的同样是库米创始人动态心智模式的缺失。

3. 迭代结果形成阶段

在库米的问题凸显后，其创始人做出了不变革的选择，并与团队进行沟通。但库米的团队内部并不认同创始人的选择，他们认为库米当前还难以支撑起自身如此庞大的架构，应该寻求转型，聚焦于细分业务。因此，库米团队内部在努力说服创始人进行变革的同时也在积极寻求出路，在此过程中，他们曾向创始人提出过多个转型方案，但都被创始人否决。最终，在说服创始人无果的情况下，2016 年年底库米 5 名核心团队成员集体出走，并带着之前的转型方案自立门户，创办了一家与库米构成直接竞争关系的企业。虽然库米创始人很快又重组了团队，但由于自身问题无法得到改善，加上投资人也转投出走团队成员创办的企业，库米在竞争中很快就被赶超，其原有核心客户大量流失，导致库米已经处于停摆状态，一切业务都已暂停。

因此，在这一阶段，库米未能实现组织内战略共识的达成，尽管创始人希望维持原有创业机会，但这一战略难以得到有效执行，从而导致库米出现了原有创业机会被颠覆的结果。

综上，尽管利益相关者机会共识的破坏生成了库米创业机会迭代的动力，但由于创始人动态心智模式的缺失，库米制定了创业机会维持的迭代战略，然而组织内战略共识的未达成导致了迭代战略难以有效执行，造成了库米创业机会颠覆的结果。

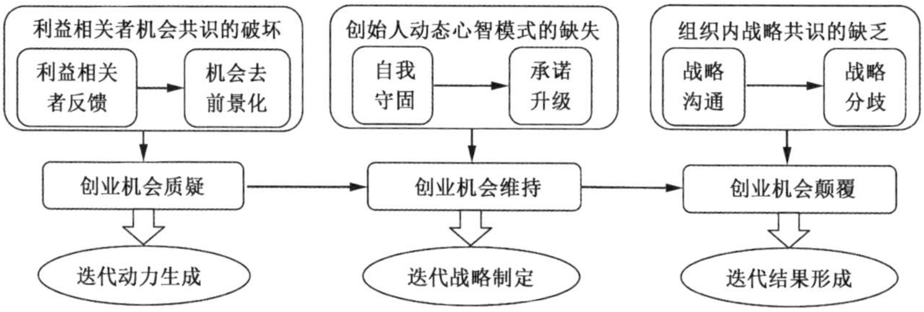

"库米"创业机会颠覆过程

三、结论与讨论

(一)研究结论

本文从初创企业如何实现创业机会迭代，以及为何在迭代结果上存在差异两个基本问题出发，探讨初创企业创业机会迭代的内在机制。**本文的研究表明，初创企业创业机会迭代都遵循着从迭代动力生成到迭代战略制定，再到迭代结果形成的机制。其中，创业机会迭代动力主要来自利益相关者机会共识的破坏，这种机会共识的破坏**

揭示了原有创业机会存在的问题，也明确了创业机会迭代的方向；企业是否采取创业机会升级的迭代战略取决于创始人动态心智模式是否具备，创业机会的迭代过程本质上也是创始人心智模式的转变过程；创业机会最终迭代结果则主要受到组织内战略共识的影响，组织内战略共识的形成保障了资源的协同配合，决定了创业机会快速迭代、缓慢迭代、不迭代以及颠覆这四种结果。

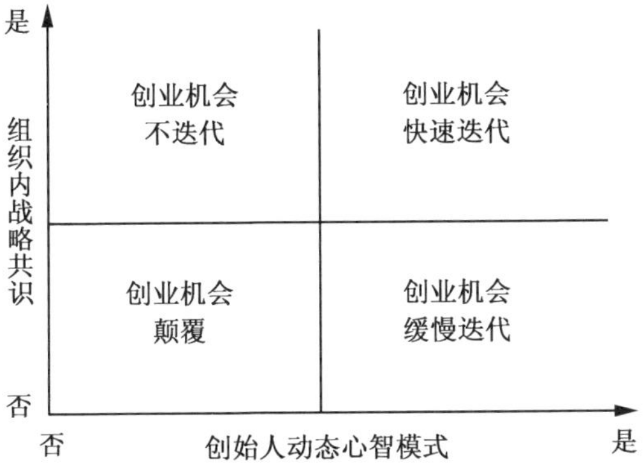

初创企业创业机会迭代的理论框架

（二）理论贡献

首先，本文构建了初创企业创业机会迭代的理论框架，解释了初创企业创业机会迭代的内在机制，拓展了创业机会的理论研究。现有创业机会的研究多关注于企业创建前创业机会的构建过程，本文将创业机会研究拓展到企业创建后层面，提出了初创企业创业机会迭代的理论框架，回答了初创企业如何进行创业机会迭代，以及为何不同企业创业机会迭代结果存在差异的机制问题。

其次，本文发现了创业者与其利益相关者的交互机制，进一步深化了创业机会构建理论。已有研究并未充分揭示创业机会构建过程中创业者与其利益相关者交互的机制。本文发现，创业机会的迭代过程中，首先是创始人与组织内外部的利益相关者交互，利益相关者通过反馈来驱动创始人进行创业机会迭代，而创始人则在利益相关者反馈的基础上制定迭代战略；而后是创始人与团队成员、投资人等组织内人员的交互，创始人寻求组织内的战略共识来实现其迭代战略的有效执行。

此外，本文还区分了不同利益相关者在创业机会迭代中的作用，丰富了利益相关者与创业机会的研究。已有研究虽然明确指出了利益相关者参与在创业机会构建中的作用，但不同利益相关者的参与是否会形成不同的作用这一问题没有得到解答。本文研究显示，风险投资者的参与对于组织内战略共识的达成有着重要影响，因为风险投资者的行动往往更具有一种导向作用。运去哪最终达成了组织内战略共识，而御食没有，一个重要的原因就在于有无风险投资者的支持。

最后，本文从创业机会不迭代结果中区分出了创业机会维持和颠覆的两种情况，并解释了形成机制，丰富了创业失败研究。现有研究认为造成创业失败的原因主要有创业者过度自信、创业资源筹措渠道不畅与制度缺位等。本文则从创业机会迭代视角解释了创业失败的过程，即创业失败的形成可能是创业机会迭代的结果之一，创业失败的一个重要原因可能是针对创始人的决策，合伙人未能达成机会共识。这为创业失败研究提供了一个新的研究视角。

（三）实践启示

通过四家企业的对比分析，发现了初创企业创业机会迭代的内在机制，这对于初创企业如何实现创业机会迭代，以及如何实现持续生存都具有重要启示意义。

首先，对于初创企业来说，企业建立后的创业机会迭代同样重要。初创企业要运用精益创业思维，积极关注客户反馈，通过客户反馈来验证当前创业机会的可行性和挖掘客户的真正需求。并且在获取客户的反馈后，还要将客户反馈转化为动力来驱动自身进行创业机会迭代，通常客户反馈的客户认同度越低，进行创业机会迭代的必要性也就越高。

其次，在创业机会迭代过程中，组织内能否达成战略共识十分关键。尤其避免组织内出现迭代战略分歧是避免出现“创业机会颠覆”结果的关键。为此，创始人应培养自身的沟通意识和沟通能力，并尽可能提升自身领导力。此外，在创业之初，创始人就应该思考如何在企业内部通过设立约束机制等预设措施来最大化减弱组织内分歧对企业的影响。

最后，对于初创企业来说，不管是进行变革，还是某项战略的推行，企业创始人都要充分认识到风险投资者在其中可能发挥的导向作用，要尽可能地引导风险投资者参与其中，并获取风险投资者的认同和支持，以降低内部分歧出现的可能性，保证变革或机会迭代决策执行的有效开展。

（原文由刘志阳、李斌、庄欣荷发表于《科学学研究》，2019年第3期）

创业企业治理结构演进

一、问题的提出

治理结构的研究大都集中在西方制度经济学的视野，很少有人关注政治经济学视域下治理结构及其内部的社会关系矛盾。这方面的研究，不能不提到马克思的“资本指挥劳动”思想和西方左派经济学家对该问题的关注。马克思著作中没有“治理结构”或“治理机制”这样的名词，但如果在扩展的意义上理解治理结构的含义，马克思也确有自己的独特论断，那就是“监督劳动”或称“指挥劳动”二重性的论述。“凡是直接生产过程具有社会结合的过程形态，而不是表现为独立生产者的独立劳动的地方，都必须会产生监督劳动和指挥劳动，不过它具有二重性。”[①]这个二重性表现在：它既有与组织社会化大生产相联系的生产力属性，又有与社会制度相联系的生产关系属性。前者是说，“指挥劳动”是社会化生产过程所必须进行的活动，是生产过程的自然需要。后者是说，它是与资本主义生产关系相联系的一种“监督劳动”，是管理者维护和巩固生产关系、实现特定生产目的的一种职能，社会属性取决于社会关系或社会制度的性质。然而最终在资本主义制度下，

① 马克思，恩格斯．资本论：第三卷[M]//马克思，恩格斯．马克思恩格斯全集：第25卷．北京：人民出版社，1974：431．

“资本指挥劳动”或“工人在资本家的支配下劳动”所带来的生产力的提高，并不能消除工人的对抗情绪和由此产生的阶级矛盾。西方左派马克思主义者布雷弗曼(Braveman)指出：在资本主义条件下，“劳动过程是从有了一项规定工人出卖劳动力和雇主购买劳动力条件的契约开始的”，“工人强迫将自己的劳动力出卖给别人后，在劳动过程中也就放弃了自己的利益，这种利益现在已被转让。劳动过程已经成了资本家的职责。在这种对抗性的生产关系情况下，实现资本家所购买的劳动力的‘充分有用性’的问题，由于人们利益上的对立而变得尖锐化了。一方面是这样一些人，劳动过程是为了他们的目的进行，另一方面是这样的一些人，他们进行劳动过程”。[①] 布雷弗曼在这里明确指出了由于契约上的不平等必然导致劳动过程的对抗性。同时，他还指出管理的产生是资本家对工人劳动过程控制的需要，这也就是资本主义管理的实质。之所以说布雷弗曼把马克思的思想推进了一步，就在于他结合企业管理的最新发展，深刻地探讨了所谓的“科学管理”的问题。他指出“所谓科学管理，就是要把一些科学方法应用于迅速发展的资本主义企业中越来越复杂的控制劳动的问题”，“它的出发点并不是人类的观点，而是资本家的观点，也就是在对抗的社会关系的环境中管理一种难以驾驭的劳动力的观点。……它所研究的并不是一般的劳动，而是如何使劳动适应资本的需要。它并不是作为科学的代表，而是用科学外衣乔扮起来的管理的代表的身份进入工作场所的”。[②] 布雷弗曼明确指出了，资本主义科学管理的目的是强化对工人劳动过程的控制。应该指出，马克思和西方左派学者关于管理的早期思想其实还是一种宏观视野下的资本雇佣劳动治理观，他们的研究旨趣集中于资本家和工人之间的关系，而对于企业内部的更为复杂的治理结构根本不可能涉及。

西方经济学的研究体现在关于公司治理和几种创业理论的探讨上。公司治理是以股东等利益相关者权益的保护为前提的一整套制度安排。从 20 世纪 30 年代伯利和米恩斯开创现代公司治理研究以来，成熟大公司(钱德勒所称的“现代工商企业”)中所有者与复杂的科层制组织管理者之间的委托代理问题，一直是公司治理的主题。可以说，主流的公司治理理论就是成熟的大公司的治理理论，其中尤其以上市公司治理研究最为典型。但代理问题并非只有在公司制企业中存在，其他类型的企业中同

① 布雷弗曼.劳动与垄断资本[M].北京：商务印书馆，1978：53－54.
② 同上，78－79.

样存在相应的治理问题。因而有必要引入企业治理(enterprise governance)的概念进行专门研究,其中关于创业企业治理的探讨尤其具有典型意义。因为,人们在关心创业企业作为技术创新推动者的突出作用的同时,往往忽略了创业企业在企业制度和组织方面的创新意义。正是在这个意义上,Rajan(2001)①等提出超越传统意义上的委托代理模式的"新企业的治理",这种新企业治理最有可能在高技术创业企业中取得突破(Oakey,1995)。

国内有关研究对此进行了关注,观点各不相同。王益、许小松(2000)认为创业资本家和创业企业家之间的关系本质上是一种委托代理关系,这种"委托代理关系中信息不对称性更强,因此需要有效的机制来保证信息充分披露,保证企业的经营活动不损害创业资本家的利益"。② 在他们看来,创业资本家和创业企业家之间的最普遍合同衔接不是债务合同或是普通股份合同,而是可转换优先股合同。因为他满足了创业资本家对企业控制权转移的关心,所以本质上这种企业的治理结构是相机治理模型在中国的一个应用。与此观点相反的是,杨其静(2003)认为,"在创业初期,企业最初的中心签约人是企业家,而不是外部投资者。因为只有当企业家发现了某种能够形成企业的创意并由此发起创业活动之后,投资者的投资行为才能发生,所以企业家是企业的逻辑起点"。③ "理性的企业家往往会自愿成为企业残值的最后索取者,并将企业残值的优先索取权让渡给外部投资者,从而否定了主流理论'投资者是最后的剩余索取者'的先验论,进而指出企业家自有资本的基本功能是为外部投资者提供担保服务,其目的是为了弥补自己的创意和能力显示不足的弱点"。④ 与王益等不同的是,杨其静强调了创业企业家对企业的剩余索取权,从而暗示了创业企业家掌握企业的控制权。同时也有很多学者开始关注创业企业人力资本要素所有者"谈判力"显著增强引发的治理结构方面的重大变革。如袁庆宏(2003)大胆地预测,随着创业投资和信息技术的发展,基于人力资本升值的企业管理和公司治理研究领域正在孕育着重大的突破,"这种突破的深层意义不仅体现在人力资本所有者地位提升,更关键的是企业所有者与控制者生成的内在逻辑关系正显现出一种深刻的逆转——不是因为拥有物质资产的所有权而天然成为所有者,而是因为紧紧把握核心资源的控制者作用

① Rajan R G,Zingales L. The Governance of the New Enterprise,Workingpaper7958,www.nber.org.2000.
② 王益,许小松.风险资本市场的理论与实践[M].北京:中国经济出版社,2000:110.
③ 杨其静.财富、企业家才能与最优融资契约安排[J].经济研究,2003(4):42.
④ 同上,49-50.

的至关重要使其成为所有者”。[1] 所以在人力资本更为稀缺的情况下，核心人力资本的拥有者比资金提供者更具有充当企业家的优先权。与此观点相近的有史正富(2002)[2]等人。张帷(2002)通过对于创业企业家人力资本的相对缺乏担保性和逐渐增值性的研究，探讨高技术创业企业随人力资本特性动态显现的相机治理机制。与以上观点不同的是，杨继国(2002)认为人力资本产权拥有者同样可能侵蚀货币资本所有者的利益，因而不宜过分强调人力资本与货币资本的某一方，双方利益的保证都应纳入企业治理范畴。

总的来看，国内关于高技术创业企业治理研究的局限主要体现在：(1)主流的企业理论关于企业所有权配置的讨论，主要是从“企业要素特性”这一静态角度明确货币资本和人力资本的所有权，而没有深入探讨高技术创业企业所有权配置的动态博弈过程，以及由此决定的高技术企业治理的“相机抉择”和“初始状态依存性”特点；(2)将高技术创业企业治理与以上市公司为标准的典型公司治理等同看待，没有抓住高技术企业治理的核心——建立人力资本与货币资本之间的协调机制才是企业治理的本质，因而在关键理论层面尚缺乏突破；(3)缺乏与理论创新密切匹配的实证分析，现有的实证研究数据积累时间过短，还需要通过更长的“生存检验”，这也是造成实际操作层面对策乏力的重要原因。解决高技术创业企业治理的问题必须从其自身的本质特点出发，如资本要素与技术要素提供者之间的权利配置、高风险与高激励的匹配机制等，分析企业资本构成中人力资本与货币资本的协调博弈——这是新经济背景下有关企业制度设计的激励相容基础。结合以上国内研究的不足，我们关注的基本问题是：随着创业企业这种新型企业中人力资本要素谈判力的增强，新型企业治理结构安排对于企业人力资本价值状态表现怎样的依存性？同时这种人力资本要素谈判力在创业企业的不同生命周期中与创业资本是如何进行权利博弈，并进而表现出不同企业生命周期中的治理结构与治理效率。

① 袁庆宏.从主流公司治理到新企业治理：人力资本升值与高技术企业治理[D].天津：南开大学公司治理国际研讨会论文，2003:3.
② 史正富.现代企业中的劳动与价值[M].上海：上海人民出版社，2002.

二、创业企业基于生命周期的治理结构动态演进模型:一个人力资本"U"型控制权转换结构

马克思强调了产业资本内部企业治理资本控制劳动的客观事实。但是随着创业资本从产业资本独立出来,这种原先的治理结构模式发生了变化。资本与劳动的关系变得十分复杂。

创业企业治理与一般企业治理一样,创业企业治理主体的权力竞争力(或称谈判力)仍然取决于行为主体拥有的相对资源占有量及其资产专用性情况。也就是说,企业治理主体的权力竞争力决定因素是权力资源,谁拥有的资源量大,谁的权力竞争力就大。此外,非人力资本和人力资本谁的资产专用性高,谁的谈判力就高。把这个概念延伸到创业企业中,可以发现人力资本与创业资本构成了有限合伙制这种特定的契约关系。在不同时期的合约关系中,双方资源的相对占有量和专用性变动,决定着相互之间在创业企业合约中谈判力的强弱,并影响创业企业内剩余控制权和剩余索取权的分布。这个人力资本与非人力资本的具体的博弈过程,可以从相对资源占有量和资产专用性的角度,显示人力资本与创业资本谈判力的四种组合,即强一强、强一弱、弱一强和弱一弱。

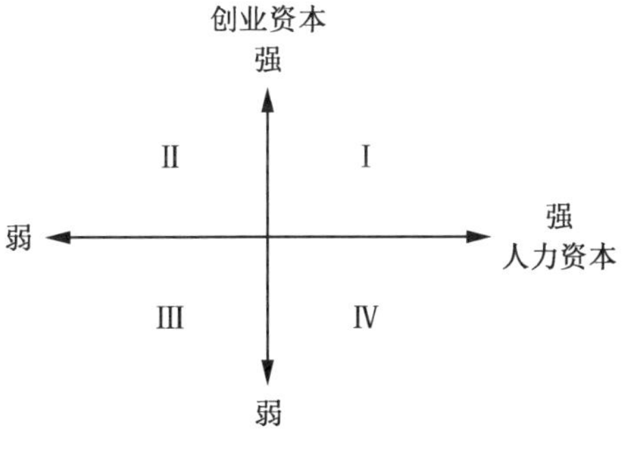

人力资本与创业资本谈判力模型

与一般企业相比,创业企业是以研发和技术创新作为突出特征的。这类企业中,企业资产组合中的各项要素对企业价值的贡献作用发生了显著的变化。创业资本(或称非人力资本)对企业价值的贡献相对下降,人力资本在企业发展和价值增长过程中的贡献上升,使得企业的法律边界和经济边界不一致,形成创业资本法律控制权

和人力资本实际控制权分离。创新企业形成初期的资源要素，往往体现为以软性的、未货币化的人力资本形态存在的技术知识或技术构思，创业企业发展过程（或称创业企业生命周期）是其人力资本逐步显现并体现在企业实际价值中的过程。总的来说，创业企业内部的治理结构是随着创业企业的生命周期逐步演化而使得人力资本的谈判力逐步增强，而非人力资本（主要是创业资本）的谈判力逐步弱化这样的一个动态博弈过程。在创业企业的种子期阶段，创业资本家要求更多的控制权，主要原因可能在于：此时的创业企业迫切需要创业资本的支撑，所以创业资本的相对资源占有量就高，其谈判力就强。同时，由于创业资本的资产专用性强，此时也不容易退出。而随着企业不断成熟，人力资本在创业企业中的贡献越来越大，其相对资源占有量也不断增大，此时的创业企业由于创新技术渐趋成熟和创新产品渐趋成功，面临着更多潜在的可供选择的创业资本，所以创业资本的谈判力将趋于弱化。同时如前所说，创新劳动过程中人力资本的专用性越来越大，而创业资本的专用性则有所减弱，退出的渠道和可能性也增加，所以人力资本（主要是创业企业家和主要技术骨干）获得的控制权越来越大，直到创业资本家完全退出创业企业，人力资本获得完整的控制权。这个控制权的变化呈现出典型的"U"型结构特征。

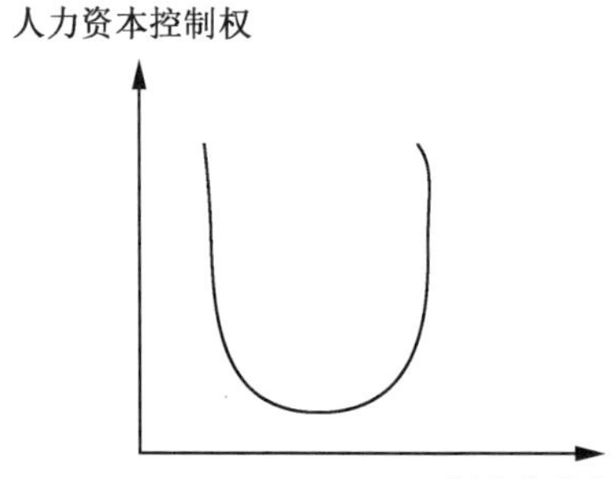

基于创业企业生命周期的人力资本控制权变动

在创业资本进入前，创业企业家完全拥有创业企业，人力资本的控制权达到最高点；而随着创业资本的进入，人力资本谈判力开始下降，随之控制权衰减；当创业企业逐渐成熟，人力资本由于资产专用性和相对资源拥有量的增加又重新获得谈判力；当创业资本完全退出时，人力资本控制权又重新回到最高值。

三、基于创业企业生命周期的谈判力和效率分析

前面提到创业企业具有生命周期的特征，可分为种子期、创业期、扩张期和成熟期。[①]

在创业企业的种子期，企业处于创业前期，经营前景不明朗，技术优势和创业企业家的作用对于企业发展至关重要（可以把人力资本细化，分为创业企业家的决策管理能力以及技术雇员的研发能力），此时又往往是创业企业家和技术拥有者合二为一，使得创业企业家保持很强的权力竞争优势，人力资本谈判力很高。同时，由于创业企业刚刚组建，研发创新能否成功毫无保证，因而这个阶段进入的创业资本面临极大的不确定性，愿意进入的创业资本往往是一些极具冒险精神的天使资本。此时的创业企业通常极需创业资本的支撑（并且往往没有其他可替代的创业资本），因而创业资本的相对资源拥有量也很高。综合在一起可以认为，种子期创业企业的人力资本与创业资本的谈判力都是很高的，处于Ⅰ阶段。反映在创业企业的治理结构上，可以说此时创业资本与人力资本共同拥有创新企业的控制权，这种状况也可称为“共同治理”。但是由于此时投资的风险实在太大，创业资本家往往是投入部分资本，而保留依照企业经营状况追加投资的权利，这也就是通常所说的阶段投资治理机制。但是如果种子期阶段共同治理出现矛盾，最终的控制权会倾向于何方？这个问题有多种解释，邵剑冰（2003）就详细分析了种子期创业资本控制权相机依存的四种情况。[②]如果没有出现公司债务困难，创业资本一般不会干预创业企业的管理，所以在企业经营正常时呈现的是人力资本主导的治理结构特征。但创业资本为了保持其相机治理的权利，往往通过掌握现金流、董事会席位等具体的治理机制，来保证其潜在控制权的实施，Stomberg（2002）对此已有分析。

在创业企业的创业期，企业的技术趋向成熟，逐渐开发出最初的产品或劳务，开始向市场展示。在这一阶段，技术和市场风险降低，企业对创业资本的需求显著增加，其支出包括批量生产和开拓市场等所需费用。这个阶段创业企业资本结构中有限合伙制创业资本的投资比例增加，并有可能超过创业企业家的股本比例。由于投

① OECD把创业企业发展分成六个阶段，即研发期、创业期、早期成长期、加速成长期、稳定成长期和成熟期。参见王益，许小松．风险资本市场的理论与实践［M］．北京：中国经济出版社，2000：28．

② 邵剑冰．基于动态演进模型的分析［D］．天津：南开大学公司治理国际研讨会论文，2003：5．

入的创业资本越来越多，创业资本在创新企业股本中的比例增大，其相对资源占有量上升。但这个时候创业企业所生产的产品还没有经过市场的检验，仍然存在风险；而创业资本此时也缺乏退出的渠道，其资本具有更强的专用性。综合起来，创业资本家的谈判地位上升，而创业企业家的谈判地位下降，所以此时创业资本与人力资本的谈判力就处于Ⅱ阶段。与此相对的是在控制权安排上，人力资本的控制权减少，创业资本的控制权增加。

这个阶段创业资本家的进入，对创业企业中体现人力资本的创业企业家的控制权产生"挤出效应"。创业资本家作为大的外部股东，限制了创业企业家的控制权和谋求个人利益的能力，起到了降低代理成本的作用。Baker 和 Gompers 在 1999 年对 1 036 家创业期的企业进行了实证研究，结果显示：与非创业企业相比，在创业资本家进入的企业，内部人（包括 CEO 和其他内部人）在所有权结构中的地位较低；而非创业企业内部人的所有权比重较大，是创业企业的约两倍（分别为 41%和 22%），外部所有权则只有创业企业的 1/3（分别为 5.9%和 17.5%）。[①]

创业企业与非创业企业所有权结构的比较

	创业企业	非创业企业	变化
CEO	13.97	25.1	−11.13
其他内部人	7.89	15.84	−7.95
总的内部人	21.86	40.94	−19.08
最大的外部股东	10.02	4.03	5.98
总的外部股东	17.53	5.86	11.67
Shapley 值	26.47	60.82	−34.34

资料来源：Baker，Gompers. An analysis of Executive Compensation，Ownership，and Control in Closely Held Firms[N]. NBER working papers，1999.

通过比较用来反映内部人控制程度的指标——Shapley 值[②]，发现创业企业的该值远远低于非创业企业，分别为 26%和 61%，这反映创业企业中内部人控制的潜力要弱于非创业企业。这被认为是创业资本家进入的结果。

在创业企业的扩张期，原有的企业经营者与技术拥有者双位一体的管理劣势显

① 张永衡. 风险投资与产权制度[M]. 北京：经济科学出版社，2002：129－130.
② Shapley 值是用来衡量 CEO 对公司的控制力的指标，由 Shapiro 和 Shapley 在 1977 年提出。

现,企业经营者与技术拥有者分离,此时研发人员的技术优势已基本失去,企业进入生产扩张阶段,企业管理的价值开始凸现。创业企业家由于没有技术的优势,所以在企业经营业绩不好时,其经营者地位就有可能不保。同时处于扩张期的企业现金流难以满足企业的需要,仍然需要外部创业资本的注入。但由于扩张阶段的风险较小,有比较确定的利润预期,所以可供选择的创业资本较多,而原来投入的创业资本的退出也相对容易,它们可以通过出售、并购等方式转让他们在创业企业中的股份。所以此时创业资本的相对资源拥有量和资产专用性都较低,他们与人力资本谈判中的谈判力也较弱,处于第Ⅲ阶段。与此相对应的是企业的控制权问题。由于企业管理能力的凸现,此时尽管创业资本仍然保留着最终的控制权,但是人力资本相对创业资本而言,其控制权的比重加大,从原来的最低值开始回升。

在创业企业的成熟期,企业的现金流可以满足创业企业的大部分需要,企业的产品和劳务也已广为消费者接纳,销售收入和利润开始加速增长。创业资本家开始谋求在最佳时刻退出创业企业。通过创业资本退出,创业资本就把其保留的相机控制权完全交给了创业企业家。这个阶段创业资本与人力资本的谈判力对比为第Ⅳ阶段。而人力资本控制权位置则达“U”型最高位。

四、结论

通过上述分析,可以发现创业企业内部存在复杂的动态利益关系。创业资本家和创业企业家这两个创业投资主体尽管有着分割创业利润的共同目的,但是由于创业投资本身所具有的信息不对称以及运动过程的高度不确定性,二者也存在着控制权的斗争。争夺控制权的目的一方面是保证剩余索取权的分享,另一方面是创业资本家出于资产保值的需要。创业企业控制权争夺过程其实是一个基于创业企业生命周期演进,控制权逐步从创业资本家转移给创业企业家的过程。并且,这种控制权争夺具有相机特性,主要依据双方相对资源拥有量多少和资产专用性的强弱而呈现出谈判力的差别。

(原文由刘志阳、施祖留发表于《经济社会体制比较》,2007年第6期)

创业金融的均衡和规范发展

中国的早期创业活动指数(TEA,每百人中创业者的比率)的不断攀升,清晰地反映了中国“全民创业”的火热状态。中小企业和创业企业已经成为我国经济发展不可或缺的重要力量。与我国全民创业的火热状态形成对比的是创业金融发展尚且不完善,我国创业企业当前普遍面临融资难的困境。多数研究认为,这是传统金融抑制的结果,表现在三方面:一是由于创业企业存在很大的不稳定性、风险性较高,一般的商业银行基本不为创业企业提供贷款和相应的服务;二是科技企业作为创业企业的主力军,很多金融机构并不接受科技企业的无形资产作为抵押对象;三是受限于公开资本市场的高信息披露要求、高融资成本等门槛,初创企业很难进入公开资本市场进行融资。与主流研究所指出的传统金融抑制作用相比,创业金融发展过程中自身的非均衡和不规范问题往往更容易被人忽视。本文认为上述两类瓶颈问题是导致创业企业融资难的根本原因,更值得引起社会的重视,破解上述瓶颈问题对于推进创业金融大力发展具有重要的现实意义。

一、创业金融范畴及特征

1. 定义

创业金融是相对于传统商业金融概念提出的,国内尚无统一的定义。赵洪江和叶兵(2007)将有利于产业自主创新的金融体系理解为创业金融体系，相应的，为成熟产业提供金融服务的体系称作传统金融体系。薛永基等(2008)认为创业金融体系是指服务于创业企业融资的经济体中资金流动的基本框架，是资金流动的工具(金融资产)、市场参与者(投资机构、传统金融机构、中介机构等)和交易方式(市场)等各金融要素构成的综合体。

创业金融，与创业教育、创业培训、会计服务、法律服务等严格意义上属于创业服务的范畴。笔者认为可以将创业金融定义为围绕创业企业各个阶段融资提供金融服务的制度安排。如果将一个企业的成长过程看作一个连续过程，一般可以将其分为种子期、创建期、成长期和成熟期四个阶段。创业金融体系主要为创业企业的种子期和创建期服务，也适当为成长期提供金融服务。为成熟期的企业提供金融服务，则属于传统金融领域问题。

创业金融体系中为种子期创业企业提供资金的主要有自有资金、家庭资金和天使投资，也就是 3F(Founder，Family，Fool)；为创建期创业企业提供资金的主要有天使投资、风险投资、小额信贷、接力基金和互联网金融；而风险投资、担保基金、融资租赁、产业基金、科技银行等主要为成长期的创业企业提供资金。一些咨询机构和中介组织(主要指会计师事务所、律师事务所等)也为创业企业融资提供其他服务。

创业金融的主要构成要素及功能

资金来源	主要功能
天使投资	对具有专门技术或独特概念的原创项目或小型初创企业进行一次性投资； 处于股权投资产业链最前端，通常在产品和业务成型之前，即种子期和创建期； 天使投资人多为成功的创业者，其独到的行业理解、社会资源和丰富的创业经验能很好地扶持创业企业
风险投资	对具有高增长潜力的未上市创业企业进行股权投资； 通过提供创业管理服务参与所投企业的创业过程，待企业成熟后通过股权转让实现高增长收益； 比天使投资更看重财务回报，主要投资于创建期和成长期
小额信贷	向低收入群体和微型企业提供额度较小的持续信贷服务； 基本特征为额度小(一般在千元以上、十万元以下)、无担保、无抵押，服务于广大工商个体户、小作坊、小业主和中小微型企业主
接力基金	专注于早期科技型高增长创业项目； 凭借对特定行业、特定成长阶段(创建期)创业企业的了解，更能为创业企业的发展提供专业化、借鉴价值高的管理和咨询服务

续表

资金来源	主要功能
担保基金	是商业银行和创业企业的中间人，为创业企业向银行贷款提供担保服务； 当创业企业无力偿还贷款时，担保基金需代为偿还，因此其主要服务成长期的创业企业
融资租赁	融资与融物相结合的特点(出现问题时，租赁公司可回收、处理租赁物)使得其对企业资信和担保的要求不高，很适合中小企业融资
产业基金	对未上市企业进行股权投资和提供经营管理服务的利益共享、风险共担的集合投资； 资本雄厚，能满足创业企业高风险、长周期的投资需求； 主要目的是促进企业带动整个行业步入产业化进程，因此主要服务成长期的企业
科技银行	专为科研机构和科技型中小企业提供融资服务的银行机构； 只为技术引进、技术研发、新产品试验推广等与科技创新有关的业务提供服务
互联网金融	借助大数据、移动互联网等新技术为资金供求双方提供低成本、高效率、宽覆盖的服务模式，如近期大热的余额宝、移动支付

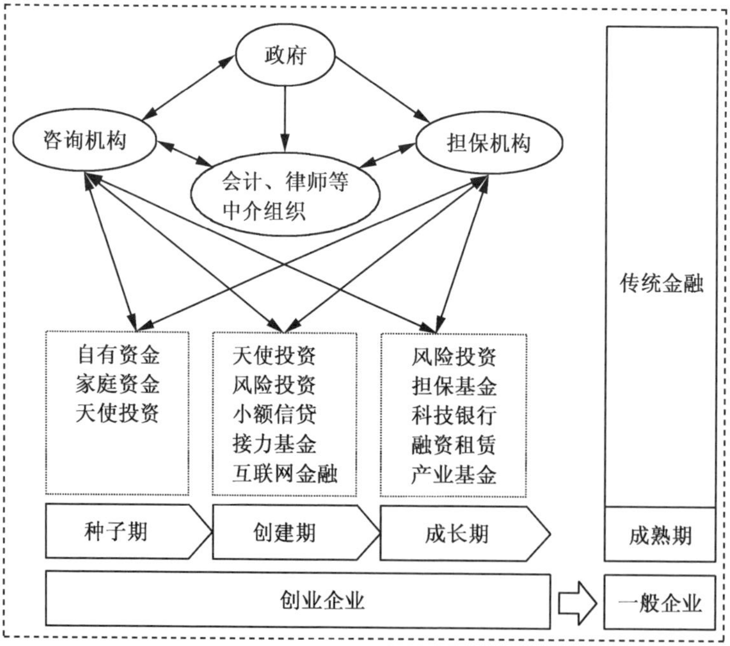

创业金融体系

创业金融将目前分散的天使投资、风险投资、小额信贷、接力基金、担保基金等纳入统一的金融体系,通过科学规范的管理运作,为创业企业的技术创新,尤其是创业初期的研发活动,提供积极有效的金融支持,并在这个体系的机构之间存在复杂的相互作用关系。尤为值得一提的是,由于创业金融活动具有很强的外部性(如可以解决小企业融资难问题,有助于高新技术的研发创新、有助于解决部分失业人员的就业问题等),在一定程度上可以看作准公共产品,因此,政府也是创业金融体系中一个重要的组成部分。

2. 特征

为了更好地剖析和理解创业金融的特征,我们将创业金融与传统的商业金融进行对比分析。

创业金融与传统金融的差异

	传统金融	创业金融
(1)关注对象	成熟产业、成熟企业	新兴产业、早期创业企业
(2)外部投资者是否参与经营	否	是
(3)信息不对称的影响程度	弱	强
(4)激励机制和合约设计	重要	更重要
(5)投资决策和融资决策的处理	相对独立	互动复杂、相互影响

(1)关注对象的差异

传统商业金融的投资者由于追求稳定的收益,所投资的对象一般为成熟产业和成熟企业;而创业金融是建立在以潜在收入流量为评估基础上的金融制度安排,其关注的对象是一些具有高成长性的新兴产业和早期创业企业,一旦投资成功,将会给投资者带来巨大的利益。

(2)外部投资者是否参与经营

在传统金融中,外部投资者和被投企业更倾向于一种债权的关系,投资者一般不参与被投资企业的经营;而在创业金融中,外部投资者往往会提供管理或其他服务以促进新企业的成长,这些管理和服务本身是不收费的,但是外部投资者会通过增加其所有权比例的隐含收费模式来回收服务成本。

(3)信息不对称的影响程度

传统金融由于关注的对象是一些成熟产业、成熟企业,有足够多的外部信息可供投资者了解被投资企业,信息不对称问题虽然存在,但影响相对较弱;而在创业金融中，由于创业企业刚成立，对资金的需求更为迫切，创业者自身必须努力使外部投资者相信该项目的价值，解决信息不对称问题。

(4)激励机制和合约设计

在创业金融中，由于投资者对创业者的能力不了解，因此会通过一系列的激励机制与合约设计来激发创业者迅速开发创意，提高其投资的成功率，如在合同中加入分阶段投资、终止选择权等额外条款；相对的，由于成熟企业会从外部直接聘任职业经理人，传统金融可以根据职业经理人的过往业绩来进行选择，因此激励机制与合约设计远没有在创业金融中重要。

(5)投资决策和融资决策的处理

传统金融所投资的成熟企业很多都是股份可流通的上市公司，管理者做决策时很少会考虑股东对股利或资本增值的偏好，因为这两类股东可通过资本市场进行交易；但在创业金融中，由于创业企业股权在很长一段时间内是不流通的，投资者会通过索取控制权来保障自身的利益，这使得创业企业的投资决策和融资决策之间的互动性更加复杂。

正是因为创业金融与传统的商业金融存在很多不同点，所以传统的商业金融理论在指导和解释创业企业融资时显得力不从心。而创业企业融资作为一个世界性的难题，对这一问题的妥善解决对于激发全社会的创业热情和积极性、解决就业和促进经济增长等都具有战略性的重要意义。

二、我国创业金融发展过程中的问题

(一)我国创业金融发展的非均衡问题

1. 创业投资过热，天使投资不足

早期投资对创业企业的推动作用是极为关键的。两度创业后转行做投资的创投合伙人查立曾经说："与其说硅谷的明星企业背后少不了 VC，不如说硅谷的本质是草莽英雄逐鹿之地，没有遍地的草根创业者和满天的天使投资人，就没有硅谷。"事实上，很多成功的大企业在创业早期都获得过天使投资，如福特汽车、苹果公司和亚马孙等。Lindstrom 和 Olofsson(2001)对瑞典 150 家技术创业企业(NTBFs)所做的实证调查研究发现，创业企业在创业初期最看重的支持因素就是天使投资。

虽然天使投资对创业企业的帮助更大，但是目前国内的天使投资无论是从案例数量还是涉及金额来看,与创业投资仍存在很大的差距。仅 2011 年我国就发生了 1 505 起创业投资案例,总投资金额超过 130 亿美元[①],而据投中研究院的公开披露信息统计显示,2008 年以来披露的天使投资案例总共才 734 起,且单笔投资金额在 100 万元以下的占了 67.19%。

单从 2013 年上半年的数据来看,这一非均衡问题仍然存在。从 2012 年开始国内创投市场呈下滑态势,2013 年上半年国内创业投资市场共发生 366 起投资案例,涉及金额为 1 878 百万美元[②];但据投中研究院的统计数据显示,同时期天使投资市场只有 135 起投资案例,总投资金额只有 5.2 亿元。可见,虽然国内创投逐渐疲软,但创业投资的资金规模仍比天使投资多 22.5 倍左右,这与美国等创业企业发展得较好的国家完全相反。在美国,天使投资的资金规模往往是创业投资的两倍,投资的项目数约为创业投资的 20 倍。[③]

出现这种现象的原因可能是:早期投资风险高,不确定因素大,而国内创投追求热钱,更看重财务回报,对他们来说早期天使投资的风险太大,因此多数资金还是集中在 Pre-IPO 阶段的企业。

国内创业金融中,创业投资过热、天使投资不足的现象,不仅会使得一些投资机构争抢中后期的优质投资项目,导致被投项目价值普遍被高估,出现投资泡沫;还使得一些急需扶持的初创期企业和种子期企业得不到融资。因此,在中国经济结构转型的重要阶段,天使投资亟待发展。

2. 担保基金过多,接力基金有限

目前国内创业金融发展中另一个非均衡问题是担保基金过多而接力基金有限。

创业小贴士
START-UP TIPS

创业担保和接力基金

全国很多地方政府都相继设立了担保基金,如徐州市财政局设立 6 000 万元创业贷款担保基金,首批 30 个项目已推荐给合作银行(2008 年);贵州省财政厅等部门联合投入 5 000 万元作为担保基金,开展"担保基金+信贷"的模式支持茶产业发展;

① 2011 年,美元对人民币的年平均汇率为 6.461 30 亿美元,折合人民币 839.8 亿元。
② 2013 年上半年,美元对人民币的平均汇率为 6.241 878 百万美元,折合人民币 117.2 亿元。
③ 《2012 美国天使投资背景及统计》,美国天使投资协会。

镇江市设立 4 000 万元创业担保基金，并扩大贷款额度、延长贷款期限，为全民创业提供更充足的资金支持(2012 年)。据国务院融资性担保业务监管部际联席会议最新数据显示，截至 2012 年末，全国融资性担保法人机构有 8 590 家，同比增加 188 家，增长 2.2%；担保贷款余额总计 14 596 亿元，同比增长 13.5%。其中，中小微企业融资性担保贷款余额 11 445 亿元，占融资性担保贷款余额的 78.4%；中小微企业融资性担保在保户数 23 万户，占融资性担保贷款企业的 92.7%。可见，融资性担保机构在一定程度上缓解了很大一部分中小微企业的融资难问题。

相比担保基金，更能支持创业企业发展的接力基金却屈指可数。国内做得比较成熟的是创业接力基金，它由上海的创业基金会发起，联合早期投资经验丰富的机构及个人共同设立，由新中欧创投专业团队受托管理，公司受托管理“接力投资基金”规模 3.5 亿元，参与管理“上海市大学生科技创业基金”规模 5 亿元。据该接力基金的主要发起人之一祁玉伟介绍，该接力基金从 2008 年底至今已经投资 30 多家创业企业，但平均单个企业投资额不超过 1 000 万元。

注：此统计口径仅为银行业金融机构融资性担保贷款，不含小额贷款公司。

无论是从总体规模还是单笔投资额来看，接力基金与担保基金之间都存在很大的差距。相比于担保基金，接力基金除了扶持更早期的创业企业外，另一个优势是专注。一方面，专注可以使基金管理者对行业、细分领域以及技术的分析更准确，选择更值得投资的项目；另一方面，基金管理者凭借其对特定阶段、特定行业的了解，可以更好地为创业企业提供管理咨询服务，使创业企业更快更好地发展。据创业接力基金合伙人祁玉伟介绍，“其所投资的早期项目平均毛利在 50%左右，投资前后一年销售收入平均增长约 4 倍，净利润平均增长达 5 倍。投资项目中有的已经上了新三板，有的已在准备创业板上市”。

3. 创投基金、政府产业基金和引导基金中政府力量过大，市场化程度不高

张如石在《我国创业投资基金现状和未来发展趋势及其对策》中提道：“我国目前创业投资基金的资金来源主要还是以政府和国有企业出资为主，所占比例超过 50%，民间和社会投资较少。”而在本身就具有“官办”色彩的政府产业基金中，政府出资所占的比例也很大。胡静通过列举中国十一家产业基金的资金来源指出：现阶段，

中国的产业基金资金来源单一,市场化程度不高。[①] 这种由政府直接出大量财政资金设立投资基金的形式,一方面形成了强大的政府力量,导致基金投资决策过程具有明显的行政色彩;另一方面不能发挥财政资金的杠杆放大作用。

基于此,我国从2002年开始设立政府引导基金[②],且近年来发展迅速。据赛迪投资顾问不完全统计,截至2012年底,中国政府引导基金共设立96只(包括拟设),金额接近700亿元。政府引导基金是由政府财政资金出资,并且吸引地方政府、金融和社会资本,用于投资创业投资基金或创业投资机构的专项资金,可以发挥财政资金的引导与带动作用,放大财政资金对创业投资的导向效应和对中小企业发展的支持效应。

但政府引导基金在实际运作过程中也出现了政府力量过大的问题,表现为:

一是基金监督管理中,政府既当"运动员"又当"裁判员"。政府不仅干预子基金的运作管理,而且还干预创业投资企业的运作,不是引导而是主导了创业投资基金的投资方向。此外,由于政策性目标常常与商业性目标冲突,政府主导投资方向降低了社会资金的参与度。

二是政府不直接干预,但控制基金的操作主体。全国许多地方引导基金表面上由专业机构管理,但实际仍由不具备专业投资能力的政府行政控制,普遍的做法是由政府委托给一家国有公司或事业单位负责引导基金的日常管理。[③]

创业投资基金本质上是一种商业化和市场化的投资行为,理应以民间出资为主,不应搞成"官办"形式。这种投资主体错位,一方面使得资金来源渠道过窄,不能发挥财政资金的杠杆放大作用;另一方面政府力量过大使得选择投资项目时过于追求财政资本的保值增值,与创投高风险的运作模式有冲突,导致政府的引导作用较难实现,也容易把国有企业政企不分、治理结构紊乱的弊端带进创业投资公司。

(二)我国创业金融发展的不规范问题

1. 金融"二道贩"问题

金融"二道贩"带来的高贷款利率大大增加了创业企业的创业成本,使得创业过程更加艰难。《大连法制报》记者的调查显示,目前民间借贷市场的平均年化利率已高达60%～72%。而我国《民法通则》规定,利息高于银行同期贷款利息4倍就属于

① 胡静. 关于中国产业基金的调研报告[J]. 金融与经济,2010(8):60－63.

② 我国第一只政府引导基金是由北京中关村科技园管委会在2002年设立的"中关村创业投资引导基金"。

③ 黄武俊,万青. 我国政府引导基金发展现状、问题与对策[J]. 商业经济,2013(12):106－107.

“高利贷”。以目前银行一年期商业贷款利率5.72%为例，民间借贷的年化利率不得高于22.88%。显然，作为中小企业融资“天使”的担保公司已经堕落为“魔鬼”。

在论及创业金融发展的非均衡时，已提到我国的担保行业发展很迅速，融资性担保机构数量的飞速增长加剧了担保市场的过度竞争和鱼龙混杂的现象。据统计①，2011年仅温州地区就有1 000多家民间金融机构，但只有46家是经主管部门审批的融资性担保机构。在这种不规范的民间借贷市场上，很多担保公司实际上根本不接普通的担保业务，而是从事以高息揽储、高利放贷或转贷牟利为目的套取银行信贷资金，再高利放贷的违法违规业务，其实质就是金融市场里搬运资金的“二道贩子”。

曝光的“龙岩公务员高息转贷”风波也与担保公司有关。相比于收益不确定的创业企业，公务员凭借其稳定的工作和收入更容易获得银行贷款，但碍于公务员身份及形象，他们不会直接放贷，而是从银行套取低息贷款资金，以高息存放在投资或担保公司，再由担保公司以更高的利息放贷。这样的业务持续发生的结果就是，如果资金使用者不能如约偿还银行贷款，担保公司就无力代缴银行欠款，从而产生大量的银行坏账。严重的话，整个金融系统都会受到影响。

出现金融“二道贩”的原因主要有两个：一是担保公司的担保费用较低，仅占担保额度的1%～2%，这样的低收入不足以支付担保机构对创业企业在获得贷款前后所进行的尽职调查和监控成本，因此担保机构业务偏向“异化”，违规经营增多。二是银行贷款业务流程长、环节多，与中小企业额度小、要得急、频率高、周转快的信贷需求不匹配，这给担保公司从事金融“二道贩”创造了机会。

2. 非法担保融资问题

我国担保行业多年缺乏有效监督，相继出现一些融资性担保机构因违规经营导致资金链断裂的风险事件。2012年8月，江苏省公布了2011年度融资性担保机构经营许可证年检结果，南京银泰投资担保有限公司等81家担保公司经过3个月限期整改后仍未能达标，被取缔经营融资性担保业务的资质。这与我国《公司法》对公司注册资本的审查不严有关。虽然我国《公司法》对公司注册资本有严格的规定，但是相关部门对公司注册资本的后续审查并不严格，致使有些融资性担保公司以虚报注册资本或注册后抽逃资本的方式完成工商注册，形成一个空壳担保公司，并借用空壳担保公司金融平台进行非法集资。实践中，还存在着像上海钢贸圈的非法联保模式。

① 人民银行温州市中心支行．温州民间借贷市场调查报告，2011(7).

迷你案例

上海钢贸危机

一般由4～10人组成一个联保组,为了获得高额的贷款,先一步到位注册一家资本较大的钢贸公司,并通过担保公司向银行申请贷款。申请贷款所需的上游供应商材料,由其随便找个公司签订购货合同送去银行。等拿到贷款后,组员们按自己的计划使用,或购买钢材,或放贷、投资等。待钢贸企业壮大后,旗下成立担保公司、房产中介等。这样,逐渐形成滚雪球模式,以钢贸企业作为融资平台,从银行融资,获得金融、地产股权后,再反手抵押给银行,不仅可以获得相关分红收益,又不影响钢贸领域的现金流。但是,上海钢贸圈这种无货抵押、完全基于信用的联保模式是非法的,一旦出现坏账,银行风险就很难控制。

3. 骗取政府优惠政策问题

在国内的创业金融市场上,有些机构为了享受国家的优惠政策,投资者采取隐名投资的形式。隐名投资是指投资人由于种种原因以他人名义出资或借用他人名义设立公司,记载于工商登记材料上的股东为显名出资人,实际出资人为隐名出资人。例如,为了吸引外商进入我国开展创业投资,我国的《外商投资创业投资企业管理规定》明确规定外商设立的创业投资机构只需缴纳10%的所得税,而国内一般商业企业需缴纳25%的所得税、中小微型企业需缴纳20%的所得税。对外商创业投资机构巨大的税收优惠政策使得一些投资者借用外籍人员的身份信息登记注册公司,打着外商独资的旗号骗取政府的税收优惠政策。一旦企业发生违规违法行为,这种虚假的登记信息使得法律很难追究实际负责人的责任。

三、推进创业金融均衡规范发展的政策建议

(一) 将创业金融与创业企业协同演进作为政策落脚点

目前,国内创业金融尚不能满足创业企业的资金需求,而两者又具有天生的融合特征。其一,两者都具有高风险和高回报的特征。其二,两者具有互补性,创业金融专注于投资创业企业,其增值自然离不开对创业企业的借助,而创业企业不仅在技术

研发阶段需要创业金融提供资金，从科技知识到产业化的最终实现也需要创业金融的扶持。因此，政府在建设创业金融体系时，应着眼于搭建创业金融与创业企业协同演进的促进机制，以金融创新推动科技创新，以科技创新带动产业升级。

1. 交叉投资机制

鼓励创业企业与创业金融互相投资，交叉持股。让一些原来由创业机构孵化成功的新创企业尝试作为“基金的基金”(FOF)投资于创业机构。新创企业也可通过持股科技银行的形式间接投资于其他创业企业。此外，以共享利益为着力点，通过建立成果共享机制实现创业投资对创新成果的分享，充分发挥创业投资对创业企业的筛选和治理作用，很好地支持创业企业的发展。

2. 近距离投资机制

社会学研究表明，关系互动的成本随距离增加而增加，政府可通过税收优惠、土地租金优惠的政策鼓励创业机构进行本地化投资。创业企业与创业金融空间上的接近，可以使得双方经常互动和分享信息，扩大两者的互动累积效应，从而形成巨大的收益。

3. 产品创新对接机制

政府应鼓励技术创新产品和金融创新产品的对接和互动。例如，可以围绕创业企业不同的项目或产品特性，鼓励创业金融推出不同的投资形式，如杠杆租赁、知识产权质押融资等。此外，对于创业企业产品设计、研发、市场和销售等不同阶段，创业金融也应力图与之一一对应，如天使投资、风险投资、担保基金等形式，从而完善创业金融产业链。

(二)推进业务均衡发展

鉴于目前我国创业金融发展过程中存在创业投资过热、天使投资不足和担保基金过多、接力基金有限的非均衡问题，而发展相对较弱的天使投资和接力基金主要是投资较早期的创业企业(天使投资大多投资种子期、少数投资创建期，接力基金主要投资创建期)，因此应该大力发展天使投资、接力基金等早期投资，以完善创业金融产业链与创业企业不同阶段的对接。

早期投资风险高、不确定因素大，因而社会资本更偏好投资成长期创业企业。在这方面，政府应该积极发挥其引导作用，可以通过设立针对早期投资的政策性天使母基金或早期投资引导基金等来引导创投机构开展早期投资。但需要避免出现政府力量过大的非均衡问题，可以通过以下方式实现：一是政府应该培育专业的基金管理团队,委托市场化、专业化的投资团队选择被投项目,而不是委托一些地方金融和国有企业来管理基金。二是为了进一步提高社会资本的积极性、增大社会资本的占比,可给予社会资本“项目跟投”的权利,以及对追加资本免收管理费用等优惠。

除了政府引导基金的模式,大力推进产业自身做大、做全创业金融产业链也尤为重要。可以通过实施税收、人才落户及综合配套等政策,来发展更能扶持创业企业的天使投资、接力基金、互联网金融等早期投资。

1. 调整税收政策,提高天使投资主体和接力基金主体的积极性

政府可以制定或调整税收政策来鼓励更多的天使投资、接力基金行为。为了提高天使投资和接力基金主体的积极性,建议对天使投资和接力基金给予税收减免优惠政策或者允许其延迟三年报税。

2. 通过人才落户政策,培养中国自己的天使投资者

鉴于中国现在创业投资过热、天使投资不足的现状,政府应该加强教育和引导,培养中国自己的天使投资者,尤其是要培育一些致力于国内高新技术的天使投资人,丰富他们的投资知识。这类人既有资金,又有行业背景,同时在业内又有大量的人脉,具有做天使投资人得天独厚的条件,应该用人才落户政策来吸引他们从事天使投资。只有更多不追求短期回报、怀有理想主义的天使投资人不断涌现,才能帮助更多的创业者把自己的想法变成商业产品、商业服务,才能让中国的创业氛围尽快追赶上硅谷。

3. 积极建设天使投资、接力基金网络等综合配套设施,推动互联网金融的发展

互联网金融为资金的需求者和供给者建立了一个信息交换和资源共享的平台,利用互联网金融的便捷支付、搜索引擎和社交网络可以大大降低信息的处理成本,从而提高交易效率。政府可以借鉴创业金融市场发展得较好的美国的做法,着重建设天使投资、接力基金网络等综合配套设施,如搭建一个创业金融投资网络的服务中介,以超市货架的形式展示有融资需求的创业企业和有投资需求的机构,从而实现高效低成本的资源对接,当然这些创业企业和投资机构的信息必须经过审核。

(三)推进创业金融业务规范发展

鉴于我国担保行业呈现“僧多粥少”的局面,担保放大倍数难以提高,融资性担保机构确实难以靠担保业务实现营利的现状,政府可以适当放宽融资性担保机构的经营范围。但是,为了避免融资性担保机构在经营过程中出现金融“二道贩”、非法担保融资和骗取政府优惠政策等不规范问题,将其纳入金融监管范畴尤为重要,具体措施如下:

1. 明确监管主体

将融资性担保机构纳入金融监管范畴，必须先明确融资性担保机构的非银行业金融机构的属性，以便确立专业性的监管主体，避免出现“谁都可以管，谁都管不好”的局面。在当前政府架构下，出现了财政部负责担保行业的风险控制和损失补偿制度的制定和研究、发改委负责中小企业担保体系的建设、建设部负责管理工程保证等多头监管的现象。本文认为政府金融办可以作为监管部门，因其具有较强的防范和处置金融风险的能力，并且具有一定的金融监管专业能力和经验积累。

2. 进行严格的初期审查

确立了监管主体后，在融资性担保机构最初注册时就应对其进行严格的审查，避免出现利用他人名义进行注册、虚报注册资本或注册后抽逃注册资本，借一个空壳公司的名义进行非法集资的现象。

3. 建立交易方之间的信用机制

对于依法注册的融资性担保机构和创业企业，监管主体应该在交易方之间建立一种信用机制，以便监管创业金融主体的信用遵守情况。即使是依法注册的机构，其在交易过程中由于受到信息不对称和道德风险的双重约束，交易各方会产生博弈行为，从而产生谈判费用。政府可对担保机构、创投机构和创业企业等创业金融主体在其成立之初就建立各自的信用档案，核实和记录各主体在交易过程中的信用行为。这一方面可以促使各方在交易过程中遵守承诺，保障创业企业的健康成长；另一方面也可以使交易双方通过节省谈判费用来降低交易费用。

4. 放宽融资性担保机构的经营范围，提升其自身的收益率

融资性担保机构出现违规经营的很大一部分原因是其担保费用过低。我国《融资性担保公司管理暂行办法》规定融资性担保公司可以以自有资金进行投资，但仅限于国债、债权等信用等级较高的金融产品，以及总额不高于净资产 20%的其他投资。其实担保公司也适合股权投资，它在筛选企业的时候会发现一些优质企业，如果能够债转股，既可以解决企业融资难问题，又可以让担保公司的收益更好。

（原文由刘志阳、沈玲发表于《福建论坛》，2014 年第 1 期）

03

第三讲

新兴产业

技术路线图

并非所有新兴产业都可称为战略性新兴产业，要成为战略性新兴产业必须具备三个特征：一是能够迅速有效地吸收创新成果，并获得与新技术相关的新的生产函数；二是具有巨大的市场潜力，可望获得持续的高速增长；三是同其他产业的关联系数较大，能够带动相关产业发展。

战略性新兴产业自主创新

战略性新兴产业是指能够在未来成为主导产业或是支柱产业的新兴产业。并非所有新兴产业都可称为战略性新兴产业，**要成为战略性新兴产业必须具备三个特征：一是能够迅速有效地吸收创新成果，并获得与新技术相关的新的生产函数；二是具有巨大的市场潜力，可望获得持续的高速增长；三是同其他产业的关联系数较大，能够带动相关产业发展。**上述特征表明，战略性新兴产业不仅关系未来主导产业竞争，而且关系着一国经济安全和国家竞争力，推进战略性新兴产业自主创新问题是我国当前社会经济运行中亟须解决的深层次课题。

一、加快推进我国战略性新兴产业自主创新的时代背景和战略意义

(一)全球技术—经济范式更迭为我国战略性新兴产业超越式发展提供了契机

2007 年爆发于美国的次贷危机，已经迅速演变为一场自 20 世纪 30 年代以来最严重的国际金融危机，危机的影响从发达国家扩展到发展中国家，从金融流域蔓延到实体经济。其影响的范围之广、破坏力之强令世人震惊。希腊的国家债务危机远超想象，所以准确识别危机爆发的根源和危机演变机制是提出有效危机治理对策并走出困境的基本前提。技术—

经济范式是在熊彼特的创新范式和康德拉季耶夫长波周期理论的基础上，由技术创新经济学家佩雷丝和弗里曼为主提出并逐步完善发展起来的一种理解经济发展趋势的主要理论。佩雷丝(2007)认为，每次技术革命都形成了与其相适应的技术—经济范式。一个技术—经济范式包括一套通用的技术和组织原则，是一种最优的惯性模式。本次国际金融危机正处于第五次技术革命由导入期向拓展期的转折点，其成因是主导技术—经济范式更迭所致。转折点和拓展期是战略性新兴技术和产业的酝酿和培育期。从技术—经济范式周期的更迭来看，现有的主导技术范式，不论是针对技术模块还是技术构架或者两者，都存在被新技术范式替代的可能。由于认知惰性和转移成本，主导技术范式的转轨对技术领先的发达国家存在很大风险，而对于发展中国家而言则潜藏着“弯道超车”的跨越式发展机会。

(二)战略性新兴产业是后危机时代世界经济持续增长的战略突破口，也是我国转变发展方式、提高国际竞争力的战略选择

为应对这场危机，主要国家纷纷制订中长期战略来推进、扶植战略性新兴产业的形成和发展。例如，瑞典的“Making Sweden an Oil-free Society”，芬兰的“FinnSight2015”，爱尔兰的“Strategy for Science，Technology and Innovation”，新加坡的“Science and Technology Plan 2020”，日本的“Innovation 25”，韩国的“New IT Strategy，2012”，澳大利亚的“Australia 2020”等。这预示着全球科技将进入一个前所未有的创新密集时代，新兴产业将成为推动世界经济发展的主导力量。对于发展中国家而言，通过对影响国民经济发展的战略性新兴产业进行超前研发布局，在短期内迅速建立起战略性新兴产业的发展基础，迅速占领产业标准高地，从而提高战略性新兴产业制高点，是常用的发展战略。在我国经济已处于企稳回升的关键时期，战略性新兴产业的发展不但能让我国经济发展提速，更能促使产业升级换代，从而向全球经济制高点迈进。可以说，战略性新兴产业的提出是对之前我国发展阶段性方向的一个修正，更是我国产业发展的重大战略选择。

(三)开放经济下我国战略性新兴产业提升自主创新能力的迫切性

开放经济下，国际竞争的主体是战略产业竞争和战略性技术竞争。防止发达国家和跨国公司整合中国战略性新兴产业，是当前最为紧迫的任务之一。发达国家和跨国公司为了保持技术领先优势与利益，往往通过标准战略，将知识产权和标准体系糅合在一起，制定和维护有利于自己的标准秩序，不断强化自己的全球垄断地位，打击标准秩序中的竞争者,将发展中国家严格锁定于全球价值链低端位置。残酷现实告诉我们,中国正处在外国核心技术和标准的包围之中,如果不及时采取对策,将极可能成为国外的“技术殖民地”和单纯的生产加工车间。此外,跨国公司又在全球范围内大肆掠夺研发资源,导致发展中国家本土技术的边缘化、研发资源的流失、技术发展路径的依赖,这对本已处于劣势的发展中国家的冲击是不可估量的。提升自主创新能力,特别是增强战略性新兴产业自主创新能力,是关系中国经济发展动力的核心问题之一,它直接影响和制约着产业结构升级、经济转型的进程。

国内战略性新兴产业目前尚未形成与第五次技术革命核心技术相适应的技术创新模式,也没有形成对各类创新主体进行协同创新的有效引导和激励机制。长期主导的“以技术换市场”的战略思维是依靠廉价的生产要素,而不是以竞争优势原则介入国际分工,这就决定了我国产业在国际分工中,只能处于产业价值链的低端。“以技术换市场”的战略模式的结果是一次次延误了中国战略性新兴产业的自主创新。所以,中央经济工作会议(2009)明确指出,把推动自主创新与培育战略性新兴产业结合起来,激发经济增长的内生动力,是走出危机、实现创新发展的根本途径。

二、全球战略性新兴产业新趋势和我国战略性新兴产业自主创新现状及存在的问题

(一)全球战略性新兴产业发展的新趋势

1. 产业模块化、平台化趋势

首先,战略性新兴产业模块化,意味着产品层面的模块化。作为模块化的后果,进入和竞争在新的模块边界处会增加(Baldwin,2008)。产品模块化使得产业边界发生变化,这将为发展中国家参与复杂产品设计和标准制定提供了机会,所以隐含了发展中国家新兴产业跨越式发展的机会。其次,战略性新兴产业模块化是组织层面的模块化。围绕产品的大规模定制趋势,生产将不可避免地由外包、分包,甚至是众包所替代,企业为了管理好相应的行为,必然要求新兴企业组织要柔性化改造,因而项目管理、业务流程外包等管理手段将替代传统的职能管理成为主流的组织管理手段。最后,模块化生产网络将成为未来适应产品模块化时代的主流的生产方式。当所有的产品和组织都被模块化后,围绕着架构设计师(主流技术平台),将出现大量的模块化系统和模块化生产网络,将来新兴产业的竞争必然是平台的竞争和模块化生产网

络之间的竞争。

2. 研发全球化、集成化趋势

研发全球化促成了技术、专利等知识资源在全球范围内的自由流动与优化配置，对于优化东道国技术创新体系、提升其创新能力具有不可替代的作用。但是，研发全球化同样是一把双刃剑，一方面为发展中国家或地区技术创新系统的提升提供了跨越发展的机遇，另一方面也为东道国的企业和国家创新体制提出了严峻的挑战。如何趋利避害、化压力为动力，如何在跨国公司研发全球化中掌握主动，是各国政府普遍关注的问题，也是中国产业界、学术界迫切需要解决的课题。此外，战略性新兴产业往往是最新技术的集成，其突破性发展是建立在各个部件和模块累积性自主创新的基础上。研发集成化趋势也预示着战略性新兴产业主体培养集成创新能力的重要性和迫切性。

3. 主导设计、标准竞争白热化趋势

战略性新兴产业，由于其先导性质，所以产业尚不成熟，往往处于幼稚阶段。在战略性新兴产业演化进程中，经常出现多项以新技术标准为主导地位而激烈竞争的场景，主导设计的形成不仅决定了获胜和失败技术及其发起企业的命运，还决定了围绕每项新技术的一系列互补性行业的兴衰。因而，它代表了战略性新兴产业发展进程中的一个里程碑。在主导设计竞争中，发达国家和跨国公司是背后最为重要的推手。所以，发展中国家如何在战略性新兴产业的成长过程中，逐步构建自己的标准化策略，进而抢夺主导设计，是刻不容缓的问题。

4. 产业低碳化、生态化趋势

在大多数工业中，高能耗、高排放、高污染的“高碳经济”仍是普遍现象，产品生产和分解的速度不均衡，还不能形成一个可持续发展的循环，因此亟须发展以低能耗、低排放、低污染为基本特征的“低碳经济”。低碳经济的实质在于企业提高资源的利用率，在区域内重点发展低碳产业、促进低碳产品的开发、加强副产品和废弃物的交换和再利用，最终达到维持全球生态平衡的目的。美国把新能源产业作为积极培育的新兴产业充分反映战略性产业低碳化和生态化的趋势。

(二)我国战略性新兴产业发展现状

世界各国对于战略性新兴产业的发展侧重各有不同。美国和欧盟在低碳的思路下寻找新能源，英国注重高科技生物产业，日本侧重能源和环境产业，俄罗斯在开发纳米和核能技术。①

创业小贴士
START-UP TIPS

战略性新兴产业类型

1. 新能源

新能源包括水电、太阳能、生物质能、核能。我国对于新能源的开发和利用一直非常重视。20世纪50年代开始发展水电，目前已经基本成熟；风电装机容量2010年达到3 000万千瓦；除沼气外，生物液体燃料的重点技术研发方向是利用非粮食原料生产燃料乙醇技术；光伏电池产量2008年居世界第1位；2010年我国光伏发电产品产量突破5 000兆瓦，成为世界最大的光伏电池生产国；太阳能技术已经成熟，但由于成本过高以及硅材料的短缺，商业化应用还有一定的距离；核能发展在世界上名列前茅。

2. 电动汽车

新能源汽车是能源危机下的大势所趋。新能源汽车包括混合动力汽车、纯电动汽车、燃料电池汽车、氢发动机汽车、其他新能源汽车等。美国基本上确定了氢燃料和乙醇汽油技术路线，欧洲则选择柴油汽车和氢内燃机技术，日本发展混合动力。中国在技术上有一定优势的技术方向是电动汽车，但是这一技术的市场化受到快速充电系统和充电站的建设规模等因素的制约，短期内难有突破。其技术路线图是，支持混合动力技术，然后由混合动力技术过渡到电动汽车技术。

3. 节能环保

西欧、北美发达国家及澳大利亚、日本等国都在积极发展节能环保产业，并取得了一定的成效。中国环保产业正以每年15%的速度增长，产业前景乐观。到2010年中国节能环保产业总产值将达2.8万亿元。

4. 新材料

新材料是发展战略技术的基础，在新兴产业的发展中占有举足轻重的地位。中国的新材料产业在一些优势领域形成特色。例如，包头形成了稀土新材料产业地带；

① 2018年，国家发改委正式向全社会公开征集对《战略性新兴产业重点产品和服务指导目录》(2016版)的修订意见。战略性新兴产业主要涉及新一代信息技术产业、高端装备制造产业、新材料产业、生物产业、新能源汽车产业、新能源产业、节能环保产业、数字创意产业、相关服务业九大产业。

武汉、长春等基地是国内主要的光电材料产业基地;湖南则以电池材料、硬质合金材料、复合材料为主;宁波以磁性材料、高分子材料为特色等。但是新材料产业面临的问题是,一方面引领了新产业的发展,另一方面其制造、生产、使用、废弃全过程又需要消耗大量的资源和能源。面对资源和环境的双重压力,中国新材料产业必须改变高投入、高消耗、高污染、低效益的传统路子,调整产品结构,把生态环保意识贯穿于产品和生产工艺设计中,提高新材料产业资源能源利用效率,降低制造过程中的环境污染。

5. 新医药

美国、欧洲和日本是世界新医药产业最发达的地区。中国新医药产业虽然初具规模,但仍存在缺乏国家发展战略、企业规模普遍较小、研发成果转化率低、融资渠道不畅、国家研发投入力度不足、知识产权保护能力差等突出问题,严重制约了产业的发展。

6. 生物育种

我国是国际上农业生物工程应用最早的国家之一,从20世纪80年代就开始了转基因作物的研究。我国的转基因作物育种的整体发展水平在发展中国家已处于领先地位,某些项目进入了国际先进行列。杂交育种的玉米、水稻的单产都曾创世界纪录,正在培育的超级玉米、超级水稻更是处于世界领先地位。但是在动物研究领域,海洋动物中的多倍体育种、转基因等生物工程技术极少在市场中被提及,多数研究还没有走出实验室。我国育种研发的主体基本上是科研院所和高校,企业在这方面的研究几乎是空白的,具有研发能力的企业更是凤毛麟角。

7. 信息产业

信息产业是一个产业关联度、感应度和带动性都很高的产业。我国的信息产业自20世纪90年代初以来真正进入了发展阶段,信息产业年产值平均增长率保持在25%以上。信息产业面临的问题有:一是地区发展不平衡和产业门类不平衡,已形成的四大信息产业生产基地都集中在经济发达地区,而不发达地区的信息产业发展速度很慢;二是门类不平衡,主要体现在计算机、数据库、通信等产业发展较快而软件和信息服务业相对滞后;三是经济规模小,与国际通行的经济规模相比相差甚远——我国现有软件生产企业5 000多个,多为小作坊式的企业,技术力量严重分散。造成这些问题的主要原因是缺乏高级信息人才。

(三)我国战略性新兴产业自主创新存在的问题

与发达国家战略性新兴产业相比,我国战略性新兴产业自主创新存在如下问题。

1. 战略性新兴产业总体技术能力不高,战略专利、技术标准和主导设计受制于人

从整体上来说,新兴产业与发达国家在技术创新方面还有很大差距。例如,在软件产业,系统软件和支撑软件代表着软件产业的技术能力和水平,但在我国软件产品市场构成中,上述比例只有25.8%。第一,关键技术仍然受制于人,战略专利数目相当缺乏。我国新兴产业技术中的自主知识产权少,我国发明专利中国外授权量达到总量的2/3,其中绝大部分集中在高新技术产业领域。我国新兴产业生产所需的大量技术装备,特别是高端产品主要依赖于进口。第二,我国在产业的技术标准和主导规则设计上则长期处于被动的局面,国内产品绝大部分设计规则为国外企业所制定,我国企业即便是作为模块的集成商也不得不接受掌握关键技术的国外企业的界面设计的安排,被国外企业所主导。至2007年12月,我国承担ISO和IEC的TC、SC数量为25个,仅占总数(911个)的2.9%,而且承担单位基本均为研究院所、大学及事业单位,很少能看到龙头企业的身影。截至2007年年底,以我国为主起草的国际标准共为55项,仅占ISO和IEC国际标准总数(22 068项)的0.25%(中国标准化研究院,2009)。即便是已经成为国际标准的一些技术标准,也大多是以单项的形式存在,没有形成系列性或组合性标准,不能起到支撑产业或增强国际竞争力的作用。

2. 战略性新兴产业引进消化再吸收能力薄弱,模块集成创新能力薄弱

自主创新能力除了原始创新外,引进消化吸收和集成也是主要内容。引进消化吸收本质上是对先进技术的学习过程,是后发国家赶超发达国家的捷径。但是我国对引进技术的消化吸收长期缺乏足够的重视,构成产业技术进步的老大难问题。2004年我国企业投入技术引进消化吸收的经费比例仅为1∶0.15,而日韩技术引进与消化吸收比例保持在1∶5～1∶8。集成创新能力不仅体现了技术的集成,还体现了企业的战略集成、知识集成和组织集成的能力,因而集成创新能力被认为反映了新兴产业的系统把握能力、综合创新能力和二次创新能力。我国近年来开始注重新兴产业的集成创新,但是总体集成创新能力仍然十分薄弱。

3. 战略性新兴产业创新主体的有效连接界面和协同创新体系尚未形成

战略性新兴产业模块化创新系统中存在着多层次的模块化组织,如架构设计师、模块生产商、模块集成商、中介机构、创业投资机构等。要形成协同创新体系,首要任

务就必须在这几者之间建立一个有效的连接界面。而当前，很多创新主体的界面并不是无缝连接，界面管理也相当低效。战略性新兴产业不仅存在内部的模块生产商之间的锦标赛竞争，而且系统集成商之间的竞争也异常激烈。因而，如何解决创新的浪费和损耗是提升产业自主创新效率的关键。战略性新兴产业的发展需要相关部门和部门内部的通力协作，但由于目前相关部门之间和部门内部缺乏有效的协调机制，影响了产业创新能力的提升和产业的发展。与许多国家相比，我国新兴产业和科技管理体制的最大问题是多头管理。例如，三网融合涉及工信部、发改委、国资委等多个部委，增加了相互协调、配合的难度，一定程度上也削弱了相关扶持政策的落实力度。

4. 战略性新兴产业创新投入严重不均衡

战略性新兴产业本身就是一套精密的技术—经济范式，产业创新涉及多个战略模块、战略技术的研发和生产，任何一个模块或技术的研发不同步，都可能影响最终产品的市场推广和抢占先机。所以，同步性和均衡性是战略性新兴产业实现跨越式发展的必要条件。现实中，我国在新兴产业投资中存在严重的投资不均衡现象。某个产业内的某个模块被大量资金一波一波地涌入，出现了所谓发展中国家新兴产业投资的“潮涌”现象，这种潮涌现象严重导致了其他模块投资的不均衡性，也导致了部分模块的过度生产。将使产业创新回报被大量稀释，从而造成创新效率的缺失。2009 年我国光伏产业就经历过这样失败的案例，教训惨痛。

三、加快推进我国战略性新兴产业自主创新的政策建议

当前，应该科学分析战略性新兴产业自主创新过程中所面临的背景和各种问题，把握好产业自主创新的规律和机制，实施积极产业扶植政策，努力促进战略性新兴产业的自主创新。

(一)深刻领悟和把握技术—经济范式更迭带来的自主创新契机，营造适宜于战略性新技术创新及其拓展的范式设计与制度创新

主导技术范式的转轨对于发展中国家而言潜藏着跨越式发展的机会，发展中国家构建战略性新兴产业的自主创新能力，不仅是一个技术问题，也是一个重大的结构转型问题。由导入期向拓展期的转变，不仅意味着主导技术和主导产业的竞争比以往任何时候都强，而且要求新的经济范式与之相适应。国家对于战略性新兴产业的扶持意志将更强烈，因而应该积极实施国家的产业扶持政策。模块化生产网络给

新兴产业带来的机遇和挑战,模块化生产组织方式将成为更迭期和拓展期的主流生产方式,要重视多层次的模块化组织在频繁交互的学习和适应过程中表现出的组织柔性、动态性、自适应特征,通过连锁传递式、涟漪扩散式和交叉渗透式等方式,引发整个战略性新兴产业的加速演进。要引导系统设计师处理好专有系统控制力和开放度的平衡、供应商与整合商的关系等。要为新兴技术的研发和产业化提供相配套的制度,应该改革已有的产学研合作模式,着重加快 TLO(技术转移机构)、孵化器、加速器和创业资本等制度建设,充分发挥提供专业化服务的半自律性组织的作用。

(二)加强顶层设计,科学制定战略性新兴产业技术路线图

产生于 20 世纪 70 年代的技术路线图方法在许多国家和行业得到了越来越广泛的应用,尤其是在半导体行业的应用产生了深远的影响。技术路线图对于战略性新兴产业自主创新的作用体现为:有助于国家和企业从战略高度对技术研发和布局进行前瞻性部署;通过构建技术研发的协调机制和市场利益共享机制,可以促使技术被产业内众多厂商(包括上下游与外围配套厂商)共同接受,获取政府政策或产业联盟的支持,被市场使用者共同接受,促进配套技术的研发;有助于降低新兴技术的不确定性和复杂性,跟上不断加快的技术发展速度并发展新的能力(谈毅等,2007)。针对技术路线图的上述优点,当前有必要从国家层面绘制主要新兴产业的技术路线图,引领产业的科学发展和自主创新推进。

(三)通过划分不同技术和创新类型,实施模块化创新转换战略,累积战略性新兴产业的核心竞争能力

在产业模块化时代,模块化之于自主创新的优势在于:通过产品架构突破创新实现产业标准化控制(Pisano 等,2007)及围绕架构连续增量创新的可能性;模块化创新对于企业和产业边界的改变,对专业化分工合作、外包、联盟迅速发展的促进(Baldwin 等,2008);模块化形成的组织柔性,对个性化需求与大规模生产矛盾的协调(Sturgeon,2002);模块化系统的信息流动优势、协同演进优势和有效治理机制;模块化为发展中国家战略性新兴产业借助模块化生产网络实现价值链攀升提供了机会。总之,模块化创新模式的立足点不仅在于产品层面,也在于产业层面,模块化创新认为将技术创新策略与组织创新策略割裂也是一种不当的做法。模块化创新强调创新系统的集成性和突破性,同时也提供了独立模块创新的渐进性。可以说模块化创新本身就是一套良好的技术—经济范式和自主创新模式。相对于其他创新模式而言,更适合于起步较晚、在竞争中处于劣势的发展中国家，特别是像中国这样的发展中大国。

具体来说，模块化创新主要包含架构创新、模块创新和元件创新。架构创新建立了系统的秩序并使互相联络成为可能，属于破坏性创新。不同架构之间竞争的本质就是主导设计竞争（Anderson 等，1990）。模块创新和元件创新属于渐进性创新，对应战略性新兴产业的二次创新（集成创新）。依据技术变化程度、设计体系差别和部件重要程度三个维度，又可划分为十种创新类型：通用元件突破创新/增量创新、核心元件突破创新/增量创新、通用模块突破创新/增量创新、核心模块突破创新/增量创新、架构突破创新/增量创新。我国高新技术产业长期以模块供应商为导向，缺乏集成商和架构设计师为导向的战略和能力。今后我国战略性新兴产业应该以价值创新和获取为目的，动态实施模块化创新转换战略。要完成通用模块技术的创新与积累，通过与跨国公司合作掌握非专有核心模块技术，通过创新网络的学习掌握产品的非专有架构技术，并形成创新能力。

（四）以用户基数为筹码，加大产业内部研发力度，实施技术标准推广、联盟和控制策略

我国战略性新兴产业的优势在于拥有巨大的市场，用户基数大，但长期以来核心模块研发能力低下。所以国家必须采取包括鼓励产学研在内多种手段加强对核心技术模块的研发支持，解决了国际标准竞争中核心技术能力低下的短板问题。国家应该加快产业国内标准的制定时间，重视国内标准的推广工作（Christensen 等，1998）。技术标准联盟是技术标准推广的重要工作（Funk 等，2003）。高质量的技术联盟对于参与主导设计竞争的企业而言，既有利于提高模块供应商在技术研发阶段的创新效率，也有利于企业在市场开拓阶段开展联盟行为。因此，政府有必要为联盟的形成给予政策上的支持，通过建立产业园区使企业集聚到一起，形成产业集群效应，降低联盟成本。同时政府有关部门还可以加强信息的收集和加工，形成顺畅的信息传递与互动渠道，为企业之间互相了解建立纽带。另外，还可以通过发挥行业协会的协调和管理功能加快产业园区的技术标准的形成。在技术标准推广中，对于核心技术的控制也是标准开放后必须面临的重要问题。

（五）构建第三类金融中心，形成金融资本与新兴产业相互耦合的新模式

战略性新兴产业能否培育成功还取决于金融资本是否起到孵化和助推的功能。

传统的金融形态可以分为两类,第一类金融中心的市场主体主要是传统意义上的银行,如各种商业类银行;第二类金融中心包括投资银行、证券交易所、期货交易所等非银行性金融机构。第三类金融中心是相对于第一类、第二类传统金融中心而言的,主要为战略性新兴产业服务,为高风险、高收益的新兴公司提供融资业务。第三类金融中心包括天使投资、创业投资基金、私募股权、产业投资基金以及新型的商业银行,如硅谷银行。创业投资基金作为一种以战略性新兴产业为主要投资对象的资本形态,已经被证明是加快技术研发、促进研发产业化和提升产业竞争力的重要金融手段,而且在众多的技术和模块竞赛中也起到筛选作用,因而,创业投资基金被认为是一种催化和培育战略性新兴产业的有效市场化培育模式。当前,应该采取多种财税手段,鼓励创业投资基金的设立,引导其把资金投向新兴产业的各个环节。产业引导基金,由于其规模巨大,而且往往是由一国政府主导设立,所以在新兴产业培育初期,也是一种快捷的催化模式,但考虑到资本"潮涌"问题,应该采取一定的监管手段规范其无序流动。

(原文由刘志阳、施祖留发表于《福建论坛》,2010年第8期)

一、我国高端装备制造业发展瓶颈

从我国高端装备制造业的发展现状可以看出，我国高端装备制造业已经建立了具有相当规模的，且门类齐全的产业体系。但是与发达国家相比，从总体上来看量大质弱，劳动生产率低，产业结构落后，多数企业技术含量较低，中、低端产品所占比重较高，企业缺乏自主创新能力，研发投入不足，高素质人才稀缺，导致产品在国际市场上缺乏竞争力，尤其在国民经济发展所需的重大成套装备和高新技术装备上，过多的依赖进口，对外依存度大，缺乏大型骨干企业和行业领头羊。我国高端装备制造业国际竞争力不强，基本处在全球价值链低端环节，大部分产品仍然依靠高消耗和低成本的方式获取国际分工的比较优势，关键核心技术仍然被跨国公司所垄断，形成了所谓“中国身子外国心”的现象。具体来看，目前我国高端装备制造业还存在以下瓶颈：

（一）自主研发能力薄弱，共性技术平台发展缓慢

先进制造技术是支撑高端装备制造业发展的脊梁，在高校、科研机构和企业的共同努力下，我国在先进制造技术研究与创新方面取得了很大成就，部分领域已达到国际先进水平，但总的来看，我国高端装备制造业自主创新能力仍较弱，绝大部分行业关键技术和核心技术仍然没有掌握。

近几年中国设备投资的2/3依赖进口,尤其是那些技术含量高的核心部件和重大先进设备,国内装备制造企业研发设计水平低,创新能力不足,新产品开发周期长,缺少自主知识产权,利用外资水平不高,外商直接投资的技术溢出效应不明显,产学研结合机制尚未建立起来。大量资金都用于引进国外先进技术,而用于消化吸收的投入比重却相对较小,基本仍停留在仿制的低层次发展上,而且往往重复引进,造成浪费。中国装备制造企业的技术能力和生产水平尚不能完全满足国民经济建设需求,特别是重大技术装备的研发能力与国外先进水平还有较大差距。目前,在国家确定重点发展的重大技术装备领域中,有不少产品类别在国内还处于空白状态,部分产品虽然实现了国内生产制造,但缺乏自主设计能力,核心技术仍掌握在外方手中。机床产业最为典型。统计数据表明,数控机床的核心技术——数控系统,由显示器、控制器伺服、伺服电机和各种开关、传感器构成,中国90%需要国外进口。如在上海设厂的德国吉特迈集团和意大利利雅路机床集团,在烟台建厂的韩国大宇综合机械株式会社,所有的核心技术都被外方掌握。国内能做的中、高端数控机床,更多处于组装和制造环节,普遍未掌握核心技术。国产数控机床的关键零部件和关键技术主要掌握在日本发那科、德国西门子、日本三菱、法国扭姆以及西班牙凡高这些跨国公司手中。关键技术的缺失,使得中国的高端装备制造业仍然无法突破产业发展瓶颈,产业发展受制于人。

造成我国高端装备制造业自主研发能力低下与我国现有的技术创新体系缺位有关。装备制造业的技术创新涉及基础研究→共性技术研究→产品开发→产业化几个链条。企业自主研发能力低下除了自身原因外,还与其他环节高度相关。上述创新链条也表明,基础共性技术是不可缺少的,而我国既有科研院所在大量转制过程中变成了民营企业,作为基础共性技术研发机构的科研院所越来越少,这使得共性技术的研发削弱甚至缺位,已产生明显的不利于整体创新的影响。目前,利用现有研究院所重建基础与共性技术研究的公共服务平台已刻不容缓,否则会影响我国建立创新型国家的整个战略进程。

(二)大企业集团不强,缺乏配套的专特精小企业

中国现有14万多家装备制造企业,工业总产值及工业增加值也已跻身全球前几位,但是却没有几家装备制造企业能跻身世界500强,这说明中国的装备制造业缺乏大型骨干企业和行业领头羊,行业排头兵和骨干企业多数被跨国公司控股、收购,国有大中型企业尚未形成优势,还无法和国际同行抗衡。

大型企业是一国经济国际竞争力的直接体现，代表了一国产业技术进步水平和产业竞争力水平。高端装备制造业作为固定投资较大、规模经济效益最明显的产业，是大型企业最多的产业之一。然而我国高端装备制造业从发展至今，虽然出现了不少规模较大的企业，具备了一定的竞争力，但与国际一流企业相比，如与美国通用、德国西门子、日本三菱等企业相比，无论是规模还是技术水平等，都处于明显的劣势。上汽集团是我国汽车企业排名最高的企业，然而与丰田相比，上汽集团的销售收入仅相当于丰田的二分之一。通用电气作为装备制造行业的巨头，2019 年营业收入高达 1 202 亿美元，而中国装备制造业规模最大的企业(汽车企业除外)中国机械工业集团营业收入刚刚超过 454 亿美元。

造成我国高端装备制造业企业国际竞争力不强的原因是多方面的，既有垄断企业本身的组织效率低下的原因，也有过度依赖要素投入的传统经济增长模式问题。尤其后者是导致一般产品产能过剩的主要原因，形成某些领域的恶性竞争，这样下去不仅是效率问题，而且是扰乱市场秩序、严重阻碍高端产品发展的关键问题。由于要素大量投入，也导致了区域结构趋同化，盲目追求 GDP 和地方财政增长，加剧区域内重复投资和产能过剩现象，甚至加剧资源浪费和环境污染。除外，也与我国高端装备制造业缺乏配套企业高度相关。高端装备制造业是个高度功能和产品模块化的产业，国外装备制造业发展过程中形成了围绕大型核心企业周围的很多具有独立功能的配套企业，如在美国的通用电气公司、德国西门子公司、法国阿尔斯通公司、日本三菱公司这些大型企业周边都有很多专业化分工的配套企业为其提供配件和支持部件，这些配套企业为核心企业某些技术平台的发展提供了有力的支撑，也使得国外形成了系统的竞争能力。我国在这方面的发展与国外还存在着很大差距，也制约着我国高端装备制造产业大企业集团的发展。

(三)高端人才流动不足，人力结构不均衡

我国人力资源丰富，但高端装备制造业领域的高层次人才却异常匮乏。具有综合管理能力的人才、高学历技术人才，特别是高级技术人才相对匮乏，难以适应高端装备制造业网络化、融合化、国际化和集群化发展趋势。而随着生活成本及商务成本的不断升高导致产业技术工人进少出多、企业人力成本过高，制造总成本已逐步丧失竞争优势。亟待引进和培养一批具有产业背景和管理背景的复合型人才和创新突破能力的高技术人才。从高端人才流动看，我国高端装备制造业人才主要还是密集在东部等发达地区,少数部分分布在西部地区,而中部地区人才合作,离装备制造业发展的客观要求还有较大的差距,还存在力度不够、程度不深、层面不宽、速度不快等问题。究其原因,突出表现在以下几个方面。中部地区区域经济协作的总体水平还较低,行政推进力度不大,人才合作的比较优势欠缺。东部地区人才合作是中心城市辐射带动、区域经济聚集和扩散效益的结果;西部地区人才合作主要由国家行政力量推动。与东部和西部地区相比,中部地区既没有中心城市足够的吸引和辐射功能,也不存在地方间的产业梯度关联,区域经济总体上缺乏相互依存关系,经济整体性较差,也缺乏强势的行政推进。中部地区的装备制造业集群发展还不成熟,产业、产品同构现象严重,供应链配套企业发展不平衡,人才合作的内在动力不强(周康波等,2011)。

从人才结构看,当前我国在高端装备制造业上企业人才的数量、质量、结构还不尽合理,人才合作的基础薄弱。主要体现在:专业技术人才总量偏少、比例低。装备制造业大专以上学历人员和各类专业技术人员各约占人员总数的四分之一,具有一定的人才优势。但与工业发达国家相比,人才总量少、比例低。人才结构不尽合理。以技能人才为例,在发达国家,高、中、初比例约为 7∶10∶3,呈菱形状态是较为合理的人才结构。以株洲装备企业为例,上述比例为 1∶9∶15,呈倒 T 形分布。高层次研发人才也不足。技术创新团队少。还缺乏如日本丰田工机、大隈、德国 Index 那样引领世界装备制造先进技术的团队。推进人才合作的机制不活,措施乏力,人才合作的环境欠佳。人才合作的管理体制滞后。由于传统计划经济体制下形成的习惯定势影响,点对点、单对单的科技“孤岛”现象比较突出,加之人才激励、评价、配置、保障等机制不够健全,严重影响和制约了人才合作的发展。人才合作的政策研究不细,人才合作仍停留在低层次阶段。除了上述薄弱环节,我国在成熟技工培训方面也与发达国家存在不少差距,表现在:缺少系统的技工人才培养与开发规划;人才培养“说”与“做”差距较大,在培养资金投入方面还严重不足;忽视技工人才引进后的继续培养,重使用,轻培养。

二、我国高端装备制造业的突围之路

装备制造业被誉为“工业之母”,是制造业的基石。有了强大的装备制造业,才算是真正的制造业强国,高端装备制造产业更是制造产业升级的重要引擎。综观全球,美国、日本、德国等世界装备制造业强国无不遵循控制高技术、高附加值装备设计和制造的理念，推进行业整体素质的提高，重视用高技术优化提升传统装备制造业，重视高端制造，保持产业优势。因此，培育高端装备制造产业也成为装备制造业“由大到强”转变的关键突破口。

面对美国“再工业化”运动带来的新一轮全球竞争，环境资源约束日趋严峻和高级人才短缺等挑战，中国更需要从战略的高度重视以发展高端装备制造业来推动整个装备制造业的振兴，更有效地为各领域新兴产业提供装备和服务的保障。今后相当长一段时间内，高端装备制造业培育是走上创新驱动轨道的必然选择，也是中国制造转型的必由之路。

(一)科学选择优先发展领域，着力营造有利发展的体制机制

新技术的大量涌现，催生了众多的新兴产业，科学选择其中最具有战略意义的高端装备产业非常重要，选对了才能实现跨越式发展，否则就可能贻误良机。从国际上来看，虽然各国都重视发展高端装备制造产业，但侧重点和扶持力度有所不同。目前我国着力突破发展的高端装备制造业涵盖的领域主要包括航空装备、卫星及其应用产业、轨道交通装备、海洋工程装备、智能制造装备等等。我们还应该在上述领域发展有所细化，争取做到有所为有所不为。例如，我国在智能制造装备发展中，应优先发展高档数控机床与基础制造装备，自动化成套生产线，智能控制系统，精密和智能仪器仪表与试验设备以及关键基础零部件、元器件等相关产业，上述产业发展将可实现生产过程自动化、智能化、精密化、绿色化，带动传统制造业整体技术水平的提升。在关键基础零部件、元器件及通用部件领域，我国应重点发展高参数、高精密和高可靠性轴承、液压/气动/密封元件、齿轮传动装置及大型、精密、复杂、长寿命模具等。在智能专用装备领域，我国应重点发展新一代大型电力和电网装备，机器人产业，全断面掘进机、快速集成柔性施工装备等智能化大型施工机械，以及大型先进高效智能化农业机械等。我国还应鼓励实施信息化示范工程，以信息化带动装备制造业升级。信息化建设是装备制造业企业现代化改造的平台，它不仅能增加装备产品的技术含量和附加值，加速新产品的开发节奏，提升生产过程的柔性化、智能化和自动化水平，还能实现装备制造企业内部信息的集成与共享，推动企业业务流程的优化重组和管理的信息化，实现对市场的快速反应。在航空制造方面，我国以大飞机、支线飞机及通用飞机为应用对象，采用飞机制造、机床制造和材料生产企业相结合，重点发展复合材料制备装备、自动铺带/铺丝设备、构件加工机床、超声加工/高压水切割设备等。

此外,要创造一个有利于我国高端装备制造业企业发展和产业壮大的机制环境,充分释放我国装备制造业的内在活力,这是我国装备制造业升级的关键因素。首先,要深化各地政府管理体制改革,使政府从过分干预中退出;其次,要深化高端装备制造业国有资产管理体制改革,盘存国有存量资产;第三,要加速推动现代市场体系建设,提高要素配置的市场化水平,减少低水平重复;最后,国家需要改革投融资体制,要建立满足生产者需求的产业金融服务体系。

(二)大力实施技术路线图工程,着力提高企业研发能力

产业技术路线图通过时间序列系统地描述"技术——产品——产业"的发展过程,引导研发,构建新的创新联盟,加强创新主体的协作,为产业抓住未来市场发展机会指明方向,作为产业战略集成规划方法已经在许多发达国家和地区得到广泛应用,并证明是一个行之有效的科技创新管理工具,已日益成为各国发展高端装备制造业和提高技术创新的指南。例如,英国发动了对其国内 2 000 余家制造业企业发展战略规划的调查,调查结果表明约有 10%的大型制造企业已经应用了针对本企业的技术路线图,在这些大型企业中,约有 89%的企业使用频率在两次及以上。

产业技术路线图在发展我国高端装备制造业中至少可以起到如下作用:一是有助于国家和企业从战略高度对技术研发和布局进行前瞻性部署。通过产业技术路线图的制定,政府可以全面掌握产业发展中政府应支持的重点和支持手段,这样在进行规划决策时,政府可以比较准确地明确产业发展目标、战略任务、支持发展重点及其相互关系,使政府管理决策与产业发展紧密结合。二是有助于降低新兴技术的不确定性和复杂性,跟上不断加快的技术发展速度并发展新的能力。产业技术路线图不仅有助于战略性技术、产品和项目的选择与实现,更可以在产品或项目导向下捕捉不同层次技术组合和技术创新环节可能带来的向规模化产业扩展的机会,使集成创新具有更大的灵活性和成长性。三是有助于主体在动态复杂环境下制定有效的技术战略,优化了产业研发的资源配置。产业技术路线图的制定使得各创新主体明确了未来时期研发重点的优先次序,集中优势资源合理进行研发投资,实现自身资源优化配置,创造最大的价值。技术路线图作为一种战略手段,通过构建技术研发的协调机制和市场利益共享机制可以促使:技术被高端装备制造产业内众多厂商(包括上下游与外围配套厂商)共同接受;获取政府政策或产业联盟的支持;被市场使用者共同接受;促进配套技术的研发。

需要指出的是，高端装备制造产业技术路线图并不是神仙妙药，由于技术本身具有不确定性，所以各地在发展高端装备制造业时也应该充分把握技术发展机会，甚至可以采取破坏性创新和颠覆式创新的方法来推进本地的产业跨越式发展。

（三）加强产业链整合，打造竞争有序的产业网络

高端装备制造业产业链整合专项计划的目的是培育和打造5～10家龙头企业和品牌制造商，使其在10年左右的时间内成为新一代高端装备产业价值链中的领导厂商，并在主导设计竞争中拥有一定的发言权。

知名的主导企业和品牌制造商是整个产业自主创新生态系统中的组织者。针对目前高端装备制造产业上下游脱节、自主创新资源分散、整合能力不强、远未形成整体合力的现状，通过产业链整合专项计划，提高大企业的集成创新能力和资源整合能力，尽快建立完善的创新资源整合机制，最大限度地集聚创新资源，充分发挥各类创新资源的作用，推动产业链不同环节之间的交互式学习和互动，加强区域内部和区域之间的合作，打通高端装备技术创新链和产业价值链，实现产业资源的有效整合。促成整机企业与配套企业、软件开发企业、研发机构的合作设计新产品，提高自主品牌产品的市场份额，用自主知识产权的核心技术来打破国外厂商设置的知识产权壁垒和标准陷阱，提高整个产业的国际竞争力，形成一批具有核心竞争力的产业群和产业链，初步形成自主创新型的产业发展模式。

产业链整合应该通过政府重点扶持潜力企业和股权控制、知识控制、标准控制、产业联盟等市场化途径逐渐形成。要大胆借鉴韩国三星电子的成功经验，逐步发展出自主特色的与终端产品整合的产业链整合模式。在10年的时间内解决全国高端装备制造产业上下游脱节、“有机无脑”、利润率低的问题，使以上中国的高端装备产业在短期内达到做大做强的目标。政府重点扶持主要包括：(1)引导支持大公司资产重组和优势互补，实现资源优化配置；(2)优先扶持对产业发展有明显带动作用的大公司。在政府采购、重大专项、电子信息产业发展基金、科技经费、对外合作项目、双软认证、投融资政策、基地(园区)建设、产业化示范工程、重大产业化项目等方面重点向大公司倾斜，特别是对产业发展具有明显带动作用的大公司要给予优先扶持；(3)支持具备条件的大公司通过跨国合作和跨国经营，提升企业在国际分工合作中的地位和水平；(4)通过实施产业关键技术和共性技术等重大科技项目，逐步引导大企业与中小企业进行合作，形成大企业与中小企业合作共生的生态系统。鼓励大企业带动一批中小企业按照产业链和技术分工开展研发活动,发挥中小企业在原始创新过程中的核心作用;鼓励大企业与中小企业合作,进行联合攻关,共同开展集成创新;推动大企业在承接跨国公司业务外包的过程中,与中小企业开展合作,共同开拓国际市场。在5年左右的时间内,中国的高端装备产业形成纵向上分工合理,横向上大、中、小企业分工协作的良性发展模式。

我们认为,在高端装备制造业模块化时代,产业链整合和打造产业生态网络,与当前的地区分工和地区产业集群发展模式并不矛盾。地区产业集群应该注重打造某一关键模块的整体产业链,特别是纵向产学研销的产业链,而不是一味追求最终产品的完整产业链。各级政府之间也应该分工有所侧重,在现有各地产业集群成功模式的基础上,中央政府应该予以协调和规划,避免高端装备产业集群之间由于过度追求最终产品完整产业链所导致的恶性竞争。地方政府应该有意识地通过引入产业链短板项目,实现做大地区产业集群,就是做大一条专门模块产品的产业链。

(四)完善人才流动体系,构建完整的人才梯队

科技创新是提高我国高端装备制造业国际竞争力的必由之路。实践表明,人才已经成为未来装备制造业快速发展的加速器,要想在全球装备制造业竞争中占有一席之地,必须有雄厚的科技人才做保障。工艺创新是高端装备制造业的产业特性,每个产品的自主开发离不开成熟的产业技工的亲身实践。因此,我国必须以优化人才结构、全面提高人才素质为前提,建立良好的高端装备人才培养、使用和引进机制。具体来说,可以采取以下对策:

支持企业引进先进重大装备领域的领军人才和技术团队,积极落实各项人才政策;优先推荐先进重大装备领域的领军人才进入国家"千人计划",落实相关政策;支持高等院校加强相关学科建设,培养一批优秀人才,形成人才梯队。建立高端装备人才开发目录,提供人才服务产品和配套培训项目,为加速人才市场化开发和定价提供可靠服务。鼓励企业为员工的职业培训和终身教育提供更多的支持。推进柔性的人才流动机制,建立与人才柔性流动机制相适应的福利保障和社会服务体系,结合产业特点建立若干个装备业专项核心技术人才、人力资源网络,对核心技术难题组织专项攻关,形成人才资源共享、创新技术联动的格局。建立企业与教育部门定期沟通机制,为高等院校和中等技术学校设置符合市场需要的专业提供信息渠道,更加注重装备业现场工程师的培养和选拔,形成结构合理、层次丰富的人才梯队。

一、全球战略性新兴产业竞争的实质是争夺主导设计

随着科学技术的不断发展和经济全球化进程的不断推进，技术标准扮演着越来越重要的角色。大量的研发成果和技术创新需要通过技术标准这一重要载体进行广泛传播。主导设计是指在不同的技术标准进行竞争中最后胜出并被广泛采用的那一套设计标准（谭劲松等，2007）。**主导设计是对产业标准的统一，主导设计的形成不仅决定了获胜和失败技术及其发起企业的命运，还决定了围绕每项新技术的一系列互补性行业的兴衰。**因而代表了战略性新兴产业发展进程中的一个里程碑。对于企业而言，其技术标准成为主导设计意味着企业能够把握产业技术发展的领导权，从而达到控制产业链、遏制竞争对手的目的，同时还能通过许可主导设计的使用权而获得巨大的经济利益。对于国家而言，主导设计是国家主权在经济领域的延伸，失去主导设计控制权将使该国的战略产业无法形成自己的产业核心链条，最终沦为主导设计竞争中胜出的国家的加工车间和初级产品市场。总之，主导设计竞争的成败不论对于企业还是对于国家，都具有重要的战略意义。

为了保持技术领先优势与利益，发达国家和跨国公司在开放经济条件下，一方面纷纷制定各国主导设计竞争策略以

图占领产业的制高点,另一方面通过标准战略,将知识产权和标准体系糅合在一起,制定和维护有利于自己的标准秩序,不断强化自己的全球垄断地位,打击标准秩序中的竞争者,将发展中国家严格锁定于全球价值链低端位置。

国际金融危机实质是全球技术—经济范式更迭的结果,预示着新的技术—经济范式的重塑,这也为许多后发国家,特别是我国实现跨越式发展和争夺主导设计话语权创造了机会。为应对金融危机,主要国家都把争夺经济科技制高点和发展战略性新兴产业作为带动经济社会发展的策略突破口。这预示着全球科技将进入一个前所未有的创新密集时代,新兴产业将成为推动世界经济发展的主导力量。而我国更是将战略性新兴产业的发展作为调结构、促增长的重要手段,中央在多次谈话中强调要使战略性新兴产业尽早成为国民经济先导产业和支柱产业,显示出我国对战略性新兴产业的高度重视。在全球技术—经济范式的更迭期,战略性新兴产业尚在孕育和孵化中,技术标准尚未统一和明确,所以,尽管我国目前在许多领域的国际主导设计竞争中与发达国家相比尚存在相当差距,但仍然存在赶超的机会。能否在战略性新兴产业的主导设计竞争中获胜,不仅关系到我国战略性新兴产业能否顺利实现跨越式发展,更是关系到我国经济能否保持下一个繁荣期的核心命题。本文将在全面分析战略性新兴产业主导设计形成机理基础上,探讨我国应对旧全球标准秩序下我国的主导设计竞争策略。

二、战略性新兴产业主导设计的形成机理

(一)战略性新兴产业主导设计的特性

厄特巴克(Utterback)和阿伯内西(Abernathy)(1975)首次将主导设计定义为,在技术实现突破性进展后,由多项技术创新融合成为一个新的特征集,该特征集为某个产品类别建立了具有主导性和排他性的技术轨道。战略性新兴产业主导设计具有六方面特性。

1. 技术先进性。决定主导设计的形成有许多因素，拥有技术先进性并不意味着该项标准可以获得主导地位，但拥有技术上的突破性创新是成为主导设计的必要条件。

2. 产业主导性。首先，主导设计可以在马太效应作用下实现自我强化的良性循环，从而主导产业的技术发展方向；其次，主导设计确立之后，将在网络外部性及潮流效应作用下主导市场最终消费者和用户的选择行为；最后，掌握了主导设计的企业将能控制产业链并以此攫取大量的产业利润。

3. 强制性。厄特巴克在《把握创新》中提出主导设计对于其他产品而言具有类似强制标准的影响。Tergarden 等(1999)发现，企业在经历主导设计的竞争的失败之后将不得不转向竞争中获胜的那个技术标准，从而使胜利者获得控制其他企业的机会。

4. 不确定性。是指一个产业的主导设计可能会随时间发生变化。特别是在技术发展和技术更迭频繁的背景下，主导设计容易因更具优越性的技术出现而改变。

5. 综合性。决定主导设计形成有许多要素，除了技术创新性之外，市场开拓能力、政府干预以及在这个竞争过程中采取的战略都对主导设计争夺有直接的影响。

6. 国家干预。主导设计是国家主权在经济领域的延伸，杨剑(2009)认为国际技术标准制定权的竞争是事关国际政治经济关系中的结构性权力分配的问题，也影响一个国家或地区在财富分配体系中的地位。何晓玫等(2009)则认为在国际贸易中，技术标准是发达国家渗透并控制发展中国家的工具，也可以成为技术贸易壁垒，作为发展中国家保护本国产业的主要手段。

(二)战略性新兴产业主导设计的形成过程及其标志

战略性新兴产业主导设计的形成过程可分为，以战略专利研发为重点的前期阶段(分界点为突破性技术取得成功与系列技术专利的形成)、以最终产品市场开发为重点的中期阶段(分界点为最终产品的推出和技术标准体系的形成)和以不同技术标准体系争夺为重点的后期阶段(最终结果是新兴产业主导设计的形成)。

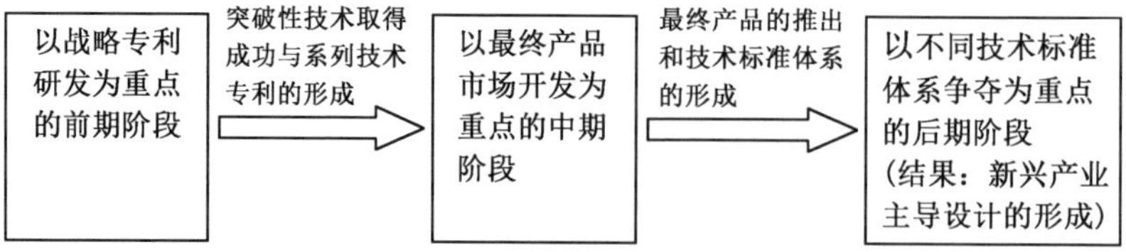

战略性新兴产业主导设计的形成过程

在以战略专利研发为重点的前期阶段,新兴产业发展趋势刚刚确立,比如节能减排政策确立了低碳产业的发展主题,从而使得相关行业中的大量企业看到低碳产业的光明前景,促使他们在新能源技术的研发上展开了激烈的竞争,或者某项长期阻碍产业成长的关键技术难题在企业或者大学的科研机构的努力下得到了解决,从而使得产业突破了原先的瓶颈,出现了较为广阔的成长空间。这使得其他企业的研究人员通过产学研等各种方式追随这种应用研究活动,并建立相似的研究项目,引发了相关技术的突破。在此基础上形成了构建最终产品所需要的一系列技术专利。

在一系列技术专利取得的基础上,最终产品的市场开发和生产已经具备了初步条件。当研发步伐领先的企业将其产品率先推向市场,第一款商业化产品就此出现,这给其他还在研发的企业传递了一个信号:必须加快研发以避免被锁定在市场之外。比如索尼公司在得知德州仪器推出了第一台晶体管收音机之后便加快了研究步伐,以期尽快地将自己的产品推向市场。为了保护创新产品能够取得先发优势和创新利润,最终产品厂商往往希望通过技术标准体系的形成和许可来实现创新利润的完全垄断。从技术层面上讲,技术标准体系中的各项技术标准,就是各项技术经认定后汇集成一个技术集合体从而能达到制造一个产品的目的。因而如何挑选出标准体系需要的专利权,如何去获得许可,如何去应对通过协商还不能得到的专利许可,许可给标准体系后如何管理,标准体系如何实现标准的对外许可等各项工作,就是知识产权工作的关键了。

在新技术标准体系争夺的后期阶段,经常出现多项新技术标准为主导地位而竞争的无序创新场面,由于主导设计促进了产品标准化,能够实现产品的规模经济性,移除技术扩散的重大障碍,因此代表了战略性新兴产业发展进程中的一个里程碑。此时主导设计的竞争,就不再仅仅停留于技术层面,市场的争夺逐渐开始成为焦点。率先进入市场的企业采用渗透性定价等方式扩大产品的受众面,获得了初始安装基础,网络效应使得用户总是偏向于拥有最大市场份额的技术,得益于该原因,领先企业不断通过扩大安装基础的规模来巩固先行者的优势。但主导设计的最终形成并不仅仅取决于这种用户的初始安装基础优势,在不断扩大的市场中特别是新兴产业发展伊始,后进入市场的企业可通过相对于先入企业在产品技术成熟性和界面友好性上迅速扩张其市场,最终可能实现逆转。总之,主导设计的胜出者将综合用户规模、技术优势甚至是企业的技术联盟策略来确定。如录像机产业中,当年 SONY 发明的

BETA-MAN 尽管在技术性能上优于 JVC 公司研制的 VHS 系统，也比 JVC 先入市场并抢占到更高的市场占有率，但 JVC 公司与松下公司结成了联盟，最终击败了 SONY 公司在市场上形成主导。

创业小贴士
START-UP TIPS

如何判断主导设计

关于战略性新兴产业主导设计形成的标志，不同的专家有不同的观点。安德森等（Anderson，1990）认为只有取得了 50%以上的市场份额的技术标准才可以称为主导设计。这种观点的不足在于，由于市场份额只是产品竞争的结果而已，如果决定这个结果的技术先进性或者销售渠道发生了改变，则必然会引起市场份额也随之发生较大变化。对比而言，苏亚尔茨（Suarez，2004）的观点更能抓住主导设计形成标志的本质："在技术标准竞争中，作为主要竞争对手的替代性技术标准因某个标志性事件的出现而将采取放弃的策略，则此时意味着某项技术标准就成为主导设计。"

主导设计一旦确立，战略性新兴产业就进入了一个"顺轨创新"的时期，相对于前期的创新混乱状态来说，此时创新更具有"秩序"，创新的方向更加明确。新的技术—经济范式的确立，也使得主导产业得以明确，社会经济趋向稳定增长。

（三）战略性新兴产业主导设计竞争的形式

绝大多数复杂产品的主导设计是由系统设计师或集成商来扮演的，在某些情况下，核心技术模块供应商也能够主导设计规则的制定，比如在个人计算机行业中微软和英特尔分别作为操作系统和处理器芯片的模块供应商就是 Wintel 这一主导设计架构的设计者。在这种情况下，主导设计竞争尽管是不同技术标准体系之间的竞争，但却存在多种形式。

1. 系统设计师为主导的系统竞争形式。系统设计师往往是某种标准组织或是政府产业标准推广机构。此种竞争模式往往带有更多的计划色彩，操作起来比较便捷，但能否成功主要取决于标准组织对于技术标准内部专利的挑选、技术标准向外部的推广等具体工作。例如，3G 标准之争背后就有相关标准组织的各种工作。

2. 集成商作为主导的系统竞争形式。此种竞争模式是一种系统内部利益比较统一的模式,主导设计之争演变为不同系统集成商的争夺。集成商通常会采取如下策略:首先,在自身产品系统内部,联合关键技术所在的模块供应商,以联盟的方式加强自身技术标准在主导设计竞争中的话语权,正如克里斯滕森(Christensen,1998)所说,“某项技术成为主导设计的原因是它对各种不同技术的功能特征进行了整合,从而借助功能的全面性迅速扩大市场份额”。其次,在自身产品系统外部,与拥有互补资源的企业建立联盟也是有效的策略,如新能源汽车产业中,插电式汽车的启动需要充电站建设的支持,插电式联盟与南方电网进行合作,使南方电网在全国各地铺设充电站网络为插电式技术标准的推广创造了条件。

3. 集成商、模块供应商共同主导的系统竞争形式。此种竞争模式最为复杂,系统内部不仅存在着模块的核心地位竞争问题,而且存在着系统内部技术标准的制定权归属问题,还存在着外部的主导设计竞争问题。多层次的竞争,不仅使得系统内部矛盾冲突频发,而且主导设计的形成时间也十分漫长。

(四)战略性新兴产业主导设计形成的动力机制

1. 企业参与主导设计竞争的动力机制。对于系统设计师而言,通过对设计规则的理解和制定,系统设计师能影响产业的技术发展,主导产业的技术标准,使之朝着有利于自己的方向来进行。并通过转让自己制定的技术标准而获得巨大的经济利益;对于集成商而言,参与主导设计并赢得胜利,不仅能稳定自己之前占领的市场,还能通过主导设计的强制性去吞噬在主导设计竞争中败给自己的竞争对手的市场,使自己具有一定的市场主导力,也就是“赢者通吃”。主导设计中的胜利也将使集成商在选择模块供应商时的谈判优势显著增强;对于核心技术模块供应商而言,参与主导设计并获得胜利不仅保证了自身技术专利在系统内部的核心地位,使其研发活动得以延续,而且也保证了其在最终产品价值分配中的话语权。

2. 国家参与主导设计竞争的动力机制。主导设计的特性使得产业效益的绝大部分往往为主导设计的掌握者所攫取。由于获胜的主导设计往往会由一国的国家标准上升为国际标准,因而在全球标准化下,采用他国制定的国际标准者,获得的往往只能是价值链末端的经济利益。日本曾对国际标准的经济效益进行过评估,结果表明,国际标准竞争失败造成的每项技术的平均损失为300亿日元,这种经济利益是促使各国参与国际标准竞争的最大动力,特别是战略性新兴产业的主导设计竞争,对于提高国家竞争力更是有着重要的策略意义。此外,战略性新兴产业主导设计竞争,也关系着国家经济安全,关系着一国的政治利益和国际地位,因而各国都十分重视战略性新兴产业主导设计之争。

三、战略性新兴产业主导设计影响要素的六力模型

历史累积的差异性和随机因素的涌现,使得主导设计形成过程存在着大量的“黑箱”内容,因而很大部分学者把主导设计的形成归因于组织不可控的因素(谭劲松等,2010)。尽管有许多不确定性因素,但通过分析以往新兴产业的发展仍然可以辨析出一些可控的战略因素,如系统的初始用户基数、系统技术优越性、系统联盟治理能力、系统可升级性、金融资本的催化以及国家的作用,从六力模型图可以看出,相比于其他技术标准体系,最终获胜成为主导设计的技术标准体系除了拥有其系统本身的技术优越性、初始用户基数和联盟治理能力外,还与金融资本、政府的作用高度相关。

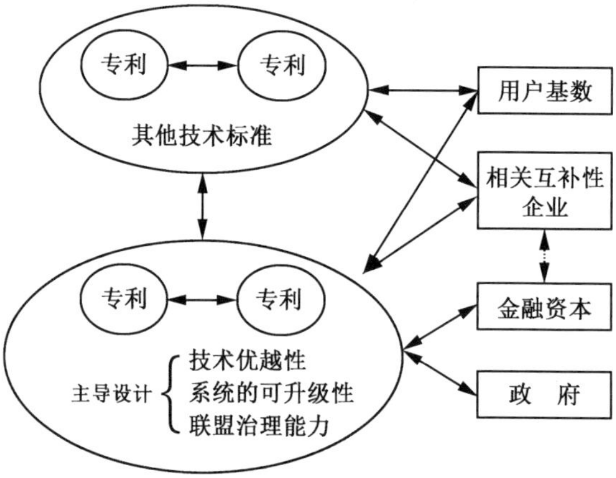

战略性新兴产业主导设计影响要素的六力模型

(一)系统的技术优越性

技术优越性用来衡量战略技术的性能指标与替代技术相比是否具有优势。其他条件相同的情况下,某项技术标准更具优越性,则更可能成为主导设计。对于整体系统而言,由于系统的复杂性较大,内部模块数目较多且功能复杂,给消费者进行整体技术优越性的对比造成了一定难度。因而,对于同一个时期采用不同的设计规则的整体产品而言,只有在性能对比很悬殊的情况下,技术优越性的重要性才能体现出来。对于性能上存在着不足的技术而言,只要差异不是非常的显著,也能通过实行正确的商业策略来

弥补。Rosenbloom 和 Cusumano(1987)发现,松下公司的家用录像系统按照技术性能来衡量不一定比索尼的大尺寸磁带录像系统好,但它最终成为主导设计。

(二)系统的初始用户基数

影响主导设计形成更直接的因素就是用户基数,技术优越性等其他因素都是通过用户基数来影响主导设计竞争的结果。在具有网络效应的新兴产业内,用户基数将通过两种机制自我强化。第一种机制是信号传递机制,即潜在用户会将现有用户基数作为一种其他用户已经评估了技术的性能并做出了有利判断的信号,从而选择加入这类产品的使用者行列,使产品的用户基数更加庞大;第二种机制是互补效应,即为最终产品企业生产互补性产品的企业,更愿意为那些他们认为具有最高用户基数的技术生产互补性产品。这是因为较大的安装基础意味着互补性产品将拥有更多的潜在顾客,而互补性产品的增加也有助于用户数目的增大,又反过来加强了用户基数,实现自我强化。得益于两种机制带来的正反馈效应,初始用户基数将对主导设计竞争产生正面作用,初始用户基数越大,主导设计获胜可能性就越高。

(三)系统的联盟治理能力

技术标准系统涉及一系列技术专利拥有者和相关互补性资源拥有者,联盟治理能力对于能否在主导设计中取胜有着至关重要的影响。联盟治理要求系统在开放度和控制力之间进行平衡。首先,联盟开拓能力是指系统扩大自己联盟的能力。联盟开拓能力又取决于系统是否向外部开放,早先 IBM 体系迅速成为主导设计,就在于其向竞争对手和互补性厂商开放自身体系。其次,联盟的控制能力是指系统保持联盟内部结构稳定的能力。系统开放后,联盟成员越来越多,在这个过程中联盟中的成员很可能会因为本身或者环境的一些新的变化而试图脱离原先的关系网,使联盟出现了分化。特别是在产业技术更迭之际,一些核心技术模块供应商希望凭借对新技术的研发优势而谋求在系统中的主导地位,在遭到系统设计师的拒绝后,这些模块供应商很可能选择离开这个联盟而加入其他联盟。系统控制能力的强弱将决定联盟内部是否保持稳定的结构,直接关系着主导设计竞争的获胜概率。

(四)系统的可升级性

系统的可升级性也是影响主导设计竞争的重要因素。在产业技术更迭周期较短、技术升级频繁的情况下,具有可升级性的系统将为使用它的用户提供了二次选择的机会,使系统的用户基数在不同代的技术上能得到延续。模块化系统由于可以实现在设计规则不变的情况下的二次创新，某一模块可以被另一个更具有优越性的模块所替代，因而在用户需求不断变化的时代，被认为是具有柔性的系统，所以采取模块化的技术标准体系更容易通过竞争成为主导设计。

(五)金融资本的催化

在主导设计形成过程中，金融资本与生产资本的分离产生了最有成效的结果。"正是因为在非生产者手里掌握寻求利润的资金，新企业家们才得以将他们的想法转变为商业现实。正是在这里，有可能依靠融资经营企业才变成了真正的驱动力。""占据主导地位的范式发生耗竭的迹象，创造出对于可以获利的新的创新轨迹的需求，原先受到阻滞的那些技术选择开始大量增加供给，闲置的金融资本则提供了养料，随之而来的各种新技术的联系最终形成了关键性突破，新的范式使创新型企业家的供给倍增，他们的成功又带来了更多的金融资本和企业家，如此往复不止。"①在战略性新兴产业主导设计的形成过程中，实质上只有获得金融资本的支持，战略专利才有可能转化为最终产品，同时只有运用金融资本的手段才能迅速扩大市场规模取得先行优势。不仅如此，在青木(2000)看来，金融资本(创业资本)本身就起到了主导设计的筛选作用。

(六)国家的作用

国家在战略性新兴产业主导设计形成过程中不仅扮演着国内技术标准的最后裁定者，而且在国际标准竞争中扮演着推动者的角色。所以，某一技术标准体系能否获得国家的认可对于其在主导设计竞争中能否获胜也起到关键的作用。

四、我国战略性新兴产业主导设计现状及竞争对策

西方发达国家长期以来一直将国际技术标准策略置于发展的核心地位，通过控制国际技术标准的制定权来主导国际市场，而我国在产业主导规则设计上则长期处于被动的局面，国内产品绝大部分设计规则为国外企业所制定。截至 2007 年底我国为主起草的国际标准共为 55 项，仅占 ISO 和 IEC 国际标准总数(22 068 项)的 0.25%。即便是已经成为国际标准的一些技术标准，也大多是以单项形式存在，没有形成系列性或组合性标准，不能起到支撑产业或增强国际竞争力的作用。

主导设计上的被动主要有以下两个方面的原因：其一，国家标准制订周期长。从

① 卡萝塔·佩雷丝. 技术革命与金融资本:泡沫与黄金时代的动力学[M]. 北京:中国人民大学出版社，2007:38-39.

国内技术标准的制定情况来看,我国在国家标准的制定效率上较欧美等国家而言有着绝对的劣势。欧美以及日本等国家的标准制定周期一般不到两年时间,而我国大部分国家标准从立项到完成制定需要五年以上。国内标准无法统一,自然不可能主导国际标准的制定,可以说国家标准制定的效率问题是阻碍我国参与国际标准制定的一块绊脚石。其二,技术创新上相对落后。缺乏对核心技术的掌握,在国际分工中只承担加工组装等附加值较低的环节,技术创新能力较弱。在这种情况下,我国设计的技术标准是很难与国外进行竞争的,即便是依靠公关策略获得了主导设计权,其他国家也会依靠自己掌握的核心技术和创新能力对产业发展方向施加影响,从而使下一轮的主导设计竞争朝着有利于他们的方向发展。从我国目前主导制定的国际标准涉及的领域来看,在公共安全、环境保护、食品安全、医疗卫生、材料等领域的国际标准基本上是空白,主要原因就是相关优势特色技术形成国际标准的潜力挖掘不够,技术开发与国际标准研制没有有效协调。因而切实提高我国的技术创新能力,是我国在国际上竞争主导设计时必须执行的重要策略。

(一)我国参与战略性新兴产业主导设计竞争的条件

尽管我国在大多数传统工业领域已经失去了主导国际标准的机会,但借着目前国家发展战略性新兴产业的契机,我国将有条件获得国际标准制定的主导权。首先,在新兴产业发展初期,技术的研发和应用都尚未完全成熟,产业的技术标准还未形成,对于此前在主导设计竞争上处于落后状态并被制约的竞争主体而言,这无疑是一个重新参与设计主导权争夺的机会。其次,成为主导设计的技术标准必须在技术上具备一定的优势,我国在一些新兴产业上,企业具备一定的技术研发实力。我国新能源汽车产业的生产水平已经接近了世界水平,甚至在某些方面还处于领先地位。第三,国内的巨大市场需求是我国在国际标准制定中争夺话语权的一大优势。通过中国的巨大市场来对国际标准的制定施加压力,我们的话语权才能得到更有效的体现。

(二)企业层面主导设计竞争策略

1. 加强技术创新,提高产品的技术优越性。技术优越性越高,主导设计竞争获胜概率就越大。对于模块供应商而言,无论是在背对背竞争的初级阶段,还是主导设计竞争的高级阶段,保持研发能力力争成为战略模块都具有关键的决定性意义。对于集成商而言,尽管很多集成商都只承担模块的组装和集成,而不进行模块内部的创新,但这种情况下集成商的创新能力很可能会慢慢减退,最后会因为对模块更新的控制力减弱而影响了其在模块化系统中的地位。因此,对于集成商而言,保持技术创新活动仍然是必要的。

2. 选择进入时机,尽快利用用户基数实现自我强化。由于网络效应和转移成本的作用,用户基数是具有自我强化机制的,企业应当利用这点,尽早进入市场,形成初始用户基数的规模优势。为此企业也需要加快研发的节奏,争取将产品尽快投入市场,作为集成商的企业有必要加快对背对背竞争的管理,通过供应商创新来提高效率,作为模块供应商的企业则有必要选择市场开拓能力较强的集成商,使生产的模块尽早转化为产品的一部分并尽快进入市场。

3. 积极开展联盟策略,同时注意对核心技术模块的控制。联盟的开拓是扩大用户基数的最为迅捷的方法。首先,由于集成商直接面向用户,有更强的市场开拓能力,因而在联盟开拓时应该重点考虑加强与集成商的联盟。其次,与核心技术模块供应商联盟也是联盟开拓的重要内容。再次,互补性资源为产品的应用创造了条件,是产品大范围推广的必备因素,因而对互补性资源企业的联盟也具有策略意义。与联盟开拓同样重要的是对联盟的控制,特别是对联盟中的核心技术模块进行控制,因为如果缺乏对核心技术模块的控制,将在后一轮的技术更迭中处于被动的局面。控制核心技术模块的途径有两个:其一,自主研发核心技术模块,通过不断创新保持对该模块的控制力;其二,对合作的核心技术模块供应商进行限制,通过签订协议拒绝许可模块供应商为其他集成商供应核心技术模块。

4. 采用模块化生产方式,保证产品的可升级性。产品的可升级性能提高模块化系统的主导设计竞争能力,企业采用模块化生产方式,利用模块的可替代性,可使得产品能在保持架构不变的情况下享受技术创新的最新成果。企业可选择在企业内部进行模块化生产或模块化外包两种模块化生产方式。在企业内部生产的产品其可升级属性更弱,因为替换的模块一般都也只是来自企业本身。而模块化外包后架构更加开放,不同厂商的模块都能对原先的模块实现替代,使用户能更充分地享受可升级性的好处,但企业内部的生产相比于模块化外包而言质量上更有保证,同时企业也能保证对生产技术的控制权,不需要因为外包而担心失去架构设计上的优势。

(三)国家层面主导设计竞争策略

1. 鼓励创新,加大对核心技术模块的支持。我国的优势在于拥有巨大的市场,用户基数大,但如果国内企业的技术规则缺乏创新性和先进性,即便是上升为国家标准,在进入国际标准时也会遇到较大的阻力。目前的战略性新兴产业中,光伏产业由于核心模块的创新能力较低,技术均是从国外引进,因而,无法在国际标准制定中获得话语权。国家必须采取包括鼓励产学研在内多种手段加强对核心技术模块的研发支持,解决了国际标准竞争中核心技术能力低下的短板问题。

2. 政府主导和市场主导相结合,尽快奠定国家标准的用户基数。首先,针对我国国家标准制定和审批缓慢的弊端,建议采取政府主导型与市场主导型相结合的机制,只有在涉及公共资源和重大公共利益,且在产业起步期就必须有统一标准的情况下,国家才需要制定产业标准,其他技术标准只需在政府备案。其次,为加快国家标准的形成,政府还可通过国家科技政策和标准政策的配合,利用行业协会的协调能力,对技术创新和技术标准的扩散进行刺激。再次,在制定国家标准之后,政府有必要通过政府采购或示范项目起到扩充产业容量、奠定用户基数的作用,从而为竞争国际标准打好基础。欧盟为了研制 GSM 制式手机技术标准,在整个欧洲动员了 10 万人的技术力量,联合攻关,统一采购,从而为该标准的国际竞争奠定了基础。

3. 建立产业园区,鼓励联盟策略。联盟网络的治理是实施技术标准体系的重要工作。高质量的联盟网络对于参与主导设计竞争的企业而言,既有利于提高模块供应商在技术研发阶段的创新效率,也有利于企业在市场开拓阶段开展联盟行为。因此,政府有必要为这种联盟网络的形成给予政策上的支持,通过建立产业园区使企业集聚到一起,形成产业集群效应,降低联盟成本。同时政府有关部门还可以加强信息的收集和加工,形成顺畅的信息传递与互动渠道,为企业之间互相了解建立纽带。另外还可以通过发挥行业协会的协调和管理功能加快产业园区的技术标准的形成。

4. 建立产业投资引导基金,防止出现模块投资不均衡和投资"潮涌"。各模块的协调发展是主导设计获胜的必要条件,如何保证这些创新高度活跃的中小型模块企业顺利融得创新资金,是确保模块化产业不断进步和持续发展的关键。但正如林毅夫教授(2007)指出,发展中国家的产业投资存在"潮涌"现象,这种现象很有可能导致模块投资的不均衡性和部分模块生产过度。"潮涌"现象出现的原因在于,一旦新兴产业技术方向为市场所接受,许多企业的投资会像波浪一样一波一波地涌向相同的某个产业,甚至是某个产业中的某个模块,产生"潮涌"现象。这种资本潮涌现象将导致各模块不能得到合理的资本分配,造成创新效率的缺失和创新租金迅速稀释,使得技术创新意愿受到抑制。为了克服潮涌现象弊端,政府有必要在投资机制上进行完善，通过新兴产业引导基金的合理流向来促进产品各模块的共同发展，协调各模块的创新步伐，为主导设计的确定创造良好条件。产业投资引导基金有助于发挥政府资金杠杆放大效应和导向作用，鼓励和引导社会资金进入新兴产业领域，避免民间资本盲目投资而出现模块投资不均衡的现象。

（原文发表于《经济社会体制比较》，2010年第5期）

战略性新兴产业集群培育

培育战略性新兴产业集群不仅是世界各国应对金融危机和实现经济转型的有效手段，也是我国快速实现经济布局和建设创新型国家的至关重要的国家战略决策。

一、战略性新兴产业集群的基本特征

战略性新兴产业集群是指能够在未来成为主导产业或是支柱产业的新兴产业集群。从类型上看，战略性新兴产业集群既包含了同一产业链环节的新兴企业及其配套集合（即横向集群），也包含了产业链上下游的新兴企业及其配套集合（即纵向集群）。相对于传统制造业集群，**战略性新兴产业集群除了地理临近性特征外，还具有显著的创新驱动、知识溢出、产业放大和技术不确定特征。**从实质看，战略性新兴产业集群不是单纯的创业企业家个体之间的社会关系网络，不是单纯的科研机构之间的技术网络，也不是单纯的产业内部的企业间关系，而是一种涵盖了战略性技术研发、新兴技术产业化、新兴产业网络化整个过程的具有知识传播、动态循环和创新扩散的组织间关系网络。

1. 创新驱动特征

传统制造业集群，尤其是中国的许多特色产业群，多数情况下是以低成本为主要特征的。然而降低成本是有条件的，不能无限制地使用粗糙甚至是劣质的原材料，不能无限制地降低工人工资损害工人福利，更不能无限制地以牺牲资源和环境为代价。低成本的制造业集群在金融危机期间已经暴露出其致命的缺点，所以一旦经济发生转变，这些低成本集群的中小企业立刻受到冲击，甚至造成整个产业群的衰落或是消失(王辑慈等，2010)。与这种"逐底竞争"的低成本制造业集群相对应，战略性新兴产业集群往往是刚刚萌芽的高端技术企业集群，这些集群企业由于其掌握着核心技术或是关键技术，所缺乏的只是产业化与市场化的时间和相关管理经验的累积。所以，这些集群企业在整个产业链条中，尽管力量薄弱，却是价值链中具有高附加值的部分，因而抗外部风险的能力也就更强。同时，集群企业核心技术和关键技术一旦突破，就会迅速带来相关技术的开发，使得地区产业具有国际竞争力，呈现创新驱动和产业战略价值的重要特征。

2. 知识溢出特征

战略性新兴产业集群的知识溢出特征主要包括集群内企业之间的知识溢出和集群内部知识向外部的溢出。一方面，在战略性新兴产业集群中，由于地理接近，企业间密切合作，一家企业的知识创新很容易外溢到集群内的其他企业，这有利于各种新思想、新观念、新技术和新知识的传播，有利于促进知识和技术的转移扩散，由此形成知识的溢出效应。这一知识的溢出效应有利于集群内企业获取"学习经济"，增强企业的研究和创新能力，降低企业创新的成本，促进企业的增长。另一方面，集群所具备的范围经济和区域创新效应正是知识由集群内部向集群外部溢出的结果。战略性新兴产业集群中的战略性新创企业通过发挥示范和辐射作用，能够吸引更多的战略性新创企业及相关支持机构加入，壮大原有的产业集群，实现范围经济。在这个意义上，战略性新兴产业集群是集群与创业的有机结合(刘志阳等，2010)。随着大量创业企业在本地的集聚，区域经济也可以迅速做大。应该说，这种知识溢出建立的基础实际上是企业合作而不是互相封锁，不能简单认为企业扎堆就一定能够产生知识溢出、一定能够推动技术扩散。

3. 产业放大特征

由于地理位置接近，战略性新兴产业集群内部企业的竞争自强化机制将在集群内形成"优胜劣汰"的自然选择机制，这种竞争可以使企业间实现稀缺资源的最佳配置，刺激企业创新和企业衍生，培育企业家精神。而在产业集群内，企业在展开激烈市场竞争的同时又进行多种形式的合作，如联合开发新产品、开拓新市场、建立生产供应链等,由此形成一种既有竞争又有合作的合作竞争机制。这种竞争与协作所带来的外部的范围经济和规模经济是单个企业无法比拟的,具有产业放大的作用。通过这种合作方式实现高效的网络化的互动和合作,以克服单个企业内部规模经济的劣势,使其能够与比自己强大的竞争对手相抗衡。由于集群地理集聚的特征,公共物品可以在集群内共享,资源在产业集群内具有更高的运用效率。发挥集群内企业的整体力量,加大广告宣传的投入力度,利用群体效应,容易形成"区位品牌",获得单个企业所无法获得的整个产业的优势,从而使每个企业都受益。上述效应可以称为集群的产业放大效应。

4. 发展不确定特征

战略性新兴产业的技术创新和技术产业化具有极大的不确定性。不确定性意味着技术投资的风险性,一旦将人力、资本在不确定性的情况下投向某一技术研发,而最终却无法获得技术投资带来的收益时,一方面将造成人力、物质资源的巨大浪费,另一方面将降低企业进行技术创新投资的积极性,阻碍技术创新。但技术的不确定性特征也有一定的价值。不确定性的技术特征一方面为技术后发国家的技术跨越和技术赶超提供了机遇,在与发达国家的技术竞争与技术合作中有更大的发言权和影响力;另一方面正是源于技术的不确定性特征才显现出了战略性新兴产业集群存在的价值和必要性,集群内的企业可以通过联合投资分散技术创新的风险,共担技术投资的不确定性,共享技术创新带来的收益,以集群的整体力量促进技术的创新和演进。此外,新兴产业发展的不确定性同时也意味着,政府在选择具体的产业方向时,并不比企业更具有信息上的优势。因此,美国更强调通过竞争政策来维持公平竞争的市场环境,即使有产业政策也往往是普惠性的而非定向性的,产业政策所指向的往往是具体的创新或投资行为,而非具体的行业甚至企业。

二、战略性新兴产业集群培育的国外模式

产业集群模式起初主要应用于类似于意大利的传统制造业集群,现如今战略性新兴产业的培育也越来越多采用集群的发展模式。

(一)美国市场化共同培育模式

美国政府注重战略性技术的开发与应用,注重促进社会各界在发展高新技术产业方面的合作,采取官、产、学联合开发的形式,已形成联邦政府、州政府、企业界、科

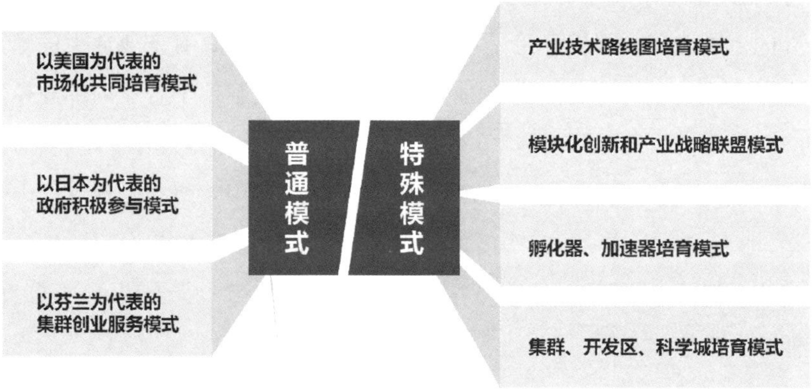

研机构与大学联合研究开发的生产机制(卢全晟等,2010)。这种市场化共同培育模式对美国战略性新兴产业的发展起到了重要的推动作用,而产业集群也正是在这样的共同培育模式下形成的。

迷你案例

硅谷经验

作为世界上最具创新能力的战略性新兴产业集群,硅谷聚集了约 8 000 家科技企业,注册的专利数年均 9 000 件。硅谷有着美国最大的半导体、信息技术和生物科技企业群落,目前正努力实现产业转型,大力发展清洁能源等战略性新兴产业。硅谷也是全世界规模最大的创业投资基金所在地,全美 600 多家创业投资公司中有一半是以硅谷为根据地的。纵观硅谷的发展历程,可以看出其依靠的主要是私人、企业和科研机构等民间力量,政府除间接参与风险投资运作外,主要是制定有利的政策,出台各种法律、法规,以及给风险投资以优惠,另外对风险投资的高科技企业进行监管。因此,可以说硅谷是市场主导型战略性新兴产业集群的典范。它的发展充分利用了本地资源,创建独具特色的区域创新网络,通过人才、技术、资金在本地的互动,最终使得该地区能够协调、迅猛地发展,被公认为世界上最成功的战略性新兴产业集群,也成为全球知识经济的发源地。

硅谷的经验主要有以下4点:

1. 企业不仅是产学研合作投入的主体,而且是产学研合作创新的主体和科技成果转化的主体。

硅谷企业特别是实力雄厚的大企业重视与大学在技术创新方面的合作,使硅谷大学的科研工作能与生产紧密相连,这种"产学研"合作的科研模式,一方面使大学直接接触生产领域存在的各类科学技术问题,从而使科研更有针对性;另一方面大学可借此机会获得充足的科研经费,加快科研进程。

2. 高校和科研院所的科技创新活动主要围绕企业的实际需要和市场经济的要求展开,具有极强的成果转化能力。

大学创办的高技术公司主要从事技术开发工作,而非一般的高科技产品的贸易和经营。因此,这类公司能出很多科研成果且实用性较强,其转化为商品的速度也较快。美国科技政策的引导和倾斜在促使大学的科研面向产业领域的技术创新活动中起到重要推动作用。自20世纪80年代以来,出于政治、军事和经济等方面的考虑,美国政府将资助重点转向了有应用前景的科研课题,这也是导致硅谷大学注重产学研合作的主要社会原因。

3. 科技中介组织在产学研合作中起到重要作用。

为适应科技成果产业化和中小企业发展的需要,美国于20世纪80年代初创建了为中小企业提供全方位服务、隶属于美国商务部小企业管理局的小企业发展中心、中小企业信息中心及建在大学内部的生产力促进中心等科技中介服务机构。美国主要大学都分别建立了适合各自情况的综合中间窗口机构、法律契约事务服务机构和技术转让服务机构。这些科技中介组织在产学研合作中发挥着沟通协调作用,为产学研合作创造了良好的服务环境。

4. 资本市场的成熟和风险投资的引入为产学研合作的顺利进行提供了可靠的保障。

产学研各方利益分配方式和风险承担方式完全按照市场化运作,效率优先,兼顾公平,大大降低了产学研合作各方的交易成本,提高了科技创新的效率。

(二)日本政府积极参与模式

在20世纪80年代,日本产业政策强调产业结构以尖端技术为中心的转变,并明确提出以战略性新兴产业为先导的口号。为了实现上述目标,日本政府在宏观经济政策上发挥了巨大作用,从而形成了政府主导型的战略性新兴产业模式,由政府主导规划技术发展路线,筹建战略性新兴产业集群。日本政府宏观经济政策的主要功能是制定发展战略和经济计划,经济计划对企业起着指导、引导和预测的作用。产业政策是日本政府控制战略性新兴产业有序发展的又一重要手段。日本政府还通过健全法律法规的配套措施来保证产业合理化政策目标的实现(黄先荣,1992)。具体来说,日本政府采取了以下政策措施:

1. 将科技发展作为战略发展方向,制定产业政策扶植新兴产业的发展。

1980年,日本政府正式提出"科技立国"的基本国策,随后出版《科学技术白皮书》,将基础研究作为国家需要来对待。为扶植新兴产业,日本政府制定了一系列政策及科研计划,如《电子工业振兴临时措施法》、"新一代智能机器人计划"等,以促进战略性新兴产业的开发。日本是世界上最早由政府明确制定产业政策的国家,也是产业政策执行得最成功的国家。

2. 政府制定和实施大型科技计划,并不断完善研究开发补助金制度。

日本政府通过预测未来科学技术的发展趋势来制定国家科技发展目标,并对战略性技术给予研究开发补助金,引导产业的技术发展方向。日本计算机产业的发展就受到政府资金的大力支持,日本的研发经费占GDP的总值始终在发达国家中名列前茅。

3. 建立科学工业园区,培育战略性新兴产业集群,采取税收优惠等政策鼓励新兴产业发展。

日本政府建立的科学工业园区以著名大学和研究机构为中心,将科研、开发与生产有机地结合起来,同时在科研过程中采取官民合作开发体制,降低研发风险,为企业采用新技术、开发新产品提供各种服务和便利条件,这是发展新兴技术产业的一条有效途径。

日本大力发展自己的高技术研究开发基地,最著名的是筑波科学城。从1965年开始,用了15年时间,在九州建成了被称为"日本硅谷"的"硅岛"。日本已经办成及正在筹办的科学技术城已达19个之多。政府对新兴产业的研发活动还给予金融支持,如高科技企业可以获得无息贷款,且如果研发失败无须支付利息,这形成了一种不怕失败的研发氛围,促进了科技创新。

(三)芬兰集群创新服务机制模式

20世纪90年代之后,芬兰选择了以战略性新兴产业集群带动经济发展,一举实现了战略转型,经济增长一直优于OECD国家的平均水平,其全球竞争力排名已连续5年名列前茅。芬兰新兴产业的成功发展,不能不归功于芬兰产业集群创新服务机制。国家政策、地区载体、非营利性执行团队组成了芬兰产业集群创新服务的完整体系。芬兰从90年代开始运行本体系,其间不断实践,进行了三次大的修订与调整,终于形成完整的运行体系,现在已经列入欧盟支持计划。

迷你案例

芬兰产业集群创新服务体系

1. 政策层面

芬兰从1994年开始积极推动"技能中心计划"(COEP),引导产业集群创新服务机制环境的形成。芬兰的COEP以建立国际水平的技能中心为基础,开展产业集群创新服务的引导与激励计划。COEP的宗旨是利用顶尖水平的技术和知识作为地区发展、创造就业、促动商业的资源。其基本做法是:国家层面设立国家科技协调委员会,从上至下推动本计划的实施;以一个定期的特别项目,把地方和国家的资源聚合起来,发挥高级专家的作用;以地区资源为主,突出地区产业特色,支持技能中心之间的合作;集中推动地区产业集群在国际竞争领域的发展。2000年以后,推出"地区中心计划",提出了2007—2011年国家性地区产业发展的目标。2007年开始,又实行"战略中心计划"(SHOK)。

2. 地区层面

地区层面以科技园区为载体,搭建产学研平台,建立产业技术转移推动的主体。企业、高等院校和研究机构,通过科技园,构建起产学研三位一体的技术转移体系,这是芬兰技术创新机制的另一突出特点。这种强调产学研结合的资助机制有效地使用有限的资金,促进了国家创新体系各要素之间的密切联系。政府鼓励产学研高度结合,同时鼓励各机构在科研和商业战略发展中以市场需求为导向,同时以科技园区等创新机构为产学研体系进行服务,有力地保证了这一体系的正常运行。

3. 运行层面

每个产业集群都由产业集群专业服务团队进行推动,并多方筹集资金,以非营利性有限责任的特殊形式,推动各个产业集群技术的转移。每个科技园区包含了多个产业集群,每个产业集群都有产业集群专业服务团队挂靠在科技园区公司内。科技园区公司是以非营利性有限责任公司的形式存在。对产业集群的创新性服务,以每个产业集群为载体筹集多方资金,公益性推动国家与地方产业集群的发展。产业集群的基金支持是由三部分组成:欧盟基金或TAKES基金、地方政府与乡镇政府基金、企业资助。针对每个项目的实施,实行项目资金制。譬如,芬兰环境科技中国专业委员会(FECC)要在中国推广芬兰某公司的清洁科技项目,一般可以以这个项目为载体,向TAKES基金申请费用支持,向国内的一个清洁科技产业族群(3个企业就可以组成产业族群)寻求赞助,再从本产业集群服务基金中拿出一定比例的资金进行运作。这样,一方面可以大大增强资金实力,另一方面可以鼓励同一产业的其他企业参与,增强对外竞争的实力。

以上模式是战略性新兴产业培育过程中的三种基础培育模式,也是很多幼稚产业的共同培育模式。针对战略性新兴产业而言,还有以下几种特殊模式。

(四)产业技术路线图模式

产业技术路线图是在产业技术规划的基础上发展起来的,是20世纪中后期逐步兴起的一种由单个产业内部诞生的技术预测和技术规划方法。美国国家半导体产业技术路线图(NTRS)详细描述了长达15年的产业技术路线,极大地引导和推动了美国半导体产业的发展,一举扭转了之前落后于日本的局面。在美国的影响下,世界主要国家纷纷启动本国产业技术路线图的制定工作,产业技术路线图日益成为战略性新兴产业内部企业技术创新的指南。我国广东省也已启动了战略性新兴产业技术路线图绘制工作,初步取得成效。

创业小贴士
START-UP TIPS

产业技术路线图

技术路线图最早于20世纪中晚期在美国汽车产业出现,当时正值全美制造业处于削低成本、提高竞争力的关键时期,市场迫切要求各供应商提供他们未来产品的路线图,这种新型管理工具由此问世。很快摩托罗拉公司和Corning公司先后模仿采用了这种管理方法,1987年分析摩托罗拉公司的技术发展情况的技术路线图首次出现在学术性刊物上。产业技术路线图是对于产业整体技术发展趋势的预测,基本代表了产业发展(技术、市场等)的方向。产业技术线路图往往由产业研究机构、具有权威的行业协会、大型企业、政府制定并发布,主要用于引导产业技术发展,供全行业参考。继美国国家半导体产业技术路线图(NTRS)之后,世界主要国家先后启动了本国产业技术路线图的制定工作。加拿大工业部从1997年到2003年先后开展了生物制药业技术路线图、航空设计制造技术路线图、铝业技术路线图、电子技术路线图、燃料电池商业化路线图、海洋运输和海洋产业路线图等十几个产业的技术路线图研究工作。日本经济产业省制定国家层面的战略技术路线图,指导25个产业领域绘制技术路线图。欧洲工业管理协会(EIRMA)在1997年引入被称为八阶段的技术路线图项目管理过程。

资料来源:高鹏.产业技术规划与产业技术路线图[N].科学时报,2008-12-31.

(五)模块化创新和产业战略联盟模式

作为处理复杂系统模块分解和集中的方法(Baldwin和Clark,1997),模块化通过对技术、产品以及组织的模块分解集中,正成为新产业结构的本质(青木昌彦,2003)。模块化降低了价值链的复杂程度,为发展中国家战略性新兴技术产业融入全球生产网络提供了机会。计算机是最典型的模块化产品。模块化之于计算机产业自主创新的优势在于:通过产品架构突破创新实现产业标准化控制(Pisano等,2007)及围绕架构连续增量创新的可能性(Langlois,2005);模块化创新对于企业和产业边界的改变,对专业化分工合作、外包、联盟迅速发展的促进;模块化系统的组织柔性、信息流动优势、协同演进优势和有效治理机制(青木昌彦,2000)。

（六）孵化器、加速器培育模式

孵化器和加速器分别适用于战略性新兴企业的初创期和成长期。到目前为止，美国共有孵化器约900多家，孵化器计划的实施为战略性产业的发展提供了技术源和资本源，大大促进了战略性新兴产业的发展。加速器是培育并助推高成长性企业发展的产业服务项目。通过创新服务模式，加速器满足企业对空间、管理、服务、合作等方面个性化需求，旨在加速科技成果转化。丹麦科技与创新部的“瞪羚成长计划”和爱尔兰的“商业加速器项目”是比较成功的加速器计划。我国国家科技部火炬中心2007年已经确立了北京中关村永丰现代企业加速器、深圳招商局光明科技企业加速器和无锡新区科技企业加速器三家试点单位。

（七）集群、开发区、科学城培育模式

集群模式不仅适用于传统制造业，也是战略性新兴产业有效的培育载体。美国硅谷被称为世界上最具创新能力的高新技术产业集群。自1965年以来，美国成立的100家最大的技术公司，有1/3在硅谷，硅谷有着美国最大的生物科技和信息技术企业群落，而这两大产业恰恰是20世纪美国的两大战略性新兴产业。开发区和科学城也是战略性新兴产业培育的主要载体。台湾新竹开发区是我国台湾地区IC产业主要制造和研发区域，目前已经成为全世界第四大半导体工业制造区域。日本筑波科学城集中着日本最强大的生物科技力量。北京中关村、合肥科技城以及上海张江科学城已成为中国技术创新的示范区。

上述战略性新兴产业发展模式多数是在历史条件下形成的。有些地区战略性新兴产业发展也并不是由于某种模式，而恰恰是几种模式并存作用的结果。相对于其他模式而言，集群模式优点表现在：一方面，集群相当于“经济特区”，从政府而言可以方便特殊产业扶持政策的落地；另一方面，由于集群本身的产业链特征和群落特征，可以更容易诱发战略性新兴技术的创新和相关企业的产生，从而迅速培育和壮大产业。因而，集群模式被认为是战略性新兴产业培育的有效模式，各国纷纷仿效。

三、战略性新兴产业集群培育的国内实践

战略性新兴产业的集群模式不仅是国外的专利，这几年国内也在相关新兴产业培育上采取了集群模式的做法。

1. 生物医药产业集群

生物医药产业产业链长、关联度大、分工精细,产业集群是一种有效规避风险机制和竞争的培育模式,可以使技术链、信息链、资金链和物质链有机融合。生物医药产业集群倾向明显主要有三大原因:一是生物医药产品和服务创新的成本高昂、风险大、周期长并充满着诸多不确定性,一个成功的生物医药产品一般要花 20 年才能完成商业化;二是产业链的分工精细,企业之间需要通过分工配套、合并重组和技术联盟不断进行定位,以增强竞争力;三是由于生物医药产业变化大,新技术、新知识、新方法和新领域层出不穷,因此企业必须建立"学习创新型组织",不断学习和培养,才能保证知识及时更新。

我国已形成以京津冀地区、长三角地区和珠三角地区三大综合性生物产业为基地的产业集群。国家发改委批复认定北京、上海、广州等为国家生物产业基地,促进技术创新,实现规模效应,以提升国家生物医药产业竞争力。这些尝试说明我国在生物医药产业的布局上有着自己的考虑。但是,由于我国生物医药产业众多,生物医药产业整体上还比较混乱,各企业之间缺乏有效的合作与沟通,生物医药产品的重复性很高,因而带来的资源浪费和整体协同效应丧失造成我国生物医药产业的整体竞争力同国际大型生物医药公司相比还有很大的差距。因此,我国的生物医药产业应以产业集群为基本的组织模式,科学合理布局,根据各区域的特点和资源优势,从产业链的角度出发形成具有国际竞争力的生物医药产业集群。

2. 城市轨道交通设备产业集群

城市轨道交通设备产业作为高端装备制造业的代表,其发展具有系统化和成套化的特点,这一特点决定了其发展模式往往是采取产业集群的做法。

例如,长春提出打造轨道交通装备产业园,把核心骨干企业迁入园区,然后对零配件生产企业进行招商,从而形成产业集群;湖南提出要加大企业之间的关联合作,提高产业协作水平;南京提出企业抱团开拓市场策略,在国内市场由政府牵头赴轨道交通建设城市拓展市场,在国际市场由龙头企业作总承包再分包于相关企业。常州在 21 世纪初就瞄准轨道交通产业市场,利用自身良好的装备制造业基础优势,努力打造国内一流的轨道交通产业集群。2003 年,常州被科技部批准为国内唯一的国家级轨道交通车辆产业基地。据统计,常州市轨道交通车辆及部件产业基地共有企业 37 家、相关科研院所 12 家、国家级企业技术中心 2 家,资产总量超过 15 亿元,基地全部员工 4 万余人(截至 2007 年年底),零部件生产商几乎涵盖了从轨道交通车辆的动力系统、电器及控制和车厢内饰等全部环节，涌现了一批如常牵集团、今创集团等国内外知名企业。成都在2009年宣布以高新区为基础建设大规模的轨道交通产业集聚区。集聚区将构建“双链”“两基地”的轨道交通产业发展格局，即“轨道交通工程建设产业链和产品产业链”“国家级轨道交通研发基地和最具规模、竞争优势的轨道交通总部基地”，到2015年实现轨道交通产业销售收入过千亿元。

3. 新能源产业集群

新能源产业发展的地域特征越来越明显。以光伏产业为例，近年来，地方政府通过光伏产业集聚发展来提升产业竞争力。由此产生的“区位品牌”为当地经济发展贡献突出。在产业链建设中，政府的引导起到很关键的作用。

我国光伏产业基本形成四大集聚区域：环渤海地区，长三角地区，珠三角地区，以四川为基地的中西部地区。其中，环渤海地区以河北保定为代表，主要在光伏产业的上游单晶硅领域形成了一定的产业集聚；长三角地区主要以江苏无锡为代表，形成了以光伏电池、组件为基础的产业基地；珠三角以深圳为核心，是光伏产业链下游环节中应用产品的生产基地；中西部地区在光伏上游多晶硅产业上获得了较好的发展，上述区域都形成了各自的一批龙头企业。

新能源产业集群的地区分布及主要特征

区域	产业中心	产业集群特征
环渤海地区	河北保定	环渤海地区以河北省为核心，以单晶硅研发的历史优势，在光伏产业的上游单晶硅领域形成了一定的产业集聚形态。国内生产太阳能级单晶硅规模最大的是河北宁晋单晶硅基地(世界上最大的太阳能级单晶硅生产基地，也是国内目前最大的硅片加工基地)。该基地现有2个龙头公司、11个子公司，主要产品为太阳能级单晶硅、二极管级单晶硅、重掺单晶硅、浇铸多晶硅，同时围绕单晶硅开发生产高纯石墨、石英坩埚制品。河北保定市已是中国“电谷”，天威保变等优势企业正强势发展光伏、风电等新能源业务，在国内有举足轻重的地位
长三角地区	江苏无锡	长江三角洲地区以江苏省为产业增长极，光伏电池及组件的产业规模位居全国前列，初步形成“两个核心、多点发展、以点带面”的格局，即以无锡尚德、中电电气为核心企业，带动周边南通、高邮等城市太阳能电池产业的发展，进而全面推动该省的太阳能电池产业；上海正筹建全国最大的光伏装备制造基地，无锡尚德也在上海投资薄膜电池项目，长三角地区的光伏组件自主研发能力在全国地位显著，这主要是源于长三角地区科研力量、人才集聚和资本集聚的协同效应

续表

区 域	产业中心	产业集群特征
珠三角地区	广东、福建	珠三角以深圳为核心,是光伏产业链下游环节中应用产品的生产基地,全球70%以上的光电类小产品生产厂家集中于珠三角地区,但80%以上产品以出口为主,销往北美地区(美国和加拿大)和欧洲(德国为主)、日本等地区。珠三角地区的光伏应用产品发展非常活跃,利用劳动力优势是该地区的基本特征
中西部地区	四川	利用水电等低价能源优势,中西部地区(四川、河南和江西等省份)在光伏上游多晶硅产业上占得先机。目前,河南洛阳中硅、四川新光硅业是国内为数不多的能够量产多晶硅、技术力量较雄厚的企业,带动了2007年以来多晶硅的投资
西北地区	青海、内蒙古和甘肃	利用光照条件优越、适于大型室外光伏并网工程的运行,2009年上半年以来,以青海、内蒙古和甘肃等一批已招标或拟开标的光伏并网示范工程项目培育了西北区域的光伏产业萌芽,形成边远区域独立分布式能源系统的典型示范。

资料来源:上海财经大学产业经济研究中心.2011中国产业报告——战略性新兴产业发展[J].上海财经大学出版社,2011.

4. 新材料产业集群

我国各地特色材料产业呈集聚趋势,已经在长江三角洲形成了浙江东阳、宁波、海宁磁性材料特色产业区域、杭州湾精细化工特色产业集聚区、江苏沿江新材料产业带等新材料特色产业集中区。在珠江三角洲初步形成了建筑卫生陶瓷、改性塑料、新型电池、高性能涂料等产业集群。此外,山东、福建、江西、湖南、辽宁等省区也开始出现新材料产业集群化态势。

四、战略性新兴产业集群培育的政策取向

对集群实践与政策的关注是世界性课题。2004年美国竞争力研究所与知识经济和企业发展国际组织发表了集群政策白皮书。此外,联合国贸发会议,世界银行等机构也纷纷发表研究报告,力图推动集群战略和政策在世界范围内的实践。值得一提的是,OECD专门发布《创新集群:国家创新体系的推动力》报告,号召各国把发展创新集群作为建设国家创新体系的推动力。借鉴国外战略性新兴产业集群的成功模式与国内相关产业的实践,我们认为政府应该坚持平等对待、有效甄别、动态实施、灵活运用的原则,科学实施战略性新兴产业集群政策。

第一，充分发挥政府的协调作用，超越政府直接干预集群发展的误区。从长期看，战略性新兴产业集群的发展主要来自集群内部企业共享利益和创新驱动的结果。这种共享利益一方面来自产业本身的互补性和天然融合性，另一方面又来自集群之间的共同生态圈和创新文化的促进。战略性新兴产业集群不仅是基于政府的引导，也是基于一种共同的区域文化，或是一种乐于合作、共享收益的创新生态圈，它的形成是一种自发性的创新生态联动，而只有这种联动才是持久的，才是根植于本地区域的。从短期看，战略性新兴产业的培育具有技术、产品和市场成熟的不确定性，需要协调各方利益主体予以推进。所以，在集群发展初期，地方政府将扮演着协调各方利益并推进双群联动的引导作用。但政府在集群发展中，应该以服务者的姿态出现在区域创新发展过程中，主动协调，做到站到位、不越位、不缺位。芬兰和日本新兴产业培育都得益于政府的协调。韩国政府也曾通过建立公共的研发平台来引导大型企业进行联合研发。我国台湾地区则借助专业银行对特定产业实施不同期限的优惠融资。这些做法都是政府协调各方力量支持新兴产业集群发展的有效做法。但是政府不能也不可能作为新兴产业培育的市场主体，任何类似政府制定新兴产业技术路线图的做法都是不可取的，是完全违背新兴产业发展不确定性特点的。

第二，优先实施普惠性的产业政策，避免直接的、定向性的扶持政策的误区。新兴产业属于幼稚产业，因而各国都曾采取产业保护或是产业扶持政策予以支持。但是在如何采取扶持政策方面，我们认为，应优先实施普惠性的产业政策。**政策目标对未来产业发展的定位越高，就越需要关注产业内部企业发展的平等性，不能因为定向性损害了产业发展公平性。**定向性产业政策需确定合理的政策覆盖面，具体而言是在产业领域的覆盖上宜宽不宜窄，如针对新能源的产业政策就不应该仅仅局限于太阳能、风能，也需要给生物能源、地热能源等相关的产业发展以同样的政策空间；在具体活动的覆盖上则宜窄不宜宽，以集成电路行业为例，与硅片制造相比其设计环节更需要战略性产业政策的扶持，此时政策覆盖面就需要对行业内的不同活动进行细分；产业政策应当针对投资或研发行为而非企业或具体的行业。一个普遍的做法是鼓励新企业的创办（投资活动）、鼓励企业的研发行为。政策覆盖面越窄，就越需要引入竞争机制。覆盖面窄的产业政策，应当保证低门槛高竞争，能进入有退出（陈钊，2010）。

第三，动态灵活实施产业集群政策，超越把新兴产业集群看作静态和封闭系统的认识。产业集群本身发展具有其生命周期，新兴产业集群的发展也不例外。所以，国家对待新兴产业集群政策的出台也应该有个时间表和侧重点。例如,在新兴产业集群的萌芽阶段,由于其研发和制造成本比较高,难以实现其规模经济,可以以国家采购为主,政策重点在于增加新兴产业的有效需求;在新兴产业的发展阶段,政府应该出台财政和税收政策努力发展创新型的中介组织,政策重点在于完善区域创新网络,塑造区域创新空间;在产业集群发展的成熟阶段,政府或是行业协会应该及时发布全球行业信息,要关注核心企业的并购行动,政策重心应该是努力引入外部竞争者或是鼓励集群参与全球生产网络。总之,新兴产业集群的发展具有很强的不确定性,政府政策框架应该是动态开放的,其实施应该是适时的。

第四,根据地区实际科学选择新兴产业,超越一窝蜂发展新兴产业集群的错误认识。战略性新兴产业政策的制定应该与地区实际相吻合,既要突破地区比较优势理论的束缚,又要尊重地区发展的实际。新兴产业发展初期盲目跟风的现象在我国时有发生,已经引起了社会广泛的关注。各地在确立战略性新兴产业选择上应充分利用多方面的信息。例如,日本在规划战后的产业政策过程中,就充分吸收了由官员、媒体人士、民间与企业人士等组成的政策审议会的意见,也广泛听取研发人员、科研机构所组成的专家团的意见。一窝蜂发展新兴产业的错误做法和特定产业投资的"潮涌"不仅带来了新兴产业创新价值的迅速稀释,而且必将对产业集群的创新行动产生长期的副作用,更可能给地区的长远发展带来巨大的经济和社会包袱。

(原文由刘志阳、姚红艳发表于《重庆社会科学》,2011年第3期)

一、基于创业扩散的战略性新兴产业集群的形成过程

创业是指个体自主的创办企业的过程，包括新企业的创建和旧企业的衍生。创业扩散则是指在特定的创业环境下创业活动的不断产生和传导，由此促成新企业的不断产生。由于其传导形式的不同，创业扩散又有多种形式，如衍生式创业、复制型创业、裂变式创业、演进型创业等（刘常勇，2002）。Maryann 等（2001）认为，集群是新企业创建及创业活动在本地扩散的结果。Donato 等（2003）对意大利 100 个 1960 年以后由创业者或创业家庭所创立的企业集群进行实证分析，研究发现这种集群的形成主要是领先创业者所创立企业的发展所致。杨静文（2004）认为建立健全创业机制是制定、实施集群政策的出发点和归宿。由此可见，战略性新兴产业集群的发展与创业扩散活动息息相关。有关创业扩散对于战略性新兴产业的作用，可以概括为两方面：一方面是只有当战略性新兴产业数量达到一定的临界值之后，才可能形成战略性新兴产业集群；另一方面是不同的创业扩散活动形式会产生不同的战略性新生产业之间网络联系，从而形成不同类型的战略性新兴产业集群。

第一,创业扩散如何导致战略性新兴产业集群的形成?

布雷斯汉纳(Bresnahan 等,2001)将创业扩散看成产业集群的一个整体能力来测度产业集群的成功与否。作为集群的一个基本元素,企业的数量是判断一个产业集群是否形成的一个重要标准,企业数量的扩张要依赖于创业扩散幅度。战略性新兴产业集群形成过程实质上是一系列战略性新兴企业不断创业扩散的过程,并且不同的创业扩散形式也使得战略性新兴产业集群有着不同的形成过程。

第二,创业扩散形式如何影响战略性新兴产业集群类型和网络特征?

企业网络理论承认企业关于市场依赖和技术依赖的重要性,同时引入了互补性活动和资源依赖性等概念。本文研究的企业网络可以简单地定义为新生企业之间联系的集合,这种联系既包括生产、销售等企业活动之间的联系,也包括企业间的本地联系及区域外的联系。不同的创业扩散形式决定了企业之间的不同联系,也决定了集群内部的发展环境和对外部环境的依赖与适应性,表现出不同的集群类型特点,将对未来战略性新兴产业集群发展的趋势产生深刻影响。

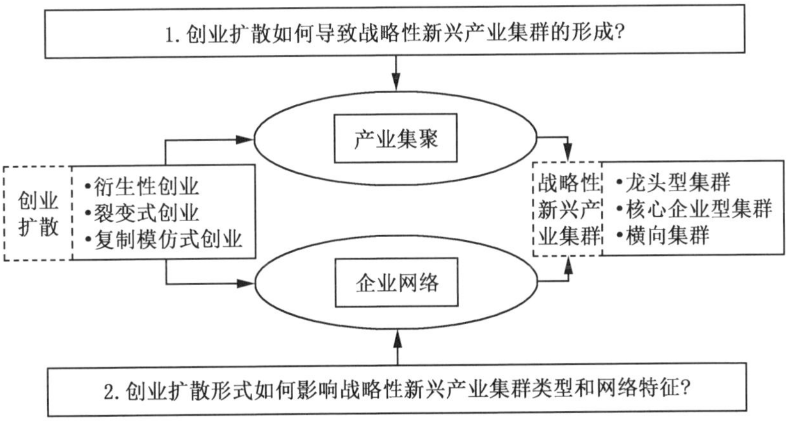

基于创业扩散的战略性新兴产业集群形成机理

1. 战略性新兴产业集群形成的衍生式创业模式

衍生式创业,是指一个稳定的组织(又称母体组织,如企业、大学、研究机构等)通过某种方式孕育催生出新企业的现象。衍生式创业扩散可再细分为商业型衍生创业(Business Spin-off Firm)和学术型衍生创业(Academic Spin-off Firm)。

商业型衍生创业,是指随着技术融合和商业化机会的出现,在原有的母体企业中工作的人员由于在该行业的长期工作经验的积累，发现现有产品缺陷并找到改进方法的创业机会后，脱离母体企业而独立创业的形式。这种类型的企业家创业模式，其原因往往是创业企业家掌握了战略产业内部的管理资源和顾客资源。由于企业创建的相关供货商和中间机构基本上都集中于原有母体企业所在区域，所以这些新创企业自然而然倾向在同一地域创业。在脱离母体企业的雇员创业的成功示范和正反馈机制的作用下，区域内以这种方式创业的企业数量会不断增加，并很快达到或超过临界数量，从而形成战略性新兴产业集群。

创业小贴士
START-UP TIPS

仙童与硅谷

追溯硅谷半导体产业集群的发展，可以发现它离不开一家名为“仙童”的公司的衍生式创业。年轻的仙童公司当时聚集了包括 R. 摩尔(R. Moore)在内的 8 位科学家。20 世纪 60 年代，在仙童半导体公司的黄金时期，目睹母公司的不公平，“八叛逆”纷纷出走自行创业，这其中包括硅谷著名的 NSC、AMD、INTEL 等公司。之后一批又一批“仙童”夺路而出，掀起了硅谷巨大的创业热潮。对此，20 世纪 80 年代初出版的著名畅销书《硅谷热》写道：“硅谷大约 70 家半导体公司的半数，是仙童公司的直接或间接后裔。在仙童公司供职是进入遍布于硅谷各地的半导体产业的途径。”

学术型衍生创业，是指相关大学、研究机构的技术研发人员看到了自身所掌握的某项新技术资源的商业前景，进而围绕该项新技术而独立进行创业的活动。这些企业主要产生于一些研究型大学和研究机构周围，在技术上相互竞争又相互合作，形成一个严密的集群网络关系。在美国马萨诸塞州波士顿 128 号公路的光电子产业集群形成过程中，麻省理工学院(MIT)发挥了重要的作用。阿里 · 雅万(Ali Javan)作为 1960 年的氦氖激光技术的创始人，在 MIT 成立了专门研究光电子的学院。随后该学院不断发展壮大，拥有了 200 多名研究人员。这为该地区的光电子产业集群的形成提供了技术来源。MIT 建立了科学研究商业化的制度，特别是技术联络办公室的援助为激光技术商业化的发展做出了重要贡献。在 MIT 的支持下，128 号公路光电子企业规模和数量不断增加，最终形成了光电子产业集群。

2. 战略性新兴产业集群形成的裂变式创业模式

裂变式创业,是指由于经营日益多元化和大量外包行动,母体开始分裂,使得分裂后的新企业能够专心经营其核心业务或是价值链上的核心环节。裂变式创业可以分成两种类型,一是公司创业型,二是业务外包型。

公司创业型是母体企业公司战略自动选择的结果,本质上属于公司的内部创业。公司创业的动机主要在于以下几个方面:一是应对激烈竞争环境的需要;二是留住可能流失的优秀员工;三是合理安置创业元老;四是利用内部创业提高公司收益。这种创业模式直接后果是改善了母体企业的行动惯性,推动了母体企业的核心业务多元化。间接的后果是导致了创业在某地域的扩散,被证明是有效的集群形成模式。

在宏碁集团的本地化发展过程中,这种裂变式创业模式发挥了巨大的推动作用。2001 年初,集团一分为三:宏碁集团(包括宏碁、展基、建智、乐彩、全国电子等),明基集团(包括明基、友达、达方、达信),纬创(包括纬创、建基、宏创、连基、启基等)。单飞后,明基专心于数码业务,而代加工部分则由纬创承担,由原来宏碁电脑和宏碁科技合并而成的宏碁则围绕 IT 服务专心于自有品牌的打造。通过这种创业扩散形式,泛宏碁集团迅速增加了企业的数量,也使得台湾半导体和电脑产业集群迅速做大。

业务外包型主要是从专业化分工的角度来说明集群创业活动的扩散。按照马歇尔的分析,分工的最大特点是迂回生产方式,它的发展将会使得原材料与最终产品之间插入越来越多的从事中间产品生产的专业化企业,从而导致市场规模的不断扩大。在迂回生产中,核心企业往往只是掌握着产业链条上的关键环节或是关键部件的经营,而选择将非关键环节分包给其他中小企业。原有的接包企业也有可能进一步专业化,从而剥离一些产业链环节,在其周边吸引大量的中小企业进入本地市场。这些接包企业要求节约交易费用、减少运输成本、共享公共设施、减少信息失真和不确定性的欲望更强烈,从而使得企业围绕核心企业在同一地域聚集,于是战略性新兴产业集群就开始形成。丰田体系就是这样的案例,大量的丰田零部件厂商围绕着丰田总部公司,为之提供配套服务,同时接受丰田总部的制约和管理,从而在该地区形成裂变式的创业扩散。

3. 战略性新兴产业集群形成的复制模仿式创业模式

复制模仿式创业,是指企业家对自己熟悉的或已有成功的企业经营模式的复制模仿而创建新的企业过程,可分为复制型创业和模仿型创业。

复制型创业,是指在某个地区,由于市场需求和劳动力资源等优势,在先期创业企业的诱导下,企业家通过复制原有企业的经营模式创建新企业的行为。通过这种方式形成的创业企业基本上同属于一个产业,所生产的产品或提供的服务几乎功能相同,面对同样的市场需求,适用相同的要素资源。随着企业数量的增加,企业间资源需求和产品销售的竞争日趋激烈,企业为求生存以产品的不完全替代缓和竞争的激烈程度。并且,逐步倾向于在空间上集聚,以在各企业间的产品比较中突出自身产品的差异性,占据一定的市场份额。这些企业通过复制型创业扩散最终形成产业集群的雏形。

模仿型创业,是指企业家对成功创业模式进行完全模仿或是一定程度改良的创业行动。

在20世纪八九十年代,光电产业被认为是一种战略性新兴产业。德国图林根光电产业集群的形成过程中,模仿创业扩散形式发挥了巨大的作用。1991年以来,随着该地区最大的光学公司卡尔·泽西(Carl Zeiss)的解体,原有公司员工创立了大约200家光电商业企业(主要集中在光学传感器、光学外套、精密光学和激光显示器),这些新创企业比例在世界光电产业集群中是相当高的。图林根光电产业集群得以快速重建,与多数企业的模仿行动有关,这既是原公司解体后生存性创业的需要,也与图林根当地良好的光学制造传统息息相关。但是,由于大量企业业务相似,所以该地区竞争一直十分激烈。

二、不同类型的战略性新兴产业集群的网络特征分析

当战略性新兴产业集群中的企业数量达到了"临界规模",集群内的企业之间开始形成了一定的企业网络。一般认为,集群企业网络主要来自两个方面:一方面,由于本地的社会嵌入性而形成的人际关系网络;另一方面,产业链上的分工与合作所形成的商业网络,主要包括企业通过各种商业活动、战略联盟等所形成的市场交易网络、供应商网络、分包商网络,与大学或研究机构在技术研发和知识扩散等活动形成的研发网络、技术交易网络。集群网络在一定程度上克服了威廉姆森所谓的环境不确定性、小数目条件、机会主义及信息不对称等导致交易费用增加的因素,从而使潜在创业者的创业门槛降低,吸引更多新创企业的加入,形成集群自我发展的正反馈机制。

不同类型的战略性新兴产业集群的企业网络特征不同。行为主体、主要行为和网络资源是影响战略性新兴产业集群网络特征的主要影响因素,用公式表示为:

$$N=f(A,C,R)$$

其中,N 指集群网络特征;A(actor)指集群的行为主体,是在网络联系中处于不同位置发挥不同作用的节点;C(conduct)指集群内企业行为,战略性新兴产业集群中企业的主要行为可以分为合作行为、竞争行为和机会主义行为三类,这三种行为基本上都是同时存在,只不过比例关系上有所差别,主要是由不同的创业扩散形式下企业间的关系所决定的;R(resource)指集群的网络资源,分为有形资源和无形资源,有形资源包括资本、劳动力,无形资源包括技术、知识、信息等,网络中资源的多少会决定网络的发展趋势,同时网络发展程度也会对网络资源产生影响。

1. 衍生创业扩散模式下龙头企业型战略性新兴产业集群的特征

衍生创业扩散模式形成的战略性新兴产业集群被称为龙头型产业集群,其主要特点有三:第一,衍生模式下,主体是龙头企业及新创企业。母体组织往往是龙头企业,新创企业与龙头企业之间保持着天然密切的市场联系和社会联系。第二,衍生模式下,新创企业与龙头企业之间一方面存在着天生的联系纽带,另一方面又有业务冲突。如何在集群网络中平衡好二者之间的关系是影响网络变化的主要因素。商业型衍生创业企业对龙头企业可以采取三种策略:一是依附策略,衍生企业作为龙头企业战略发展的一个重要组成部分,重新被纳入其战略体系而与其他的衍生企业展开竞争,如新港湾就被原有的母体企业华为招安成为大华为体系的组成部分;二是竞争策略,如果是业务冲突,势必引发激烈的市场竞争;三是差异化的产业演化策略,衍生企业业务重点避开龙头企业,着力从产业演化方向入手培育战略性新兴产业的下游链条或是未来技术发展方向。学术型衍生创业企业往往与原研究机构保持密切的研发合作和技术交易,从而构成产学研一体化网络,这种制度安排有助于技术的持续进步和新技术的不断商业化。由同一母体企业衍生出来的创业企业之间,由于其业务重点相似,竞争往往十分激烈,当这种竞争超过一定的程度就会造成集群资源的浪费。第三,从网络资源看,衍生企业与母体企业之间在资源或能力上具有密切的联系。企业创建往往是对网络内部资源创新性整合的结果。母体组织资源的异质性与丰富性决定了企业家衍生创业时资源的可获取性,从而影响衍生创业企业的竞争力与生存能力。这种战略性资源经常以知识或信息的形式表现出来,它们在企业内部的分布形式会影响企业家的衍生创业。当这种关键资源在企业内部分散于企业的多个部门并与组织背景不可分割时(Aoki,2001),企业家衍生创业从母体组织获取资源的能力就越弱,衍生创业的可能性就越小。当企业内部关键资源相对集中地由少数管理者或技术人员拥有时,在对资源拥有的主体激励不当的情况下,从事衍生创业的可能性就很大(Zingales,1998)。

2. 裂变创业扩散模式下核心企业型战略性新兴产业集群的特征

裂变创业扩散模式形成的战略性新兴产业集群被称为核心企业型产业集群,其主要特点有三。第一,裂变创业模式与衍生式创业一样,行为主体中的母体组织往往是集群核心企业,母体组织与新创企业之间是高度相关的利益共同体。第二,母体组织与新创企业之间具有稳定的业务关系,并且战略分工明显,它们之间的交流较为密切,信息共享程度高,从而信息不对称程度较低。公司创业型企业网络往往以集团形式出现,围绕着同一集团的长远发展战略展开内部有序的业务分工,在公司战略上保持差异又互相配合。在外包网络中,母体组织在整合和规范新创企业中发挥着系统整合者和总包商的作用,一方面通过裂变的企业获得劳动力等优势,另一方面通过与集群外企业的联系,不断促进外包网络整体的发展。不同业务外包体系之间存在激烈竞争,同一外包体系的供货商之间也存在严格的竞争。相对外部网络联系,本地网络联系更为重要,这是因为所有的接包企业往往围绕着战略整合商采取行动,其业务具有典型的资产专用性特征。所以,新创企业的成长严格受制于核心企业。第三,从网络资源看,公司创业型集群网络内部相对于业务外包型集群网络资源丰富。但是这两种类型的集群发展,都过度偏重于从内部网络联系获取资源、忽略外部联系,所以可能导致集群发展路径锁定,拒绝创新,呈现一荣俱荣、一衰俱衰的场景。所以,核心企业型战略性新兴产业集群在发挥本地嵌入性优势的同时,如何与全球生产网络保持联系,避免路径依赖是这种类型集群发展的主要命题。

3. 复制模仿创业扩散模式下横向战略性新兴产业集群的特征

复制模仿创业扩散模式形成的战略性新兴产业集群被称为横向产业集群,其主要特点有三。第一,集群内的主体,主要由几个中小企业进行核心运营,并且多为同一领域相关型企业,技术特点类似,呈现横向产业集群的特征。第二,集群中主体行为更多表现为同类型的新创企业为争夺集群核心企业位置而展开的战略技术竞争和主导设计竞争。第三,战略性新兴产业集群的发展,往往由掌握优势资源的少数企业所推动。这些企业通过企业资源投入,在核心技术持有上具有进入壁垒,一定时间内可以率先获得创新利润和市场份额。但该模式下集群的技术外溢性会增加机会主义产生的可能性,吸引一些投机的新创企业入群,促使一些不正当竞争现象的产生,不利于集群的发展。所以这种类型集群较短的创新周期,一方面使得研发竞争加剧,另一方面也使得研发的激励减弱,如何占有创新利润并构建有效的技术或标准壁垒是此类集群将来发展的重点。

三、结论和政策含义

本文在比较基础上指出产业集群是战略性新兴产业发展的有效模式,从创业扩散视角和国外战略性新兴产业集群发展案例入手深入分析了战略性新兴产业集群的形成机理。笔者认为,不同的创业扩散形式产生了不同类型的战略性新兴产业集群。衍生式创业、裂变式创业和复制模仿式创业扩散的结果是分别形成了龙头型产业集群、核心企业型产业集群和横向产业集群。

上述研究结论对于大力发展我国战略性新兴产业集群具有以下重要的政策含义:首先,集群创业机制能够有效推动创业活动的发展,从而壮大战略性新兴产业的规模,因而应该高度重视集群的创业活动和创业机制。政府应该采取措施鼓励创业扩散,充分利用已有核心企业,引导战略性新兴技术的扩散和企业的本地创建。其次,在战略性新兴产业集群培育过程中,应当重视产学研合作机制的作用,将高校和科研机构作为战略性新兴产业发展的重要技术来源地。要鼓励在高校和科研机构内部建立良好的科学技术商业化制度,培养技术企业家,促进战略性新兴产业的发展。最后,集群网络特征不同往往导致集群类型和发展方向的不同,应该高度关注集群网络特征,引导战略性新兴产业集群的良性发展。

(原文由刘志阳、程海狮发表于《改革》,2010年第5期)

战略性新兴产业集群与第三类金融中心的协同演进

作为创新集群的代表，战略性新兴产业集群由于可以加速实现技术创新和技术产业化从而带动产业升级和区域创新，在主要发达国家得到快速发展。[①] 相随这一现象的是，各国的金融活动也以不同类型金融中心的形式快速推进，尤其是专业类金融中心（niche financial centre）的发展十分迅速，对区域产业的辐射和影响也在不断加剧。[②] 让人困惑的是，战略性新兴产业集群和某些专业类金融中心不仅在地理分布上趋于一致，而且还呈现不断强化的融合互动趋势，美国硅谷就是这一结合的典范。硅谷聚集了约 8 000 家科技企业，注册的专利数年均 9 000 件。硅谷有着美国最大的半导体、信息技术和生物科技企业群落，目前正努力实现产业转型，大力发展清洁能源等战略性新兴产业。硅谷是全世界规模最大的创业投资基金所在地，全美 600 多家创业投资公司中有一半是以硅谷为根据地的。从硅谷发展简史可以看出，硅谷既是世界上最具创新能力的战略性新兴产业集群，也是最成功的创业金融中心（又称第三类金融中心），两者是共生发展的过程。

① OECD. 创新集群：国家创新体系的推动力[J]. 北京：科学技术文献出版社，2004；Hsien-Chun Meng. Innovation Cluster As The National Competitiveness Tool In The Innovation Driven Economy[J]. *International Journal of Foresight and Innovation policy* 1，2005：104－116.

② 余凌曲，张建森. 我国发展专业金融中心的必要性与可行性探讨[J]. 开放导报，2009(4).

已有研究在分析金融和产业集群关系时,普遍认为金融资本是集群形成的一种投入要素,①创业金融是创新集群成长的催化剂,②但事实远不如此,艾维尼莫勒茨(Avnimelech)对以色列的研究表明,创新集群与创业金融中心二者本身是协同演进的过程。③ 经济学家都在追问,这种以集群形式演绎的战略性新兴产业集群和创业金融中心到底是什么关系?双方关系是靠哪些机制来推动的?为了回答上述问题,本文详细介绍了战略性新兴产业集群和第三类金融中心的概念及其形成条件,在硅谷经验基础上概括了战略性新兴产业集群和第三类金融中心协同演进的过程及机制,最后提出了促进双群协同发展的产业升级战略。战略性新兴产业集群和专业类金融中心建设是我国"十二五"期间发展先进制造业和现代服务业的重要突破口,如何在现阶段实现二者协同发展则是关系产业升级的重中之重问题。所以,本文的研究不仅提供了战略性新兴产业集群和第三类金融中心如何协同发展的答案,也间接回答了先进制造业和现代服务业在新时期如何互相促进的问题。

一、以集群形式出现的战略性新兴产业集群和第三类金融中心

战略性新兴产业集群是指能够在未来成为主导产业或是支柱产业的新兴产业集群。相对于传统制造业集群,战略性新兴产业集群除了地理临近性特征外,还具有显著的创新驱动、知识溢出、产业放大和产业自我升级特征。从类型上看,战略性新兴产业集群既包含了同一产业链环节的新兴企业及其配套集合(即横向集群),也包含了产业链上下游的新兴企业及其配套集合(即纵向集群)。从实质看,战略性新兴产业集群不是单纯的创业企业家个体之间的社会关系网络,不是单纯的科研机构之间的技术网络,也不是单纯的产业内部的企业间关系,而是一种涵盖了战略性技术研发、新兴技术产业化、新兴产业网络化整个过程的具有知识传播、动态循环和创新扩散的组织间关系网络。

从战略性新兴产业集群的形成模式来看可以区分为自上而下和自下而上两种模

① Marshall A. *Principlses of Economics* (8th ed.)[M]. London: Macmillan, 1920; Porter M E. *The Competitive Advantage of Nations*[M]. New York: Free Press, 1990; Krugman P, *Geography and Trade*[M]. Cambridge: MIT Press, 1991; 罗正英. 中小企业集群信贷融资:优势、条件与对策[J]. 财贸经济, 2010(2).

② 房廷汉.发展创业金融解科技型中小企业融资之困局[J].中国科技产业, 2004 (11).

③ Gil Avnimelech, Morris Teubal. Creating Venture Capital Industries That Co-evolve With High Tech: Insights From An Extended Industry Life Cycle Perspective of The Israeli Experience[J]. *Research Policy*, 2006 (35): 1477 - 1498.

式。自上而下模式认为,新兴产业集群由于涉及多种关系主体需要大量创新资源,因而可以通过国家机构或地方主体培育来促成,有开发区、孵化器、加速器、创新驿站等培育形式。茨艾罗尼(Chiaroni)等看来,该模式有利于政府产业政策的快速落地,是一种典型的政治集群。① 玻瑞斯纳汉(Bresnahan)等则认为,由政府设计新兴产业集群未来发展方向的战略是不可取的,因为这些措施对创新活动的集聚效果甚微,甚至可能引起集群企业的"反生产性行为"(Bresnahan,2002)。自下而上模式认为,新兴产业集群是由企业自发形成的,是技术自然演化和企业本地创业扩散的过程。不同的创业扩散形式造就战略性新兴产业集群不同的形成过程和集群特征。② 相比较而言,自下而上模式是一种符合新兴技术本身特征和创业企业生成特征的市场化手段。该模式基本上聚焦于培育动态的市场功能,政府在集群形成中只是扮演了促进者和调节者的角色,相对而言,助推性的政府政策反而有利于创新集群的发展。

金融中心是现代金融产业组织的主要形式之一。按照金融中心的服务范围和发育水平,可以划分为全球金融中心、国际金融中心、国家金融中心和区域金融中心。③按照金融中心的功能,可以划分为全能型金融中心和专业类金融中心。例如,在欧洲,伦敦作为全能型金融中心提供全方位的金融服务,其他的金融中心则形成较为明显的分工,巴黎作为泛欧交易所总部所在地成为欧洲证券交易中心,苏黎世是欧洲及全球首屈一指的私人银行中心,卢森堡和都柏林则是欧洲最重要的资产管理与财富管理中心。按照金融中心服务对象——产业或企业的成熟程度,也可以对金融中心做一个重新划分。

三类金融中心的比较

	市场主体	服务对象	主要功能	主要特点	具体金融产品
第一类金融中心	商业银行	成熟企业或成熟产业(有抵押资产或担保人)	商业金融的代表,为商品市场交换提供间接融资、货币结算、传递信息等服务,目的是获取资金的时间价值差	低风险、稳定收益、高流动、实体化	各类贷款业务、理财业务等

① Chiaroni D, Chiesa V, De Massis A, Frattini F. The Role of Technical And Scientific Services In Knowledge-intensive Industries: Evidences From The Italian Biotech And Nanotech Industries[J]. The R&D Management Conference 2006, Lake Windermere, Cumbria, England, 2006(7): 5-7.

② 衍生式、裂变式和复制模仿式创业扩散形式分别促进了战略性新兴产业的龙头型集群、核心企业型集群和横向产业集群的形成。参见刘志阳.战略性新兴产业的集群培育与网络特征[J].改革,2010(5).

③ Pandilt N R, Gary A S, Cook G M, Peter Swann. The Dynamic of Industrial Clustering In British Financial Services[J]. *The Service Industrial Journal*, 2001(4): 33-61.

续表

	市场主体	服务对象	主要功能	主要特点	具体金融产品
第二类金融中心	投资银行、证券期货交易所、保险公司等非银行性金融机构	接近成熟期和成熟期的企业或产业(有抵押资产或担保人)	投资金融的代表,提供资本市场直接融资、企业并购重组等服务,目的是满足投资者资金流动性、安全性和增值性要求	高风险、高收益、高流动、虚拟化	各类投资业务及衍生产品(期权、期货、指数、证券化等)服务
第三类金融中心	创业投资基金、天使基金、担保资金、科技银行、项目融资等	新创企业和新兴产业(无抵押资产)	创业金融的代表,直接或间接提供创业资本并参与管理服务,目的是获取高额创业利润	高风险、高收益、低流动、实体化	各类创业投资、创业贷款和资产评估业务

资料来源:作者根据《杨浦区建设第三类金融中心规划方案》整理。

第一类金融中心作为商业金融的代表,主要是商业银行类金融中心,为处于成熟期的产业或企业提供间接融资、货币结算、传递信息等服务,目的是获取资金的时间价值差,英国伦敦是此类金融中心的典型代表;第二类金融中心作为投资金融的代表,主要是投资银行类金融中心,也包括证券期货交易所等非银行金融机构,为接近成熟期和成熟期的产业或企业提供资本市场直接融资、企业并购重组等服务,目的是满足投资者资金流动性、安全性和增值性要求,美国纽约是此类金融中心的典型代表;第三类金融中心作为创业金融的代表,主要是创业投资类金融中心,也包括科技银行、担保资金、项目融资机构等,为新兴产业和新创企业提供创业资本或担保贷款并参与管理服务,目的是获取高额创业利润最典型的第三类金融中心莫过于美国硅谷。第三类金融中心具有开发战略技术和新兴产品的持续原创力,能有效带动战略性新兴产业和金融服务业的发展,将对世界经济的未来走向产生重大的影响。第三类金融中心虽然目前尚未得到普遍认知,但是实际上已经成型。① 本质上,第三类金融中心属于专业类金融中心,以服务对象进行分类更多强调了第三类金融中心服务战略性新兴产业和新创企业成长的需要。

第三类金融中心从第一类和第二类金融中心中分离出来成为专业类金融中心有其客观必然性。首先,第三类金融中心的产生与战略性新兴产业集群的发展和创业体系的支撑是密不可分的。现有的第三类金融中心都遵循类似的发展轨迹:某个地区由于历史地理等各种因素集聚起了大量新兴产业集群,随着集群的壮大和创业体

① 沈晗耀.第三类金融中心战略献策[J].上海经济,2008(5).

系的完善,对资金的需求量也越来越大。在传统的金融体系无法满足其资金需求的情况下,创业投资应运而生。随着创业投资自身规模逐渐扩大,体系不断完善,最终形成了该地区新型的金融中心。其次,第三类金融中心的形成离不开金融创新对产业转型的主动适应。关键性的技术创新可能存在,但能否为新技术的产业化提供投资则与一个国家的金融体系有着密切关系。从科技知识到产业化这一过程的最终实现,得益于金融创新的催化作用,而创业资本作为金融创新的产物,与传统融资方式无法适应高风险和高不确定性的创业企业融资需求有极大关系。所以,不能仅仅从科技革命对创业资本的需求来解释第三类金融中心的出现,还应从金融制度创新的演变来认识第三类金融中心的形成。① 再次,第三类金融中心的形成是创业投资机构联合投资的结果。联合投资是创业投资的一种主要投资形式,同时也是一种风险分担机制。在联合投资基础上创业投资机构结成了紧密的创业投资网络,这种网络的自我强化加剧了创业资本的区域集聚过程。最后,第三类金融中心的形成本质上是金融集群优势充分发挥的结果。丰富的金融信息、完备的中介机构和人才优势、与企业接近的优势、集群的风险抵御效应和声誉效应等构成了金融集群的向心力。

二、战略性新兴产业集群与第三类金融中心的协同演进过程

借鉴系统科学有关协同演进过程的划分,可以把战略性新兴产业集群与第三类金融中心的协同演进过程②看作一个复合系统。二者的动态耦合关系呈现周期性的变化,在一个演化周期内,整个系统将经历四个阶段。

在第一阶段,系统处于低级协调共生阶段。这一阶段战略性新兴产业集群和第三类金融中心还处于孕育之中,二者之间的影响也很小,此时政策的重点是利用区域要素的优势加速区域新兴产业和相关金融要素的发展和集聚。在硅谷发展的初期,最重要的是斯坦福大学的人才支撑和半导体器件的军事采购。

1956 年,晶体管的发明人肖克利在斯坦福大学创立肖克利半导体实验室。后来实验室的 8 位工程师在投资天使洛克的帮助下成立了仙童半导体公司,而后这几个人又陆续从仙童出走,通过衍生创业分别成立 Intel、AMD 等当今硅谷著名企业。据

① 刘志阳.创业资本运动机理:一个马克思主义视角[J].南开学报,2005(4).

② 可以借助进化博弈论(Evolutionary Game Theory)证明协同合作策略是集群双方的最优策略,证明过程略。

统计,1967—1972 年,有大约 30 家天使投资支持的半导体企业在硅谷成立。客观地说,天使投资作为非正式的创业资本,仅仅是作为金融要素起到了加速半导体新产品的发明和商业化的过程。硅谷半导体工业的发展主要得益于美国国防部的政府采购。①

在第二阶段,系统处于协调发展阶段。这一时期战略性新兴产业集群处于低速发展期,其发展过程渐渐催发了第三类金融中心的萌芽,二者已经开始显现出相互促进的作用,但由于第三类金融中心发展的水平还不高,二者之间的矛盾逐步显露但尚不突出。此时双群协调更多的是一种市场化的结果,政策重点是因势利导就近加快创业金融机构的发展,促使二者的互动。

20 世纪 70—80 年代,硅谷半导体产业集群发展到了一定的水平,为硅谷组织化的创业资本诞生及集聚准备了相应的条件。此时单个天使投资的资金量远远不能满足新兴产业的需求,在政府政策的支持下,②1972 年硅谷最大的 2 家有限合伙制创业投资机构(KPCB 和红杉资本)成立,这是迄今为止硅谷最大的创业投资基金之一。相比前一时期,有限合伙制基金已成为硅谷创业资本的主要来源,以政府为投资主体的创业资本和天使投资则退居次位。在有限合伙制基金的支持下,不断地创业扩散使得由半导体引发的信息技术革命完全爆发,在半导体工业基础上形成的个人计算机企业的成功上市又给创业投资家带来了丰厚的回报,引来了又一拨创业投资热潮(吴林海,2001)。

在第三阶段,系统处于极限发展阶段。这一时期原有的战略性新兴产业集群随着技术研发和产业化的不断扩张,逐渐由新兴产业成长为主导产业,产业利润率在不断下降。受到技术路线的制约,区域并没有发展出新的产业,因而随着第三类金融中心的快速推进,二者之间的矛盾日益突出,越来越多的资金追逐越来越少的优质投资项目,同时有越来越多的产品涌入日趋萎缩的市场,造成金融资本与产业资本的不协调发展。在这一阶段,系统的演进有两个方向:一是二者之间的矛盾没有被恰当调节,当战略性新兴产业集群发展的约束圈超越极限阈值时,整个系统停滞不前或出现倒退,部分创业金融机构纷纷转移到其他地区,新兴产业集群在竞争中逐渐衰落;另

① 美国国防部向硅谷采购的半导体器件约占当时美国半导体器件生产总值的 40%。

② 美国税法规定,有限合伙制企业只需对合伙人扣税,避免了公司制创业投资基金的双重扣税。另外,受《投资公司法》《投资顾问法》限制,小企业投资公司的管理人不得获取业绩报酬,而有限合伙制不受限制,因而具有对于基金经理人有效激励的优势。

一方向是采取各种政策措施,来缓解二者的矛盾,力求使发展圈与约束圈之间保持一个相对最佳的距离。经过各类政策的恰当调控,以及整个系统内部诸要素的不断调整优化,二者的交互耦合关系不断向良性发展,最终达到二者的高级协调共生。

同样以硅谷为例,在大量公司上市获得巨额回报的示范作用下,大量的创业投资涌入到IT产业引发硅谷甚至是美国的新经济狂热。① 硅谷的创业投资额从1998年的30亿美元迅速增加到2000年的210亿美元,增加了566%。② 这种经济狂热在2000年宣告泡沫破灭。2001年硅谷创业投资总额出现了大幅度下降,从2000年的210亿美元下降到60亿美元。2007年美国次贷危机引发的金融海啸再度使硅谷遭受波及,硅谷由此进入了所谓的"技术—经济"范式的"转折期",其间硅谷经历了严峻的技术和产业转型。

在第四阶段,系统处于螺旋式上升阶段。由于产业集群的成功转型,二者的交互耦合关系重组,整个系统迈向更高的起点,达到高级协调共生的发展状态。这个时期政策重点主要是完善区域创新平台和开放区域创新网络。区域创新平台主要是创设引导双群共融的人才、信息、资金和技术交流平台等。区域创新网络重点不仅在于集成内部创新资源的协同创新,更重要的是集成全球创新资源,进一步促使自身产业转型。

硅谷就是在互联网产业基础上催生出了很多新兴产业,2009年硅谷创业投资流向显示,软件产业占20%的资金比例,新能源产业占16%,医疗器械和设备产业占14%,生物技术产业占13%,这四种产业占了63%的创业资本量。③ 与此同时,创业资本分工越来越细,大量不同类型的创业投资基金在重新入驻硅谷的同时又从硅谷派生延伸到世界各地,进一步加剧了硅谷与世界的联系。可以说,目前的硅谷是技术多元化的经济,随着全球生产网络的进一步推进,硅谷已突破了自我驱动的发展模式,硅谷已经成为全球创新性城市、新技术、新产业和新资本网络的最为核心的节点,通过吸引全球的资金和人才以及出口技术产品,形成了同全球经济高度互动的经济模式。

① 20世纪90年代大量的创业投资都集中投资于IT相关产业(占61%),从1999年硅谷创业资本流入行业来看,依次分别是软件与因特网产业占总投资额的33%;通讯业次之,占28%。参见周民.硅谷2010年规划及执行情况[J].全球科技经济瞭望,2000(6):17.

② 亨利·罗文.创业精神与创新集群——硅谷的启示[M].张景安,等译.上海:复旦大学出版社,2003:25.

③ 其余的资金流向包括半导体产业(12%)、媒体娱乐产业(6%)、网络设备产业(5%)、IT服务(5%)、其他产业(占4%)、通信产业(占2%)、计算机(占2%)、电子设备(占1%)。资料来源于2010年硅谷指数,参见http://www.deanstalk.net/files/2010-index-of-silicon-valley.pdf.

三、战略性新兴产业集群与第三类金融中心的协同演进机制

双群协同演进是由于单个创业资本与新创企业具有天然的联系。在历史上创业资本和大规模新创企业的产生具有时间的一致性,事实上新创企业正是在创业资本的孵化下产生的。[①] 创业资本与新技术企业具有互补性。创业资本作为专注于研发阶段新创企业的资本,其增值自然离不开对技术的借助并必然与之结合,而新创企业在其发展阶段也需要资本的支撑,这就是创业资本与新创企业在要素层面上能够互补的原因。创业资本与创业行业都具有高风险和高回报的特征。创业投资的高度不确定性和新创企业研发过程的高度不确定性使得它们一直都处于高风险状态中。而创业资本较之于其他资本而言,追求高额回报的动机更强,这就决定了创业投资倾向于选择带来更大回报的新技术企业。而新技术企业也由于其高风险很难从传统融资渠道获得资金,创业资本成了它们的主要融资对象。正是由于这种新创企业与创业资本具有天生的融合特征,所以新创企业的地区集中就必然表现为创业资本的区域聚集,形成明显的区域化特征。这种良性循环一旦形成,就会进入协同演进的自我加速进程。

双群协同演进也是利益协同的结果。创业投资机构通过技术筛选机制、孵化和增值服务机制、阶段投资与激励机制扮演了创新生态的最终治理者角色,有效促进了创新生态的自发联动。而双群之间的交叉投资、近距离投资、产业链完善、产品创新对接和知识扩散机制,则有效地促使双群利益协同和本地嵌入。

下图是战略性新兴产业集群与第三类金融中心的协同演进机制。

(一)创业资本对新创企业的促进机制

1. 创业资本对新创企业的技术筛选机制

在战略性新兴产业的发展过程中,新技术的发展方向往往十分模糊,很多新创企业围绕着同一关键技术展开着"背对背"的竞赛。青木昌彦认为,新创企业由于有了创业资本的帮助,才可能把不成熟的技术加以研发和中试,从而顺利完成产业化。所以,创业资本在新兴产业发展中一旦支持了某种技术,这一技术就有可能成长为产业发展中的主导技术,因而创业资本起到了新兴技术的筛选作用。[②] 勒纳(Lerner)研究

① 孟宪昌.风险投资与高技术企业成长[M].成都:西南财经大学出版社,2003.

② 青木昌彦.硅谷模式的信息与治理结构[J].经济社会体制比较,2000(1).

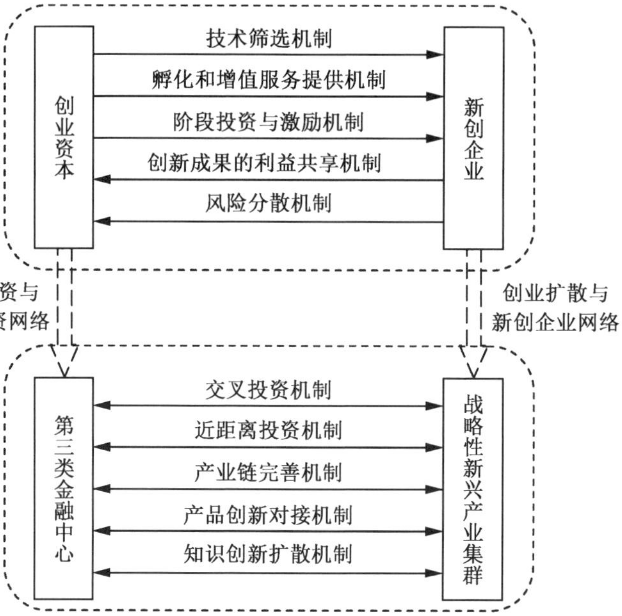

战略性新兴产业集群与第三类金融中心的协同演进机制

也证实，在产业投资的早期阶段，通过检查每个创业投资机构的投资意愿，创业资本可以将关联的信号汇集在一起从而筛选出更好的技术方案。①

2. 创业资本对新创企业的孵化和增值服务提供机制

与其他股权投资相比，创业投资特点就在于其不仅注入了资金，还对新创企业投入了相应的增值服务，因而创业投资往往被看作关系型投资的典型。小到人员招聘、原料采购，大到技术攻关、帮助融资、完善治理结构和辅导上市，创业投资在新创企业的不同阶段所提供的增值服务是全方位的。创业投资如此强大的孵化功能，一方面是由于领投机构本身所具有的社会资源和管理网络；另一方面也与联合投资方式高度相关。每家创投机构各有所长，联合投资则使信息、合同以及资源的共享更加便捷，将为新创企业带来补充的管理技能。郝茨伯格（Hochberg）等人利用美国创业投资交易数据，证实了联合投资网络对于新创企业的孵化和增值服务功能。②

① Lerner Josh. The Syndication of Venture Capital Investments[J]. *Financial Management*, 1994(23): 16－27.
② Yael V Hochberg, Alexander Ljungqvist, Yang Lu. Whom You Know Matters: Venture Capital Networks And Investment Performance[J]. *Journal of Finance*, 2007(62): 252－301.

3. 创业资本对新创企业的阶段投资与激励机制

在创新企业创立之初,创业投资者只注入启动项目所需的少量资本,然后再视项目的进展情况分阶段增资,这被称为“阶段性”资本承诺(Sahlman,1990)。阶段投资是创业投资的重要机制,创业企业为了获取下一阶段的资金,必然有动力完善企业的技术研发水平和产业化水平,从而达到创业投资基金的要求。在这个意义上,阶段投资对于新创企业具有显著的激励作用,可以改善新创企业的绩效。

(二)新创企业对创业资本的促进机制

1. 新创企业创新成果的利益共享机制

创业投资本质上是追求高额回报的,而新创企业创新成果由于其技术独占性,所以往往可以在一定时期内获得高于平均利润的创业利润,因而可以满足创业投资的高额盈利要求,从而创业投资才可以向其投资者交代,顺利完成公司旗下其他基金的筹资工作。具体来说,如何分享创新成果,往往前期是通过可转换优先股合约来规定剩余索取权的安排比例,而后期的股权转让则需要借助产权交易机构或创业板市场来实现。

2. 新创企业成长对创业投资的风险分散机制

新创企业成长具有很大的不确定性,构成了创业投资的高风险。但不同新创企业的组合投资及其高成长性,在一定程度上也是对创业投资的风险分散。这看起来是矛盾的,但又是现实的。所以,创业投资强调筛选项目时会注意未来产业发展趋势,只有这样才可以跟随新兴产业的发展而快速成长。

(三)战略性新兴产业集群与第三类金融中心协同演进的促进机制

前两大类是单个创业资本与新创企业之间的互相促进机制,本节分析双群协同演进的促进机制。

1. 交叉投资机制

交叉投资机制是指战略性新兴产业集群与第三类金融中心互相投资,交叉持股现象。常见的形式是第三类金融中心直接投资于新创企业,也有第三类金融中心持股孵化器、加速器或是创业投资机构间接投资于新创企业的形式。硅谷银行至今已累计作为 200 多家创业投资基金的股东或合伙人间接参与新创企业的投资。此外,一些原来由创业投资机构孵化成功的新创企业也尝试作为“基金的基金”(FOF)投资于创业投资机构。而一些新创企业则选择科技银行作为中介,直接持股科技银行,然后再通过科技银行间接投资于战略性新兴产业集群内的新创企业。上述复杂的关系投资行为使得战略性新兴产业集群与第三类金融中心利益逐渐趋同化，也使得创新集群内信息和人才得以高度流动，进一步促进创新集群的共生和演化。

2. 近距离投资机制

社会学研究表明，形成一种社会关系的可能性是社会空间距离的递减函数，原因是关系互动的成本随距离增加而增加，这个逻辑在第三类金融中心和战略性新兴产业集群中同样成立。第三类金融中心内部的创业投资基金由于监管和寻找联合投资伙伴的需要，往往采取就近投资方式。硅谷银行绝大多数网点都设置于创业企业旁边，就是一个显著的例证。苏仁森（Sorenson）等人数据表明，创业投资公司的本地化交易十分盛行与创业投资网络的形成具有紧密的联系，并且二者是互动累积效应。① 另一方面，新兴企业出于融资的需要也会选择就近第三类金融中心所在地建立总部。萨克森宁（1994）认为，相对 128 号公路而言，硅谷的本地化联系更为密集，空间上的接近使得它们彼此之间经常互动和分享投资信息，促使集群网络的形成，并取得了巨大的收益。

3. 产业链完善机制

产业链完善机制，一方面是指集群竞争和创新溢出，使得集群通过创业扩散和技术演化自我衍生出相关配套产品，从而丰富和完整产业链；另一方面是指战略性新兴产业集群与第三类金融中心在产业链完善方面的彼此促进。某个核心技术项目在创业投资孵化并获得成功后，往往会带动创业资本进入产业链其他节点或是链条上下游其他技术创新项目，使得产业集群的链条节点不断加固、链条不断拉长，从而使战略性新兴产业集群往横向或是纵向扩张。此外，新兴产业集群内不同阶段的新创企业所需的融资服务也是不同的，企业的现实需要催生了第三类金融中心在金融产品研发、设计、营销，甚至是金融产品监管等方面加大与新兴产业对接的趋势，使得第三类金融中心链条得以完善。

4. 产品创新对接机制

产品创新对接机制是指技术创新产品和金融创新产品的对接和互动。项目融资是第三类金融中心的重要内容，相较于传统以企业整体资产负债表进行融资的方式，

① Olav Sorenson ，Toby E Stuart. Bringing The Context Back In：Settings and The Search For Syndicate Partners in Venture Capital Investment Network[J]. *Administrative Science Quarterly*，2008(53)：266 – 294.

项目融资是表外融资,是以产品或是项目本身的经济性作为基础所进行的融资,该融资方式更符合新创企业特点。围绕着企业不同的项目或是产品特性,项目融资出现了一系列金融创新产品,如生产支付、杠杆租赁、知识产权质押融资等多种形式。不仅如此,实质上针对新创企业产品设计、研发、市场和销售的不同阶段,第三类金融中心内部的金融创新也在力图一一对应,如天使投资、创业投资、担保基金、科技贷款等形式。可以说,由于新创企业的多样性、复杂性和成长性引发了创业金融产品创新的密集性和对应性。

5. 知识创新扩散机制

创新集群的一个很重要的特性就在于显性知识和默会知识的充分流动,进而使得本地“创新空气”充分弥漫(马歇尔,1920)。在产业发展的早期阶段,特定产业的不断区域集中,有利于个体之间的互动从而促进技术和知识扩散,实现新兴技术的快速突破和竞争促进。因而,战略性新兴产业集群被认为是知识创新、技术创新和知识应用的重要平台。已有的研究也证实,官产学研结合是促进集群内部知识有效流动的方式,高度嵌入于全球生产网络则可以掌握全球新兴产业的创新知识,避免陷入锁定僵局。作为金融信息加工、处理的集聚区,第三类金融中心本身也是知识传播的重要载体。而且由于第三类金融中心掌握着实体经济的多样化信息,所以同处一地的新兴产业集群可以迅速获得所有投资的信息,方便调整自身的战略方向。当然,战略性新兴产业集群与第三类金融中心这二者之间的知识创新扩散离不开相关平台的推动。例如,硅谷银行就建立了创业投资咨询顾问委员会,这些专家委员既有来自新创企业,也有来自高校和创投机构,各种努力使得硅谷银行与创业企业、创业投资共同编织了一个关系网络,在其中可以共享信息、开展更深层的合作。所以,硅谷银行成为连接战略性新兴产业集群与第三类金融中心的重要环节。

四、战略性新兴产业集群与第三类金融中心“双轮驱动”的协同战略

很长一段时间,国内学术界和决策机构有关中国产业升级的方向一直在先进制造业或是现代服务业徘徊。言下之意,二者似乎是不可协调的,非此即彼。考察国内外产业结构升级的经验事实可以发现,一方面现代服务业与先进制造业之间的产业边界越来越模糊;另一方面现代服务业和先进制造业在产业结构变动中更多的是协调互动的关系。基于二者的密切关系,显而易见的是,未来中国产业发展的战略思想

和行动方案都必须体现“双轮驱动”这一来自现实的要求。① **双轮驱动是指政府坚持战略性新兴产业集群与第三类金融中心协同发展的战略思想，从顶层设计上指导创新区的发展，以金融创新推动科技创新，以科技创新带动产业升级的必由之路。双轮驱动既反映了先进制造业和现代服务业的互补互动互相融合的趋势，也是基于我国城市经济社会现实的战略考虑。** 在城市工业生产功能逐步萎缩，总部经济越发凸显的时期，许多城市意图通过培育与城市功能定位相匹配的战略性新兴产业集群，以此推动城市经济转型。金融中心建设是新时期很多城市的竞争目标，然而事实上很多城市本身在金融要素集聚上离金融中心的路途还很遥远，如果能从专业类金融中心进行突破，则不失为一条比较现实可行的路径。第三类金融中心建设不仅是区域发展新兴产业的基本要素，也将构成金融中心建设的重要链条。可以说，双轮驱动是产业转型中城市功能定位的最佳实践。

如何构筑战略性新兴产业集群与第三类金融中心之间的利益协同机制并促进双群的本地嵌入，对推动双群协同演进至关重要。从长期看，这种利益协同一方面来自产业本身的互补性和天然融合性，另一方面又来自集群之间的共同生态圈和创新文化的促进。战略性新兴产业集群与第三类金融中心的联动不仅是基于政府的引导，更是基于一种共同的区域文化，或是一种乐于合作、共享收益的创新生态圈，它的形成是一种自发性的创新生态联动，而只有这种联动才是持久的、才是根植于本地区域的。硅谷模式中，存在于第三类金融中心内部的创业投资家群体实际上在战略性新兴产业集群和公开资本市场之间形成了一个新型的治理结构。市场竞争这只无形的手引导创业投资家在创新生态圈中积极地筛选、培育、选择创新项目，促使创业投资家自主强化其投资效率。创业投资家群体内的竞争、协作和创新分享又强化了创业投资的技术筛选和创新激励，②使得创新生态圈在协同中不断地自我演绎和加速。从短期来看，新兴产业和金融中心的培育具有技术、产品和市场成熟的不确定性，也需要协调各方利益主体予以推进。所以，在集群发展初期，地方政府将扮演着协调各方利益并推进双群联动的引导作用。但政府在双群协同中，应该以服务者的姿态出现在城区创新发展过程中，主动协调，做到站到位、不越位、不缺位。针对当前很多城市战略性新兴产业集群和第三类金融中心协同初期严重割裂的现实状态，地方政府可

① 陈宪.促进产业跨界融合[M].解放日报，2010-03-10.
② 陈坚.高新技术产业与金融的融合——美国硅谷模式的分析与启示[J].国际商务研究，2006(3).

以采取如下策略。

第一，努力打造"双轮驱动"的区域创新平台，建设新兴产业集群和第三类金融中心加速平台。区域创新平台主要是指在区域创新文化和产业网络基础上，建设促进双群融合的人才流动平台、产权交易中心、信息交流平台和企业展示平台等，目的是引导创新扩散；新兴产业加速平台主要是指在培育战略性新兴产业集群中，注意打造一个新创企业的非封闭的动态的成长体系，为之提供四个阶段的全程服务。该成长机制集合培育初创企业使之存活的孵化器，随之又帮助成长使之较快发展的加速器，以及为总部及部分产业基地提供管理服务的产业化基地，乃至为想要扩张的成熟企业规划产业"飞地"。第三类金融中心加速平台是指要组建不同阶段的创业投资基金、科技银行和担保基金等，共同支撑起第三类金融中心的大系统。

第二，积极构筑项目对接服务平台，引导双群交叉投资和产业孵化。交叉投资目的是引导双群互融。当前可以探索孵化器与社会资金共同出资成立创业投资公司为在孵企业提供创业资本的模式。此外，通过孵化器作为中介，与一家或多家创业投资机构建立良好的合作关系，向创业投资机构推荐投资对象，通过创业投资机构的考察后，由创业投资机构直接投资孵化企业。此外，也应该积极探索新创企业直接与创业投资互动的模式，鼓励一些成功的新创企业积极参与筹建产业投资基金和创业投资基金。

第三，以共享利益为着力点，充分发挥"明星企业"的示范效应和创业投资的治理效应，引导双群自发联动，带动创新扩散和创新嵌入。集群之间的协同需要创新激励与成果共享机制这一市场化手段的诱发引导。本质上，创新成果转让所产生的高额创业利润将在创新区中起到积极的示范作用，从而引导集群之间的高度参与和互动。但创新成果的转让也离不开园区相关配套机构的设置。要以产权交易机构为基础完成新兴企业知识产权定价和交易转换，同时实现创业投资对创新成果的分享。要借鉴硅谷经验，充分发挥创业投资对新创企业的筛选和治理作用。此外，可借鉴上海杨浦经验，采取大学校区、科技园区与公共社区"三区联动"机制来推进创新集群的本地嵌入。

第四，采取"制度分割"办法，在城区中划定某一产业共融区，给予特定的财税政策倾斜，诱导新兴产业和创业投资机构在该区域集聚并协同创新。相对于传统工业产业集群，新兴产业集群往往以中小企业为主面临外部压力大，第三类金融中心内部创业投资机构规模小竞争力弱，所以，在双群发展初期，政府可以通过给予特殊区域范围内企业税收优惠、土地低价和财政返还等方面的优惠政策，诱导新兴产业和创业金融机构在该区域集聚。政府还应采取特殊的人才通道和专项财政补贴政策鼓励双群之间的协同发展。

（原文由刘志阳，苏东水发表于《学术月刊》，2010年第12期）

从自主创新到创新获利

在专利丛林和开放式创新背景下，本土企业自主创新早已超越企业层面上升为国家战略（路风，2003，2006；江小涓，2004；陈劲，2008；柳卸林，2010；刘志彪，2013）。自主创新学者认为只有“基于本土市场需求特点的产品创新以及企业在技术学习和能力发展上的努力，才是技术相对落后国家的企业能够在开放市场条件下获得竞争优势的原因”[①]。自主创新学者看到了本土企业突破专利丛林和在开放中实现产品和技术自主创新的迫切性，但是并不能解释本土创新者失败的问题。例如，万燕公司创新了 VCD 产品，但最终市场获利者却是后来者新科公司，江民软件是国内杀毒产业的开创者，但是最终市场主要占有者却是奇虎 360 公司。在国外，苹果公司利用施乐公司的技术，在计算机操作系统中进行了图形用户界面系统的商业化，但是最终获利者却是微软；英国 EMI 公司发明了断层扫描仪，但美国市场真正的获利者却是通用电气公司。所以，仅有产品创新是远远不够的[②]，本土企业的技术追赶如果没有辅之创新获利策略，那么创新的成果仍然很容易被蚕食[③]。

① 路风，慕玲. 本土创新、能力发展和竞争优势：中国激光视盘播放机工业的发展及其对政府作用的政策含义[J]. 管理世界，2003(12)：57.

② Costas Markides, Stuart Crainer. Innovating Globally[J]. *Business Strategy Review*，2010(21)：24－27.

③ 路风等(2003，第 64 页)在分析万燕失败时，认为“由于没有找到从自己的创新中独享收益的方法，万燕既不可能控制 VCD 技术的扩散，也无法从这种扩散中获利”。

一、自主创新不等于创新获利

价值创造并不等同于价值占有,发明并不是创新的全部。蒂斯(Teece,1986,2006)"从创新中获利"理论(profiting from innovation,PFI)[①②],提出了两个被以往创新研究领域忽视的问题:为什么有些创新企业能够从其创新中获得收益,而有些创新者却无法享受创新收益而最终导致失败?如何提高创新者独占性(appropribility)的能力?蒂斯认为,创新包括发明和商业化两个方面。独占性机制与发明紧密相关,直接关系到企业的知识创造与技术发明能否为企业带来竞争优势和垄断地位。独占性机制包括正式制度和非正式制度。正式制度涉及专利、商标、版权、著作权等法律保护机制。非正式制度则指行业秘密所导致的锁定效应。互补性资产是在商业化过程中与核心技术相结合的资产,可分为通用性资产(generic assets)、专用性资产(specialized assets,指创新者与核心资产拥有者之间的单边依赖)和共用型专用性资产(cospecialized assets,指创新者与核心资产拥有者之间的双边依赖)三种类型,涉及内容包含研发、技术、制造、分销和营销、客户关系、品牌、服务和融资关系等方面。通用性互补性资产不会给企业带来竞争优势,因为其他企业也能从市场上获得。而专用性资产和共用型专用性资产则能为企业带来竞争优势,因为资产专用性造成的交易成本和小数目谈判都会加大通过市场来购置资产的难度。

蒂斯之后,随着研究的不断深入,除专利、互补性资产之外,行业秘密保护、网络效应、多元知识储备、架构调整等其他创新获利策略也在不断拓展。PFI 理论开创性地将创新获利问题融入企业战略中,是基于发达国家技术领先者创新实践和严格知识产权保护水平所提出的一种创新价值保护策略,该理论并不完全适合于中国情境,需要得到更多的统计和经验的证实[③]。中国这几年知识产权保护工作取得很大进展,但总体上仍然是个弱知识产权保护国家(姚新超,2009)。多数本土企业在技术追赶中仍然处于模仿者、外围创新者甚至是通用性互补性资产所有者的位置,少数扮演系

① David J. Teece. Profiting from Technological Innovation: Implications for Integration, Collaboration, Licensing and Public Policy[J]. *Research Policy*, 1986(15): 285 - 305.

② David J. Teece. Reflections on Profiting from Innovation[J]. *Research Policy*, 2006(35): 1131 - 1146.

③ G Dosi, L Marengo, C Pasquali. How Much Should Society Fuel the Greed of Innovators? On the Relations between Appropriability, Opportunities and Rates of Innovation[J]. *Research Policy*, 2006, 35(8): 189 - 202.

统创新者、核心创新者和专用性互补性资产角色①,然而专门针对中国本土企业情境的创新获利策略研究文献还相当少见。所以,如何根据中国弱知识产权保护背景和本土企业不同创新类型提出有本土特色的创新获利理论,借助有效的创新获利策略实现从后发劣势向后发优势的转变(吴晓波,2011),既是对 PFI 理论的进一步补充,也是对已有竞争优势理论的深化。

创新获利策略的有效性对于保护以创新为基础的竞争优势至关重要,是企业利润差异的来源之一②。本文无意否认中国的自主创新之路,但本文认为追赶技术落差仅是中国本土企业在竞争中胜出的必要条件而非充要条件,**本土企业如何灵活运用创新获利策略加强自身动态竞争优势是自主创新过程的重要命题。**该命题涉及三个问题:本土企业创新获利策略和竞争优势是什么关系?不同创新获利策略的选择是由什么因素决定的?创新获利和竞争优势如何可持续?

二、本土企业创新获利策略与竞争优势

(一)本土企业知识产权是应对专利丛林的有力武器,其保护或开放取决于是否增进网络价值

通常认为,自主知识产权保护是保护自身技术能力的战略性防御工具。对于本土后发企业而言,自主知识产权则是跨越专利丛林和参与开放式创新的进攻武器。自主的知识产权是本土企业跨越专利丛林促进专利交易的绝好武器,在此基础上的交叉授权使得传统的专利隔绝机制不再构成本土企业的进入壁垒。在国际竞争中,由于多数国内创新者仍然是外围创新者,相对于国外系统创新者和核心创新者而言,不具有鲜明的竞争优势缺口,所以本土企业的自主知识产权往往失去了其原先的战略意义。此时,自主知识产权则更多地转化为本土企业参与国际竞争并与国内低成本竞争者相互区别的信号。自主知识产权也是本土企业参与国际合作的重要前提。

知识产权的竞争作用还体现在对待价值网络内外的知识产权开放和保护的不同处理上。多斯(Dosi 等,2006)在探讨市场失灵问题时指出,强式专利保护制度没有充

① 谢伟.中国企业技术创新的分布和竞争策略:中国激光视盘播放机产业的案例研究[J].管理世界,2006(2).

② Ceccagnoli M. Appropriability, Preemption, and Firm Performance[J]. *Strategic Management Journal*, 2009(30):81-98.

分认识到技术性知识的扩散性、累积性和逐渐增强的分布性，也没有看到非市场机构或组织（如公共部门、大学、社群等）在知识生产和扩散方面发挥的重要作用。他强调作为一种经验事实，没有足够的证据能够证明更牢固地占有知识，就能实现更多的创新。此外，如果企业过分强调对知识的保护，就有可能患上“保护近视症”，一味地寄希望或依赖于知识产权保护制度，还会因受产权观念的禁锢而忽视资源外取，减少与供应商、用户和竞争对手的知识交易和知识共享，从而坐失对外部发明进行商业化的机会，这将使核心企业在创新网络竞争中处于不利的位置。在 TD-SCDMA 联盟中，大唐公司规定伙伴制造商必须共享过程性知识（即共享生产过程中关于工艺、流程、运作等方面的知识），并且规定在互动的基础上创造归整个制造系统所有的新知识。上述知识共享，使得 TD 联盟的加盟成员越来越多，网络价值也越来越大，核心企业竞争优势明显。上述事实说明，知识产权保护必须要有清晰的界限，这样才能有效促进同一生产网络内的诀窍传播（Teece，2006）。开放式创新背景下，知识产权开放和保护的界限，更应以生产网络或平台为界。在网络内或平台内核心企业要鼓励通过网络内知识的转移来使技术学习和隐性知识利用变得更加容易，独占性机制应该比较宽松，主要发挥“激励”作用。在网络外部或是平台外部，则要不断强化知识资本的保护，独占性机制就应该比较严厉，主要发挥“保健”作用。

（二）本土企业互补性资产的互补性可以弱化领先企业的技术优势，可移动性可以增加价值链讨价还价能力

技术领先并不等于市场领先，要想从创新中获益，企业必须拥有能将这项创新引入市场的互补性资产。然而，主导企业常常由于关注于技术能力本身，没有深入领会互补性资产的意义，所以就陷入了“主导企业魔咒”[①]，这实际上就赋予了本土企业对抗领先者的机会之窗。蒂斯（1986）认为，专用性和共用型专用性资产是有效利用创新的必需品。专用性具有单边依赖性，是一把双刃剑，用得好可以很好地为自己在价值链中取得巨大收益，但是用得不好，则使自己完全被相关企业锁定。共用型专用性资产在现实中更具普遍性，杰克拜兹（Jacobides，2006）进一步指出，共用型专用性资产是由互补性和可移动性两部分组成[②]（见图 1）。此时，共用型互补性资产就作为影

① 谭劲松，薛红志．主导设计形成机理及其战略驱动因素研究[J]．中国软科学，2007(7)．

② Michael G Jacobides, Thorbjørn Knudsen, Mie Augier. Benefiting from Innovation: Value Creation, Value Appropriation and the Role of Industry Architectures[J]. *Research Policy*, 2006, 35(8): 1200－1221.

响企业竞争优势的不可或缺的资源发挥作用,当这种互补性资产对于其他企业来说很难获得时,创新者就更可能从自己的创新中独享经济收益。

互补性代表价值链中两个互相适应的因素产生更优组合价值的属性和彼此适应程度,互补性影响着企业的价值创造能力,也可以有效弱化技术领先者的技术优势。拥有强大互补性资产的本土企业为了从创新中获得更多的利益,就会主动地弱化或放宽领先企业的独占性机制,从而在保证技术发明源源不断的同时,通过杠杆效应成倍增加和优化自身互补性资产的价值,持续地从创新中获利。此时,独占性机制不再是 PFI 理论中的外生性的单纯环境变量①,而是企业主动进行影响的结果。

可移动性代表着组合要素的丰富程度和获得容易程度,可移动性作为获胜的关键资源,是价值链各环节企业之间讨价还价能力的真正限制性条件。很多人误以为开放式创新就是什么都外包给别人,而企业自己没有核心策略。事实上,开放式创新中的核心策略,应该是鼓励上下游企业的移动,而限制其他企业进入本环节。

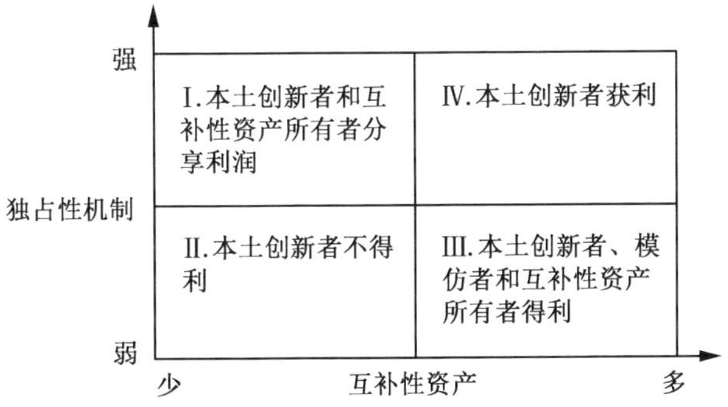

互补性、可移动性及其竞争优势

高互补性通常会导致要素的低移动性(即Ⅰ),例如,薄膜的下游应用是薄膜光伏幕墙(BIPV),以往中国企业在出口相关薄膜电池时由于缺乏技术含量都受到了国外 BIPV 厂商的很大制约,创益则和中建五局联合共同开发一体化的薄膜光伏幕墙,这一互补性技术和渠道的取得,使得创益在下游应用中具有优势。创益把产品线直接从薄膜电池覆盖到 BIPV,使得自身在产品应用上不受其他最终厂商的制约。在薄膜光伏产业中,创益不仅是核心模块提供商,也扮演了下游集成商的角色,这样对于消

① Teece 在 2006 年"*Research Policy*"的 PFI 纪念专刊上也意识到了 PFI 的外生性问题。

费者而言选择创益就更具价值，不仅可以得到更好的技术，其工艺改进和修改意见也可以直接在应用中体现。创益这种做法实际上也锁定了下游的移动性，可以为自身占有大部分创新收益。

低互补性往往意味着创新获益不高，但是如果企业可以限制可移动性，那么互补性资产所有者照样可以分享创新收益。英利作为外围创新者，相对于核心创新者和系统创新者而言，其本身在价值链网络中的互补性价值并不高，价值链的讨价还价能力不强。英利通过纵向一体化战略实际上锁定了光伏产业上下游互补性资产的移动性（即Ⅱ），这种低移动性事实上使得英利本身在价值链上具有一定的讨价还价能力。

有的时候高互补性也会允许高移动性的存在（即Ⅳ）。这是因为即使企业没有直接拥有互补性资产，但是企业可以通过纵向一体化或是战略联盟的策略来使自己获得互补性资产，从而改变可移动性，这种情况在模块化生产体系中非常常见。该战略是否成功要取决于总体联盟价值是否提高。

对于多数通用性互补性资产所有者而言，其本身互补性价值不高，而且上述互补性资产还可以随意从市场取得，所以这类企业往往不能分享创新的收益（即Ⅲ）。实际上，我国多数光伏企业都是扮演这样的角色。

（三）领先优势、学习成本曲线、网络效应和技术标准会加强创新获利策略对本土企业竞争优势的作用

领先优势往往和学习成本曲线、网络效应和技术标准联系在一起。学习成本曲线使领先者相对于模仿者产生优势（Cohen，2000；Teece，2006；Álvarez 等，2007）。网络效应是指单个用户随着消费该产品的用户数增加而获得的增加的效用（Katz 等，1985；Shapiro 等，1999）。如果目标产品具有网络效应，网络效应将大大增加技术竞争的利害关系。一种技术轨道走上正反馈道路，就会产生“报酬递增”效应：越是得到更多的应用，就越能够得到改进，从而因技术更优越而更加普及（Arthur，1989；1996）。在网络效应的支配下，即使是次优的设计如果能够先于竞争者入市并且在网络效应的作用下迅速占据市场，其技术标准也会成为主导设计，这是因为主导设计的竞争在一定意义上也是市场份额的竞争。领先优势并不是领先者的专利，一旦企业以本土市场进行破坏式创新，自主建立适应本土市场需求的产品架构，那么它将能够走出一条不同于主流市场维持式创新的锁定道路，可以在某个市场上照样获得领先优势。并且随着用户基数的增多,如果本土企业能够与其技术伙伴、供货商、分销商和客户在扩大本土市场份额中建立一个排他性的竞合网络,那么本土企业的优势将逐渐扩大。例如,创益作为国内薄膜电池组件领先者,随着国内市场占有率的不断提高,产品的性能在应用过程中不断得以改进和优化,成就了其国内最大薄膜电池组件厂商的地位。而且这种市场地位的变化使得创益产品标准被市场确认为主导设计的概率大大提高。在创益的颠覆式创新过程中,领先优势和网络效应就放大了创新获利策略对企业竞争优势的正向作用。

三、本土企业创新获利策略的决定因素

本土企业创新获利策略选择要考虑到企业规模大小、研发投入、知识缄默程度、技术复杂性和专用性等内部特点,要考虑到本土市场需求、产品所处的生命周期和价值链环节等行业特点,也要考虑所在国法律保护和政府政策等外部环境特点,上述因素决定了本土企业创新获利策略的选择。

(一)企业内部规模、技术研发特征决定了本土企业独占性机制的实施

本土企业独占性机制的采用是由企业内部环境所决定的。多斯(2006)认为,Teece 的贡献实际上是指出一种创新获利策略分类和组织形式以使之与创新企业所处的知识、产品技术和规模相一致。知识编码化程度是影响创新获利策略的重要因素。显性知识或者编码化知识容易被描述,适合写入专利,除非企业运用专利保护手段否则企业很难占有相关的知识及其价值(Pitkethly,2001;Alvarez 等,2007)。隐性知识相对容易被保留在企业内部,难以被竞争对手所模仿(Teece,1997),这些知识的保护往往依靠行业秘密保护手段。基于简单技术生产的行业更倾向于单独申请专利,并且将专利视为一种进攻性手段。处于复杂产品行业的企业更倾向于企业间的协作和实行知识共享的其他治理手段,复杂技术知识本身也不容易转移,企业更愿意采用模仿成本这一独占性机制(Cohen 等,2000;Alvarez 等,2007);研发投入多的公司更愿意使用专利来保护其核心专利,以免被模仿。研发投入低的企业则会使用模仿手段来减少前期研发成本。大公司比小企业更倾向于使用专利体系,而那些具有高承诺水平的 HR 政策的企业则倾向于使用持续创新或技术主导来保护创新获利(Alvarez 等,2007)。

本土企业独占性机制的内部决定因素

决定因素 \ 独占性机制		专利	行业秘密	模仿成本	持续创新
决定因素	知识编码化	+	—		
	技术复杂性			+	
	技术专用性		+		
	研发投入水平	+			
	企业规模	+			
	人力资源水平				+

(二)产品生命周期决定了本土企业创新获利策略的重要性

新兴产业发展大致可划分为技术研发、生产、规模化以及专业化四个阶段。在这四个阶段中,创新获利策略所起到的作用是不同的,本土企业要依据自身技术特征,抓住产业关键点转移机会灵活运用创新获利策略。

不同产品生命周期创新获利策略的重要性

创新获利策略 \ 产品生命周期		技术研发阶段	生产阶段	规模化阶段	专业化阶段
独占性机制	知识产权保护	★★★★★	★★★	★★★	★★★★
	行业秘密	★★★	★★★★★	★★★	★★★★
	人力资源政策	★★★	★★★★★	★★★	★★★★
互补性资产	制造能力	★	★★★★★	★★★★★	★★
	渠道建设	★	★★★★★	★★★★★	★★★★
	销售/服务能力	★	★★★★★	★★★★★	★★★★★
	互补性技术	★★★★★	★★★★	★★	★★★★
	品牌形象	★★	★★★	★★★★	★★★★★
技术标准和主导设计		★★	★★★	★★★★	★★★★★
网络外部		★	★★★	★★★★★	★★★★
动态能力		★	★★	★★★	★★★★★
相关公共政策		★★★★★	★★★★	★	★★★★

注:从★到★★★★★分别代表着非常不重要、不太重要、一般重要、比较重要和非常重要。

资料来源:根据 Teece 等(1986,2006,2007),Heli Wang 等(2010)相关文献整理。

研发阶段,企业面对的竞争主要还是技术之间的竞争。企业的关键资源和核心资产就是企业的技术发明以及存在于企业内部的缄默知识。知识产权保护、相关公共政策和互补性的技术研发能力在研发阶段中是影响创新获利的最为重要的因素(Arrow,1967;Teece,1986)。

生产阶段,技术的商业化往往需要互补性资产的支撑,技术性能和产品价格、渠道和相关服务是消费者考虑的重点。商业秘密保护和互补性资产是影响创新获利的最重要因素。英利在晶硅原材料生产上就非常重视互补性技术、渠道等方面的建设,也十分强调行业秘密的保护作用,上述做法与企业产品所处阶段高度相关。

规模化阶段,围绕量产所需要的资金、渠道建设等互补性资产的取得成为本土企业竞争优势的来源,相对而言技术的重要性则有所弱化。制造能力、渠道建设、销售服务能力等互补性资产和网络外部性在创新获利策略中最为重要,独占性机制起到一般性的重要作用。

经过规模化的阶段,市场格局已经基本成形,各企业在市场中的力量对比也已基本明朗化。此时,主导设计已经确立,产品进入了专业化阶段。专业化阶段意味着破坏性创新的存在和主导设计的更替。这一阶段,只有同时拥有独占性机制和互补性资产的企业才可能在竞争中取胜,从而占有创新价值。新一代光伏电池技术目前正处于这一阶段,所以创益既重视独占性机制对其技术研发成果的保护,同时又强调互补性资产对其开拓本土新兴市场的重要性。

(三)国家知识产权保护水平也会影响本土企业创新获利策略的选择

严格知识产权保护水平下模仿将是困难的,创新者更愿意采用正式的知识产权策略来保护自己的专利,从而扩大自己的竞争优势。网络效应、技术标准、主导设计都将大大加强这种竞争优势。弱知识产权保护水平下模仿成本很低,专利诉讼代价高昂,行业秘密保护成为替代专利的有效的非正式独占性机制,领先优势和持续创新改进可以增加模仿的成本。此外,弱知识产权保护水平下,获得越多越富有移动性的互补性资产将可以大大提高企业获利的可能,也将大大增加其商业化过程的谈判地位。

我国知识产权相关立法近几年来有很大进展,名义知识产权保护水平大大提高,但执法力度的欠缺,使得实际知识产权保护水平与先进国家相比较为弱后(沈国兵,2009)。弱知识产权执法现状与传统认识有关,一般认为加强南方国家知识产权保护增加了其模仿成本，不利于南方国家的技术进步和经济增长（Helpman，1993；Glass 和 Saggi，2002）。在弱知识产权保护水平下，我国绝大多数企业在自主创新获利方面都十分仰仗于行业秘密保护和互补性资产的作用，实际上这是本土企业理性选择的结果。但是随着知识产权保护水平的改进，这几年来一些企业也高度重视正式专利申请，充分反映了知识产权保护对于创新价值的战略作用正在我国国内得到进一步提升。

四、本土企业创新获利和竞争优势的可持续性

企业竞争优势的取得最终是能力发展的结果，而不是策略直接运用的结果（钱德勒，2002）[①]。从上面的分析可以发现，独占性策略有助于保护企业的核心技术能力不受外界侵蚀，互补性资产作为关键资源可以在竞争中发挥优势，所以，创新获利策略对于保护和开发以创新为基础的竞争优势起到了至关重要的作用。但仅仅是创新获利策略能够给本土企业带来竞争优势吗？答案显然是否定的。多斯等人（2006）批评PFI 理论，认为创新速率更根本地是依赖于与每种技术惯例相关的机会，而不仅仅是独占性，更不是正式的知识产权保护策略。企业抓住机会的能力和从创新中获利部分依赖于 Teece 所说的独占性策略组合的正确性，部分也取决于蕴藏于企业内部的独特能力。瑞塔拉（Ritala，2009）也持相同观点[②]，认为开放式创新下企业创新获利能力取决于那些影响合作价值创造的因素以及将创新与后续利润独立隔绝的因素，而上述因素又取决于当前市场和技术创新的属性。因而，本土企业为了在竞争中获得优势，就必须在专利丛林和开放式创新背景下抓住技术机会形成自身的价值创造能力，还要运用创新获利策略保护企业自身价值创造能力和强化自身价值占有能力。

随着外界环境的变化，本土企业竞争优势如何持续是必须面对的现实问题。杰克拜兹等人（2006）认为，在日益复杂的竞争和开放创新背景下，有必要从价值创造、价值占有和架构管理方面对蒂斯的 PFI 理论进行延伸。从价值创造而言，他认为创新企业可以通过鼓励模仿来增加互补性资产的需求，进而使自身的互补性资产得到价值增值，并且大量的互补性资产投资也改变了企业的范围，增加了企业支持未来创新的发展能力。从价值占有来说，创新企业可以通过创新获利策略的实施来保护其

① 钱德勒.战略与结构:美国工商企业成长的若干篇章[M]. 北京天则经济研究所等译.昆明:云南人民出版社,2002.

② Paavo Ritala, Pia Hurmelinna-Laukkanen. What's in It for Me? Creating and Appropriating Value in Innovation-related Coopetition[J]. *Technovation*, 2009(29): 819－828.

创新成果。可以通过战略联盟方式获得互补性资产的可移动性而没有必要如蒂斯所说的通过垂直一体化来直接获得互补性资产。架构管理则可以使企业在价值链中的位置改变增加企业的讨价还价能力,从而使创新获利具有可持续性。按照上述文献提示,我们认为,持续创新、架构管理和互补性资产再投资①是本土企业构建动态能力的三大策略。持续创新能力有助于不断加强价值创造能力,架构创新影响着企业在变动环境中的价值占有能力,互补性资产再投资则使价值获得增值。领先优势、学习成本曲线、网络效应等也会加强动态竞争优势。

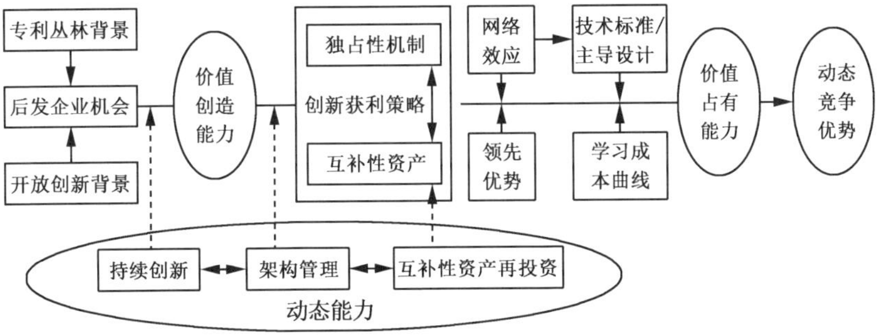

本土企业动态能力和动态竞争优势

1. 持续创新

随着时间的流逝,企业的知识产权保护会逐渐丧失对创新的保护力度。同时,缄默性知识也会在频繁的应用中实现编码化,因而企业的独占性机制对企业创新获利的保护作用会随时间发展而不断减弱。企业如果想要获得持久的竞争优势,就需要不断扩展知识边界,超越模仿追随者可能拥有的知识储量②。并且,虽然企业专用性技术知识持续累积总体上可以为企业带来更多价值,但在一个动态的环境中,通过投资于更广泛的技术知识,进行多元知识储备来使企业保持灵活性也是更可取的③。多元知识储备目的是使得企业具有持续创新的能力,进而在动态竞争中增进企业的价值创造能力。

① Teece(2006)用重整能力(reconfiguration)来表述,即企业根据实际需要及时对相应的互补性资产进行重组或再投资的能力。相当于本文所说的架构创新能力和互补性资产再投资能力。

② Paavo Ritala, Pia Hurmelinna-Laukkanen. What's in It for Me? Creating and Appropriating Value in Innovation-related Coopetition[J]. *Technovation*, 2009(29): 819－828.

③ Heli Wang, Wei-Ru Chen. Is Firm-specific Innovation Associated with Greater Value Appropriation? The Roles of Environmental Dynamism and Technological Diversity[J]. *Research Policy*, 2010(39): 141－154.

出于保护其技术领先优势的目的，核心创新者尤其应该加强持续创新能力的构建。模块创新者应该借助开放式创新网络实现关键模块的突破式创新。英利，本身并不具有太阳能光伏电池的核心技术，但这几年来英利一直致力于通过与国内外不同机构合作以快速取得技术，并强化其持续创新能力。与其他企业的缺乏目的性和科学性不同，英利每一次技术改进都围绕企业产业链条的延伸，由于是和上下游企业的合作研发行动，所以一路下来，英利每个环节都有与他人共有的核心技术。

迷你案例

英利和熊猫计划

1987年英利集团(YingLi)成立，1998年进入太阳能光伏发电行业，1999年承接国家第一个年产3兆瓦多晶硅太阳能电池及应用系统示范项目，是全球领先的太阳能光伏企业。2009年5月，在英利集团的组织下，欧洲著名太阳能电池研究机构荷兰国家能源研究中心、全球领先的光伏设备和自动化系统制造商阿姆泰克(Amtech)公司三方签署科研合作协议“熊猫计划”，就N型单晶硅太阳能电池从研发到生产的每个环节进行联合技术攻关。据介绍，熊猫高效电池技术已经由实验室转向大规模生产并且电池平均效率达到了18.5%。[①]英利的开放式创新模式，充分说明了自主创新不等于一切从零开始，合理利用现有技术基础，充分利用国际资源，才能找准适合于中国发展的自主创新路径。开放式创新有利于减少自主创新的困难，少走弯路，降低成本，加速重点领域关键共性技术的跨越式发展。熊猫计划的研发过程，说明任何技术的研发都不能忽视开放，不能关起门来自己搞，要善于在国际科技合作中发展自己，在发展的过程中不断进行国际科技合作，只有这样才能加快自主创新的进程[②]。

资料来源：孙福全，张换兆，董书礼.龙芯：坚持走以我为主的开放式创新之路[J].中国科技论坛，2010(6).

英利持续创新的做法也说明了，技术改进不是核心创新者的专利，对于模仿者、互补性资产所有者而言通过不断引进消化吸收外来技术，也可以提高自身持续创新能力,从而给自身带来动态竞争优势。

2. 架构管理

泽颇里等(Zirpoli 等,2009)认为产业架构是协调创新网络和决定市场主体共同演进的一种新的分析工具①。企业拥有的知识和能力决定着谁在产业中位居关键的位置,并控制着产业的瓶颈(Jacobides 等,2006;Ferraro and Gurses,2009②;Tee and Gawer,2009③)。企业架构管理目的就是通过对组织边界的调整,鼓励互补性资产的充分竞争和移动,同时限制对手进入自己的领域,来使自己处于更为核心的位置进而在竞争中获得更强的讨价还价能力。因而,架构创新为后发企业占据有利的产业生态位提供了难得的机会窗口④。

一般认为,架构管理能力是系统创新者和颠覆式创新者动态能力的重要内容。系统创新者是构成整个产品核心功能的价值创造网络的商业化构造者,颠覆式创新者往往则是低端市场(产品)的开拓者。对于二者而言,其重要的使命就是领导自身价值网络和其他价值网络展开竞争。依据安娜贝拉·加威尔(Anabelle Gawer 等,2002)对架构管理的理解,架构管理涉及四方面内容⑤:一是要确定公司的业务范围:到底是通过契约还是一体化方式来整合或重组相关互补性资产,这点最终都取决于企业增进当前价值份额和损失未来持续创新的平衡;二是制定产品技术战略:产品模块化到什么程度比较合适?产品的接口程序是应该公开还是保密?知识产权开放和保护的界限是什么?三是与外部互补品的竞争与合作关系:基本原则是坚持合作创造价值又竞争占有价值。四是优化内部组织结构:目标是使组织结构能更有效地处理公司内外部的冲突。在市场没有确定谁是最后主导设计之前,“标准”将会成为系统竞争的焦点。

架构管理不是颠覆者或系统创新者的专利。英利作为外围创新者和互补性资产所有者非常重视一体化后相关企业的资源整合和供应链管理。英利重新梳理了该体

① Zirpoli F,Camuffo A. Persistent Integrality: Product Architecture and Inter-firm Coordination in the Auto Industry', 17th Gerpisa International Colloquium, Paris,2009.

② Fabrizio Ferraro, Kerem Gurses. Building Architectural Advantage in the US Motion Picture Industry: Lew Wasserman and the Music Corporation of America[J]. *European Management Review*,2009,6(4):233-249.

③ Tee R,A Gawer. Industry Architecture as a Determinant of Successful Platform Strategies: a Case Study of the I-Mode Mobile Internet Service[J]. *European Management Review*,2009,6(4):217-232.

④ 朱瑞博,刘志阳. 架构创新、产业重构与系统竞争战略[J]. 管理世界,2011(7).

⑤ Anabelle Gawer,Michael A Cusumano. Platform Leadership: How Intel, Microsoft and Cisco Drive Industry Innovation[M]. Harvard Business Presss,2002.

系内部每个企业的价值所在，使得每个企业在价值网络中都有准确定位，注重充分发挥每个企业的专业优势。而且英利还通过订单模式结合供应链流程管理来进一步优化价值网络内部的运作成本，上述做法使得英利产品的单位成本大大降低，大规模协作优势得到了进一步发挥。无锡尚德也曾试图通过架构管理来消除产业发展的各种不确定性和降低供应短缺风险。尚德曾经与国内外25家企业组建尚德联盟，但这种联盟往往不太稳定，原因之一就在于联盟利益的不均衡和尚德架构管理能力的缺失。架构管理缺失反映在持续获利上是毛利率的不断下滑，2010年最新数据显示尚德毛利率下滑到17.4%，处于美国上市的11家中国光伏企业的下游。反映在动态竞争优势上，则是尚德在行业内核心位置不断遭受挑战，以致在2013年宣布破产。

3. 互补性资产再投资

企业不要仅仅关心保护单独金蛋的价值，还要考虑下金蛋的鹅本身（Jacobides等，2006）。本土企业中通过对互补性资产的再投资，使得本身所具有的互补性资产不断增值，这也是持续创新获利策略的重要手段，这一点在中国弱知识产权保护情境中尤其突出。在弱知识产权保护水平下，模仿成为常态，所以对于互补性资产的需求必然加大，已有的互补性资产可能取得更多的价值增值。因而对于互补性资产的持续投资，不仅使得本土企业在早期阶段可以从价值创造中获益，也使得本土企业在后期阶段可以从资产增值中获利，如此大大提高了企业的动态能力。

互补性资产再投资对于本土模仿者、外围创新者和互补性资产所有者更具战略价值。但互补性资产再投资对于动态优势的作用本身又取决于互补性和可移动性的属性。金融危机前多晶硅价格畸高不下，需求旺盛带动了晶硅的大量投资潮涌，危机时期多晶硅价格遭到暴跌。很多人把这一现象归结为外国需求的急剧减少，殊不知这是由于我国多数晶硅制造企业本身技术含量不高，互补性不强。加上大量晶硅制造企业的集中出现，增加了其可移动性。晶硅几乎成为随时可以获得的通用性互补性资产，如此，互补性资产再投资的优势不能得到有效发挥也就见怪不怪了，这才是暴跌的实质性原因。所以，我们认为，互补性资产再投资能否发挥动态优势更需要从增强自身互补性资产的专用性和不可或缺性做起。

（原文发表于《学术月刊》，2014年第4期）

04

第四讲

长三角双创
如何充当桥头堡

从根本上看，只有区域内的劳动者都持有“长三角人”这样相互认同的观念，一体化的大树才能枝繁叶茂。在重视长三角创新型经济建设发展之时，更重要、更紧迫的是推动区域创新型社会同构。

长三角怎样打造成『创新高地』

城市规划学科的经典之作《未来之城》提出，21 世纪的城市，不管是大都市还是中小城市，都空前地需要创新和创造力。从这个意义上讲，未来最具空间品质的城市，将是那些在城市经济竞争力、社会凝聚力和环境可持续力之间实现平衡的区域。长三角区域规划也离不开这三个方面的协同。

目前来看，关于长三角区域一体化发展的研究大多聚焦经济一体化范畴，虽然弄清了推动区域经济增长背后的土地、资本、劳动等要素流动的贡献，但忽略了“高质量”这一关键词背后的新发展理念，更缺乏对一体化发展背后“社会”内涵的深入探究。

理解长三角区域更高质量一体化发展的内在逻辑，关键在于探索一个基于“技术—经济—社会—公共治理”有序推进和共融共生的创新型社会新发展范式。这个新发展范式表现出三个显著特征：

其一，区域创新发展由技术、创意和创造力来推动，而不是仅仅基于传统经济增长要素。其中，创造力是长三角区域一体化发展过程中需要不断培育的共同资产。

其二，创新创意阶层的崛起和多元包容制度的完善，将导致跨城流动成为新的生活方式。它在带来一系列迁移难题的同时，也带来了更大范围的身份认同。这种区域心理认同有助于长三角概念的落地生根。

其三，长三角区域一体化发展面临跨区域共享共治的诸多难题，有必要加速落实一体化发展规划，积极利用大数据等高新科技手段推进公共治理的同城化、便利化。

如何把整个长三角区域打造成“创新高地”？

一、产业跨区域分布，让“长三角人”成为身份认同

技术变革影响产业动态，产业动态又影响经济社会变革的速度和方向。

技术变革对产业结构的影响，既有水平的，也有垂直的。水平影响包括引入新的先进技术带来的竞争优势的变化；垂直影响包括引入新技术给客户、供给者带来的直接或间接的变化。

产业变革对社会结构的影响也是明显的。直接影响是地理意义上就业人群的变化，间接影响包括社会心理的潜在变化。这些影响都不是瞬时的，却是社会同构的重要物理基础。

创新虽然依赖个体的创造，但从发展视角来看，它是一个生态系统。创新系统形成依赖于大学、科研院所、研发企业等在技术源头上的供给，依赖于大量研发中介、众创空间、风险投资对技术的筛选和扩散，更依赖于大量创新企业在技术应用上的行动。这些支持因素的巧妙耦合，推动技术在一定区域范围内的快速流动。

相较于其他区域，长三角区域具有得天独厚的创新系统优势。统计数据显示，长三角区域创新资源丰富，区域内高校占全国的17.6%，国家工程研究中心和工程实验室等创新平台近300家，年研发经费支出和有效发明专利数均约占全国的30%。这构成了有竞争力的区域技术源头。

同时，长三角区域众创空间数量大、类别多。就上海而言，现有299家众创空间，数量上在长三角地区遥遥领先。这些众创空间是创新知识、技术与生产之间的联结，不仅可以高效推动技术商业化，而且能通过知识分享促成区域创新扩散。

开放式创新是企业创新组织形式的一次重大变革。与封闭式创新不同，在开放式创新氛围中，企业能够像使用内部研究能力一样借用外部研究能力，进而共同拓展市场。开放式创新强调在全球获取创新要素、搭建创新团队、创造价值并获取创新果实，可以降低创新成本、提高效率并避免恶性竞争。

当前，很多长三角企业积极运用开放式创新方法。在上海、南京、杭州、宁波、苏州等城市，大企业的技术可以流向中小企业，中小企业的研发成果又可以有效溢出到

大企业,从而得到更好的商业化运作;国有企业的知识可以流向民营企业,跨国公司的研发成果也可以为本地企业所借鉴。

例如,20 世纪 80 年代起,平湖不少企业请来上海的“星期日工程师”。随着长三角产业合作不断深入,常驻平湖的高端人才已有 1 000 多名。从“星期日工程师”到“常驻工程师”,研发共享的理念让创新要素在长三角区域内加速流通,也让“长三角人”成为一种新的身份认同。

值得关注的是,技术应用开发对产业跨区域流向分布产生了积极影响。正在兴起的以国内顶尖大学名字命名的各类长三角技术研究院,与斯坦福大学的技术授权办公室有异曲同工之妙。这些研究院是大学技术转移服务体系的一部分,一头连接名校、一头对接市场,不仅点燃了大学的产业应用热情,而且充分利用了地方政府的行政资源。更重要的是,它使前沿产业分布不再简单受限于行政区划的地理制约,而形成了事实上的产业跨区域流向分布。

例如,复旦大学宁波研究院建立了智能制造、生命健康等离岸创新中心,已有 45 家创新企业在杭州湾新区落地。又如,浙江、安徽、江苏正在打造的跨区域科教新城和产业小镇等一体化示范点,正有效推进并取得初步成效。

此外,便利的交通物流引发了大量创新机构沿 G60 高速公路或沪杭甬高速公路分布产业。这种以产业成长为目标的跨区域产业布局正在成为常态和趋势,从而让长三角区域变得更加密不可分。

二、人才与思想流动,驱动长三角创新型社会的形式

要实现长三角区域更高质量一体化发展与技术能力水平的共同提升,不仅需要自由贸易,而且要有跨地区的人才与思想流动。

乔治·莫基尔在《增长文化:现代经济的起源》中指出,人和思想的自由流动是繁荣的根本。技术进步是一棵弱小的树木,它的枝叶繁茂很大程度依赖于适宜的周边环境和气候条件。今天,经济、社会和文化越来越不可分割。技术和思想的流动带来社会阶层的改变,催生创新创意文化和宽松的生活方式。

从这个角度来看,创新创意阶层的崛起和新的生活方式是驱动长三角创新型社会形成的主要动力。所谓创新创意阶层,指的是从事创意产业或创意行为的人群。这一群体与技术创新带来的生产和生活方式变革息息相关,与全球化下异质文化的

碰撞息息相关，也与区域政府对“双创”的重视和号召有很大关系。

当前，上海的整体创业活动率超过 11.2%，16～35 岁青年的创业活动率突破 12.4%，超过一半的市民认为上海的创业氛围浓厚，认可本地的创业环境。在杭州，近年来创业增长率更是达到了 12.23%。放眼整个长三角区域，未来希望从事原创设计或创意生产工作的青年人日益增加，原创正成为年轻人彰显自我的一大选择。上海双年展、乌镇互联网峰会、亚洲智能硬件大赛、青年创业分享季等越来越多的创新创意创业平台，是长三角地区创新文化兴起的表征。

创新创意阶层的崛起，促成了横向劳动力市场的形成。保罗·罗曼在《创意阶层的兴起》中指出，创意阶层并不占有人和物质上的重要资产，他们的资产源于创新能力，通过从事钟爱的工作，开创有意义的新形式，并进行终身制的创新创造。由此，创新创意人士的求职选择并不局限在某个地区或某个行业，而会根据自身的能力和偏好进行超越地理限制的择业、就业、创业。

这种跨区域的生活方式在长三角区域屡见不鲜，构成了宝贵的创造力资产。对创新创意阶层而言，长三角区域就是一座城市，高铁就是地铁。据不完全统计，长三角每日来沪的人数有 4 万～5 万人，上海流出的超过 3 万人。这一数据随着区域交通系统的完善还会有进一步的增长。顺应这一趋势，2018 年“复兴号”高铁就从 45 列增至 86 列，并新建包括杭黄铁路在内的 12 个项目，以压缩长三角区域内部通勤时间。

创新创业还在重塑社会结构，被称为“落脚城市”的城乡接合部和城中村，有可能发展成为区域创意社区。《中国流动人口发展报告》显示，长三角城市群流动人口以跨省流动为主，占整体流动人口的 83.18%，其中，新生代在长三角城市群流动人口的比例已超过 60%。

与第一代外出打工者的诉求不同，新生代务工人员逐渐从“经济型”向“生活型”转变。他们中的大部分人没有务农经历，对城市的认同超过对农村的认同，这使得他们对获取城市稳定居住的需求更强烈。新生代务工人员主要分布在城中村、城乡接合部或区域临界区。这些城市移民如果受困于城市边缘或遭到都市拒绝赋予市民身份乃至资产所有权，就可能转为严重的社会隐患。

为此，长三角不少城市近年来积极探索解决方法。例如，杭州创新性地为低收入、低学历的务工人员提供公租房或蓝领公寓。蓝领公寓的选址方式有两种：一是在城中村改造范围内，利用将拆未拆的酒店、办公用房、学校、企业厂房、集体宿舍、市场等建筑进行改建;二是在已拆平但短期内不会有其他新建建筑的地方,优先采用预制装配式结构建筑,建造不超过 4 层楼高的租赁公寓。这一做法很好地解决了外来移民落地生根的难题。

事实上,不能简单地将移民小区当作城市边缘。若能善加利用这些外来移民社区多元文化的特性,很有可能促成区域创意社区的形成。例如,安徽黄山西溪南创意小镇早先只是一些艺术家和务工人员的小规模立项寄居地,2017 年被列入第一批省级特色小镇后已展示出生机勃勃的创新创意发展潜力。

三、构建共享共治机制,推动更高质量一体化发展

产业跨区域分布和人口自由流动必然引发社保医保、教育卫生、生态保护等新问题。如何构建面向未来的区域创新一体化发展整体规划和共享共治机制,既是长三角更高质量一体化发展的难题,也是打造长三角创新型社会的根本保障。

第一,长三角创新型社会应成为城乡绿色协调发展的规划典范。

将统筹城乡发展工作融入长三角区域一体化发展国家战略,既是经济政治上的需求,也是社会文化上的需求。但是,运用什么样的方式值得深入讨论。

19 世纪末,英国社会活动家霍华德在《明日,一条通向真正改革的和平道路》中指出,应该建设一种兼有城市和乡村优点的理想城市。他把这种城市称为“田园城市”,实质上就是城与乡的接合体,是为健康、生活及产业设计的城市。

“田园城市”虽然大体上是一种乌托邦,但可以给我们很多启发。在长三角区域一体化发展中,务必要注意城乡的协同发展。乡村发展的规划要建立在乡村本身的自然、文化资源开发利用基础上,而不是简单地进行城市和人口的转移。实践证明,这种简单的转移不仅不能从根本上带动乡村经济的增长,而且会造成城市人口失衡、环境恶化等种种危害。

第二,长三角创新型社会应形成智慧都市圈,满足多层次共享经济需求。

随着大数据的开放、移动智能设备和 5G 技术普及、物联网发展、城市智能公共设施的投入使用,长三角智慧都市圈将不再是一个空洞的名词。技术的普及催生智能交通、智慧医疗、智能农场、共享出行、共享教育等更多业态的发展。例如,未来几年,城市智能交通设施产业规模预计将达到 1 590 亿元,长三角区域会占据很大份额。又如,智慧都市圈建设是信息化建设的大势所趋,将成为拉动区域发展的强大引擎,

对长三角区域更高质量一体化发展具有重要意义。

第三，长三角创新型社会应打造更加智能化、精准化的区域公共治理。

在这个方面，可以借鉴日本东京都市圈的一些做法。日本东京都市圈经常会开展一些有针对性的非正式会议，像"东京都市圈交通规划协议会"等，这种会议机制一方面规避了行政上的种种制约，另一方面又可以实现灵活的协同合作。

当前，长三角区域一体化协调机构已实现常态化运行，但仍然面临人员充实、决策授权等难点，迫切需要立法机构赋予更多的规划和决策权限。

与此同时，我们还要用好各种高新技术手段，借助利用大数据、云计算等推动实现长三角智能政务的精准化管理。2018 年长三角区域已成功完成医保结算对接项目，建成地级城市空气质量预警信息共享平台、区域工业互联网平台等信息共享机制。接下来，需要进一步强化长三角区域智能政务这一整体概念，打造一张完整的行政网络，实现区域协调与节点阶段任务的稳步推进。

德国社会学家齐美尔(Georg Simmel)认为，城市不仅是一个外在形式，而且是现代社会的一个表征。**城市不仅是生产关系的载体，也是文化、生活的空间载体。在创新型社会的构建过程中，技术驱动是物理基础，人口流动是主要动力，智能、有效的区域公共治理则是根本保障。**

只有区域内的劳动者都持有"长三角人"相互认同的观念，一体化的大树才能枝繁叶茂。因此，在重视长三角区域创新型经济建设发展之时，更重要、更紧迫的是推动区域创新型社会同构。

（原文发表于《解放日报》，2019 年 6 月 25 日）

“双创”升级版助推长三角一体化

总结改革开放四十年经验可以看到，长三角区域一直都是改革开放前沿阵地和经济发展区域引擎。新时代理应成为“创新、协调、绿色、开放、共享”新发展理念实施的重要窗口。长三角区域加速一体化过程中，由于要素禀赋、产业基础等多方面相近，长三角区域内部的产业、人才、总部经济政策依旧存在着过度竞争，这已经成为阻碍长三角区域经济和社会发展的瓶颈因素。如何破解区域间过度竞争，推动长三角区域高质量一体化，既需要更加开放的共同市场顶层设计，也需要从民生底层切入培育自发的共同基因；既需要国家和地方政府大力推动，也需要市场力量共同布局。2018 年是打造“双创”升级版的重要时间节点，在此背景下“双创”将向更大范围、更高层次、更深程度迈进。推动长三角区域高质量一体化，理应将“双创”作为重要抓手，发挥其赋能和加速作用。

一、“双创”升级版赋能长三角高质量一体化是借鉴世界湾区发展经验的战略选择

旧金山湾区、纽约湾区、东京湾区等，是目前全球经济最活跃和区域高度协调的地方。作为城市群共同体的代表，这些湾区往往集聚了发展程度最高、竞争力最强的城市群。推动长三角区域更高质量一体化发展，理应对标世界前沿的一体化区域，充分汲取和借鉴世界各大湾区建设的成功经验。

创业小贴士
START-UP TIPS

国际一流湾区

湾区经济作为重要的滨海经济形态，是当今国际经济版图的突出亮点。国际一流湾区如纽约湾区、旧金山湾区、东京湾湾区等，以开放性、创新性、宜居性和国际化为其最重要特征，具有开放的经济结构、高效的资源配置能力、强大的集聚外溢功能和发达的国际交往网络，发挥着引领创新、聚集辐射的核心功能，已成为带动全球经济发展的重要增长极和引领技术变革的领头羊。

旧金山湾区是“高科技湾区”，以环境优美、科技发达著称。拥有世界知名的硅谷以及以斯坦福、加州大学伯克利分校为代表的20多所著名科技研究型大学。这里同时也是谷歌、苹果、英特尔、Facebook、Tesla、Nvidia、Gilead、Uber等科技巨头企业全球总部所在地。旧金山湾区人口超过700万，其中高科技人员200多万，是世界各地科技精英聚集地，华人70多万。

东京湾区是“产业湾区”。日本的东京湾区聚集了日本1/3的人口、2/3的经济总量、3/4的工业产值，成为日本最大的工业城市群和国际金融中心、交通中心、商贸中心和消费中心。东京湾沿岸有6个港口首尾相连，吞吐量超5亿吨。在庞大港口群的带动下，东京湾区逐步形成了京滨、京叶两大工业地带，钢铁、石油化工、现代物流、装备制造和游戏动漫、高新技术等产业十分发达。同时，该区域也是三菱、丰田、索尼等一大批世界五百强企业的总部所在地。

纽约湾区是“金融湾区”。美国的纽约湾区是世界的金融中心，其金融业、奢侈品业和都市文化都具有世界性的影响力。华尔街是世界金融的心脏，拥有纽交所和纳斯达克交易所。美国7大银行中的6家，世界金融、证券、期货及保险和外贸机构等近3 000家机构总部也设于此。全美最大的500家公司，1/3以上的总部设在纽约湾区，堪为“金融湾区”。

资料来源：数据图说比较世界5大湾区经济，中国工业新闻网，2019年2月22日。

总结世界湾区建设的经验,可以发现三点重要启示:第一,完善的“双创”生态,湾区内都聚集着高校、科研机构、跨国公司的研发中心、各种类型的创新机构、金融机构、孵化组织以及各种产业协作运行平台,形成完善的创新创业培育和支撑体系;第二,梯度有序的分工协作,湾区各大城市都依据自身特色和优势,在功能和产业定位方面形成了合理的分工体系;第三,包容的创新文化氛围,湾区都具有高度开放的市场环境,多元性的创新文化氛围,聚集了多元化的人才和资源。与世界知名湾区相比,长三角区域在面积、人口、GDP 规模上均具有较大优势,但在分工协作、文化氛围,尤其是创新创业体系方面却相对不足,具有很大的提升空间。

二、“双创”升级版赋能长三角高质量一体化的内在机制

首先,长三角“双创”全方位推进,意味着长三角一体化程度更高。全方位推进,意味着不局限于城市,更包括广大农村地区;意味着不局限于线下,还包括潜力无限的线上。创新创业领域更广泛,“双创”不局限于经济建设领域,还包括更为广阔的社会建设领域;不局限于“互联网+”,还会拓展到“中国制造 2025”“军民融合发展”“新一代人工智能”等领域。创新创业主体更加多元,“双创”不仅有“草根创客”和“时尚大咖”,也有二代创业者和大学生创客;不仅有中小企业的“星火”,也有大企业内部创业和衍生创业的“连环炮”。随着“双创”全方位推进,长三角区域一体化也将逐步从城市扩大到农村,从线下扩大到线上,从经济领域渗透至社会民生和公共服务,从“互联网+”合作扩大到传统产业合作。

其次,长三角“双创”全过程融合,意味着长三角一体化质量更高。全过程融合,就是要从“大水漫灌”式扶持转变为全过程“精准滴灌”式推进,变要素驱动为创新驱动,做到“双创”前、中、后端同时发力。这将有助于长三角区域建立起协同的创新创业体系,高质量的创新协同将迅速改变原来一般性产业转移的弊端。

最后,“双创”向更深程度发展,意味着长三角一体化开放度更高。更深层度发展,就是要充分发挥市场在资源配置中的决定性作用,以全球化的视角聚集全要素资源。这必然进一步推动长三角的设施互通和市场开放。

综上,打造“双创”升级版的内容高度契合了长三角区域更高质量一体化发展的内在需求。

三、“双创”升级版赋能长三角高质量一体化的重要措施

通过“双创”升级版推动长三角区域高质量一体化，需要多措并举，切实从明确区域创新创业发展定位、打造长三角创新创业体系和深化长三角社会民生合作网络三个方面稳步推进。

1. 明确区域创新创业发展定位

核心城市虹吸效应强、辐射能力弱和区域竞争大于合作的局面是长三角区域一体化的重大难题。打造长三角高质量一体化必须落脚于建立合理的分工协作体系。因此，对长三角各城市而言，要从提升区域整体竞争力出发，在建立合作共赢、凝心聚力的机制下，充分聚焦自身优势，协调处理好上海与其他城市、沿海沿江城市与腹地城市、中心城市与中小城市的关系，明确城市功能定位，强化错位发展，形成优势互补、各具特色的协同发展格局。例如，上海可以发挥自身科创中心和金融中心优势，聚焦于科技创新和金融创新，并发挥龙头带动作用；江苏可以发挥自身实体经济优势，聚焦于传统产业创新；浙江可以发挥自身市场活力优势，聚焦于中小企业创新创业。

2. 打造长三角创新创业体系

要聚焦创新创业协同，共建创新创业服务体系，共同打造全球领先的创新创业高地。一是加快完善区域共享型“双创”服务平台。通过建立长三角众创空间联盟、“双创”示范基地联盟、中小企业服务平台和长三角政府大数据云平台等方式共享平台资源和信息。二是充分发挥创业投资的产业集聚和带动效应，打造长三角“双创”共同基金，促进长三角区域创新创业要素的充分流动和耦合裂变，推进长三角创新创业“生态群落”的集聚发展。三是大力推进“共性技术平台＋共享创业服务＋引导基金”的发展模式。立足于“互联网＋”“中国制造 2025”、新材料、人工智能等前沿领域，通过共性技术平台吸引新创企业，通过共享创业服务链接新创企业，通过引导资金加快赋能新兴产业。四是要继续发挥高校和科研机构的龙头作用，深化长三角地区间的产学研合作协同创新机制，探索“双创”教育联盟机制，建立长三角大科学研发中心，打造以高校和科研机构为节点的长三角创新创业生态圈。

3. 深化长三角社会民生合作网络

打造“双创”升级版，要求“双创”从商业领域逐步渗透社会民生领域。在长三角

区域一体化推进过程中，重商业轻社会民生的倾向十分突出，社会民生领域的缺陷正是长三角区域一体化进程中不平衡、不充分问题的关键一环。打造长三角高质量一体化必须切实扭转这种局面，加快推动长三角区域一体化在社会民生领域的纵深发展，从而形成商业与社会双轮驱动、融合发展的新格局。具体而言，一方面要加快对长三角社会民生事业“双创”的破题，鼓励更多的社会民间力量进入教育、医疗、养老、扶贫、社区、交通等各种发展深水区，发挥“互联网＋”的社会创新和赋能力量，链接长三角更多社会创新者投入社会民生领域的创新创业行动；另一方面要聚焦公共服务保障，通过建立长三角民生合作云平台、长三角民生联动机制、长三角社会企业孵化器等方式推动优质资源在区域医疗、教育、养老等民生领域共建共享，保障长三角社会民生事业“双创”的发展。

（原文由刘志阳、李斌发表于《解放日报》，2018 年 7 月 30 日）

开放式创新赋能长三角一体化

当前，长三角一体化已经到了全面深化的关键阶段，必须着力破解基础设施和数据不连通、要素市场流动不充分、产业能级不高、公共服务不便利、市场开放不合理等诸多发展掣肘。解决上述问题，不能仅依靠政府推动，更需充分激发市场内生力量，开放式创新就是重要市场抓手。

相对于封闭式创新而言，开放式创新强调企业主体充分调动外部的力量来进行创新，是应对数字化时代技术快速更迭的一种新的创新方式。从区域发展看，开放式创新有助于快速形成区域创新协作网络，培育自发共享的社会基因，确立合理的创新利益分享机制，从市场、社会和制度三个层面构筑长三角高质量一体化的坚实基础。

一、开放式创新推动长三角企业打破内部围墙，在区域内外有效配置创新资源，这是赋能长三角一体化的重要市场基础

在开放式创新过程中，不同行业的大企业技术可以流向中小企业，中小企业的技术研发也可以有效溢出到大企业，甚至可以在大企业内部得到更好的商业化。国有企业的知识可以流向民营企业，跨国公司的研发成果也可以被本地企业所借鉴。城市中心企业可以通过建立分公司将技术流向分公司。企业借助开放式创新形成了企业间交叉融合的创新网络

关系,同时引导着区域内部的高校院所、跨国公司研发中心、众创空间等孵化组织、产业协作平台、科技金融机构,以及各种创新中介组织在区域内部有序聚合,从而形成创新要素充分流动合理布局的雨林创新生态,有效破解了区域混乱竞争的弊端。旧金山等世界湾区创新发展的经验启示我们,只有借助开放式创新,推动创新生态重构,引导城市之间建立合理的创新分工体系,才能推动长三角高质量一体化发展。

二、开放式创新推动长三角多元群体创新协作,从民生关切入手培育自发共享和彼此信任的共同基因,这是赋能长三角一体化的重要社会基础

在开放式创新背景下,多元社群彼此相互身份认同,不同领域对解决社会问题有想法的人不断加入,共同催化具有规模化潜力的社会创新方法,最终产出规模化的社会影响力。就当下而言,环境共治、城乡差距、养老就医、数据共享等都是长三角共同面临的社会发展难题。问题的共同解决,不仅使得开放共享、联防联治等社会创新理念得以普及,也使得区域内部不同群体在合作中加速认可,从社会心理层面筑牢了长三角一体化的民众基础。

三、开放式创新推动长三角各种激励创新的制度变革,这是赋能长三角一体化的重要制度基础

配合开放式创新的知识产权保护和立法,既可以保护开放式创新参与者的合法权益,又保障了技术扩散、转移和成果转化的有效途径,还可以有效监督、制裁侵犯合法权益的行为。配合开放式创新的人才流动机制,改变了传统的“头部人才”竞争习惯,使得人才错位共享制度得以确立。配合开放式创新的区域合作和利益共享机制,在一定程度上也解决了地方政府竞争的难题。

长三角高质量一体化,既是总结过去 40 年中国改革开放和区域经济发展的经验结果,也是面向新时代贯彻新发展理念的现实需要。**一体化不是一样化,三省一市的发展各有特色,要从提升区域整体创新竞争力出发,形成优势互补、各具特色的协同创新发展格局。**例如,上海可以发挥自身科创中心和金融中心优势,聚焦于科技创新和金融创新,发挥龙头带动作用;江苏可以发挥自身实体经济优势,聚焦于传统产业创新;浙江可以发挥自身市场活力优势,聚焦于中小企业创新创业。一体化也不是一般意义上的产业转型升级,应是创建中国创新创业型社会的未来雏形,要抓住数字化

时代的开放式创新的融合特征，推动商业创新、社会创新和各种制度创新的集成，推动乡村创新、社区创新、城市创新，推进形成创新、协调、绿色、开放、共享的区域共同体。

在长三角高质量一体化发展过程中，上海如何发挥全球有影响力的科创中心优势加速一体化进程是重中之重。一是要注重开放创新实验室和高等院所的区域合理分布，充分发挥大科学装置的区域辐射能力，推动长三角区域基础科学水平的总体提升；二是要大力推进“共性前沿技术平台＋众创空间共享创业服务＋引导基金”的共享发展模式，要立足于人工智能、生物医疗、“中国制造2025”等前沿领域，通过共性技术平台吸引新创企业，通过共享创业服务链接新创企业，通过设立长三角引导资金加快赋能新兴产业；三是要充分释放自贸区、创新区、开发区等先行先试区的创新做法，大力推动G60创新走廊建设，推动合肥科学城、杭州电子商务示范区等在沪设立分支；四是加快建设区域一体化共享社会服务平台，加大长三角政务大数据云平台建设，推动上海知识产权法院、杭州互联网法院等创新机构的跨区域业务办理，完善长三角社会治理定期交流机制，推动长三角社会企业孵化器共同建设；五是充分发挥上海国际金融中心优势，设立长三角一体化共同基金，以金融手段推进长三角区域创新创业要素的耦合裂变和高质量一体化。

（原文发表于《光明日报》，2018年9月26日）

把进博会建成开放式创新的示范场

首届中国进口博览会的成功召开，是我国着眼于推动新一轮高水平对外开放做出的重大决策，是我国主动向世界开放市场的重大举措，也是我国共建创新包容的开放性世界经济的战略方案。进博会不仅有国家展，而且有企业展，这些企业大多是掌握世界前沿技术和产品的跨国公司代表。在这个意义上，进博会不仅是展示国家之间创新的最佳示范窗口，更是一次企业创新的竞技场，也是发展中国家企业学习先进技术的引力场。

进博会提供了最前沿的行业信息流、最具创意的商品、最权威的政策信息，以及最强大的市场集聚效应，对于中国企业来说，这意味着加入国际创新网络参与创新合作的大舞台，意味着参与创新交易的新契机。依靠土地、资本、劳动力等要素驱动的传统经济增长模式早已走到尽头，创新驱动是新一轮国家和地区经济发展的主动力。开放式创新是全球经济开放新格局下企业创新组织形式的一次重大变革。和封闭式创新不同，在开放式创新下，企业在期望发展技术和产品时，也应该能够像使用内部研究能力一样借用外部的研究能力，也应该能够使用自身渠道和外部渠道来共同拓展市场的创新方式。开放式创新强调在全球谋取创新要素，搭建创新团队，进而创造价值并获取创新果实。开放式创新可以降低创新成本，提高效率，而且也避免了创新恶性竞争。进入新时代，中国企业必须主动掌握开放式创新方法，学会逐步向架构和平台技术迁移，进而完成自身创新能力的跃升。进博会就是企业这样一次学习的新平台。

在短短一周的时间内，中国国际进口博览会将这些重要的创新要素在上海集聚，然后扩散到全球范围。这一强大的枢纽性作用，将对上海的"五个中心"建设，尤其是科创中心建设形成强大推力，开放式创新也是真正能够将"五个中心"有机串联在一起的关键内容。站在创新型国家和长三角高质量一体化建设的关键历史节点，应该重点做好以下工作：

一是积极将进博会建成永不落幕的开放式创新国际窗口。要学习博鳌论坛、借鉴东博会的有益经验，积极吸纳科技、教育、经济等更多部门参与，设立常设机构和常驻地，常年推进各种创新活动和专项展览，引领中国新一轮产业创新和企业创新。

二是统筹区域创新资源，谋划区域创新协调。目前在长三角举办的有浦江创新论坛、乌镇互联网峰会、全球创业周等创新创业活动，建议统筹并衔接上述活动，统一宣传地区创新发展形象，并以虹桥国际商务区为中心、以 G20 为纽带，积极推进长三角创新共同体建设。

三是推进国内外创新要素集聚，推动创新型国家建设。要借助进博会平台，大力推进国际创新人才、创新资金、创新技术和创新产品的本土落地，不断丰富进博会创新展示内容，增强上海的国际创新汇聚功能，强化对其他地区的创新扩散职能。总之，要将进博会打造成一个面向全球、服务全国的开放式创新示范场和集散地。

（原文发表于《光明日报》，2018 年 11 月 12 日）

释放进博会的三大溢出效应

在新冠肺炎疫情肆虐全球的背景下，第三届中国国际进口博览会圆满举行，充分展示了中国“在开放中创造机遇，在合作中破解难题，携手创造人类更加美好的明天”的大国担当。第三届进博会已经闭幕，但由此产生的经济效应、社会效应和制度效应等“溢出效应”将持续释放，为中国形成更高水平对外开放新格局、引领更高质量发展提供更加积极有利的新环境、新支撑和新动力。

一、进博会产生的经济效应将持续放大

面对全球疫情的特殊背景，中国强调构建以国内大循环为主体、国内国际双循环相互促进的新发展格局。进博会的举办充分显示，这一理念绝不是封闭的国内循环，而是更加开放的国内国际双循环，不仅符合中国自身发展需要，而且将更好地造福全世界人民。大量新技术、新产品借助进博会这一平台走向世界，从而快速进入消费端。持续释放的“进博效应”，既体现在国外参展商的签约本上，也体现在国内交易团的采购单里，是真正的全球创新创业盛会、全球贸易盛会。于国内而言，进博会是有效拉动消费升级的契机，也是学习国外先进技术和产品的最好窗口，必将推动中国企业的自主创新和经济高质量发展。于长三角一体化而言，长三角不仅是许多进博会展商落地生根的沃土，也是投资需求最强的地区之

一。进博会对长三角高质量一体化的影响，主要是通过加速创新资源流动、促进创新资源共享、提升货物贸易便利度、加快贸易数字化进程、优化长三角资源配置以及推动长三角地区制度协同化等机制传导，这还将持续推动长三角地区在创新、市场、贸易和制度方面一体化的发展。

创业小贴士
START-UP TIPS

世博会与城市发展

从上海及世界其他城市的世博会举办历史来看，世界级会展往往有利于迅速形成城市新的核心竞争力，推动与城市相关区域加速增长，甚至引领城市转型升级。据统计，仅筹办世博会的2004年到2010年，世博会投资和消费合计共拉动上海GDP增加2 000亿元，年均拉动推高经济增速2个百分点。同时，拉动长三角地区（当时为沪、苏、浙三地，不含安徽）GDP增加超3 000亿元，对浙江和江苏GDP的贡献分别高达21.6%和18.3%。世博会投资及大量的人流带来的消费对长三角地区“扩内需，保增长”也有显著贡献。吸纳就业总人数超过100万，年均吸纳就业人数达15万人，对长三角地区成功应对后金融危机经济起飞及建立现代服务业和加速产业转型升级有重要意义。

从国际经验来看，1933年的芝加哥世博会就是一个典型的案例，成为1929年大萧条后，一届“在危机中看到希望”的历史性盛典。为了抵御经济危机的冲击，该届世博会有许多创新，如发行债券、建立会员制、设立企业馆等，尤其是在第二年同期将世博会延期举办。这场跨越两年的世博会共吸引了近5 000万参观人次，仅在第一年就直接或间接向芝加哥及其经济腹地提供了近10万个就业机会，以及超4亿美元的营业收入。

二、进博会产生的社会文化效应将持续传递

正如习近平总书记所言，进博会“交易的是商品和服务，交流的是文化和理念”。进博会的成功举办，不仅使全球参展客商获得了可观的经济效益，也促进了世界各国

间的文化交流。世界各地客商在交往中不仅达成了商品、技术的直接交易，还从各个角度促进了中外企业、社群的互相理解，由此产生了良好的社会文化效应。首先，进博会是一场全球文化的盛宴，不论是德国工业厂商精益求精的文化，还是意大利小企业家族的美学追求，在商品货物展示的同时，也是各国优秀文化的直接展演。其次，进博会助力弘扬中华优秀传统文化。中华优秀传统文化博大精深，源远流长。中国很多非物质文化遗产借助进博会这一平台走出国门。在此基础上，进博会进一步推动了中国文化产业的繁荣和发展，形成了富有中国特色的“文化＋”特色品牌，带来显著的溢价效应和良好的市场前景。

三、进博会产生的制度效应将持续扩大

进博会是中国制度开放和制度创新的缩影，是“十四五”时期中国开放发展、创新发展的宣言。落实“双循环”新发展格局，就是要以进博会为重要抓手，沟通国内国际产品，撬动国内国际资源，将中国市场建成世界的市场、共享的市场、大家的市场，满足中国人民和世界人民对美好生活的共同需要，为构建人类命运共同体贡献力量。落实新发展理念，要以进博会这样的平台为关键支点——开放和创新是未来中国发展的基石，大量进博会期间形成的数字贸易制度、跨境贸易新制度、绿色共享发展理念、开放式研发新模式等制度效应都将持续释放利好。这既是中国之需，也是世界之福。在这个意义上，进博会永不落幕。

中国开创性地举办国际进口博览会，是着眼于推动新一轮高水平对外开放做出的重大决策，是中国主动向世界开放市场的重大举措。进博会连续三年成功举办，不断为推动中国和世界经济发展释放出积极的“溢出”效应，2020 年更是克服了新冠肺炎疫情带来的重重困难，赢得了世界各国参展商的踊跃参与。这充分证明了进博会在推动中国形成更高水平对外开放新格局、引领更高质量发展中的重要作用，也将继续为推动国际贸易增长、完善全球经济治理规则、推动建设开放型世界经济做出新的积极贡献。

（原文发表于《光明日报》，2020 年 11 月 10 日）

05

第五讲

围炉问政

双创如何落到实处

“双创”如果没有从国家动员真正转化为百姓实惠，“创业疲劳”就很难避免。如何将创意转变成方案，将方案落实到“口袋”，实现收入增加和财富积累，这个问题在新形势下显得尤其重要。

打造『双创』升级版

随着中国特色社会主义进入新时代，创新创业也迈入新时代。摆在面前的重要课题就是“双创”走过轰轰烈烈的上半场后，下半场该往何处去？

2018 年全国“两会”《政府工作报告》强调，要促进“大众创业，万众创新”上水平，形成线上线下结合、产学研用协同、大中小企业融合的创新创业格局，打造“双创”升级版。这是对十八大以来“双创”工作的系统总结，也是深入贯彻十九大精神的国家战略部署，更为新时代“双创”工作深入推进指明了方向。站在新时代的历史方位，必须切实领会国内外创新创业形势深刻变化带来的“双创”升级要求；把握“全方位、全过程、全要素”这条主线，推动“双创”向更大范围、更高层次、更深程度迈进；着力从立足点、着眼点、攻坚点和落脚点四个方面推动“双创”升级。

一、新时代打造“双创”升级版的战略意义

（一）首先，打造“双创”升级版是抢占新一轮国际竞争制高点和推动大国崛起的必然要求

在全球新一轮科技和产业变革下，世界经济政治格局正在发生深刻调整，现有很多产业的形态、分工和组织方式都面临颠覆。众所周知，科技竞争从来不是单纯的技术或市场比拼，背后恰恰是国家间的角力。发达国家在推动知识产权保

护和全球贸易战的同时，背后纷纷加快推动各种“双创”计划，将其作为参与国际竞争和培育新兴产业的战略手段。美国著名创业基金会——卡夫曼基金会 2007 年就组织一流经济学家编写《自由经济的创业、创新和增长机制》，鼓励创新创业。奥巴马总统将每年 6 月 18 日定为“国家创客日”，推动创业运动。美国还连续推动了三版《美国创新战略》，完成了面向未来的新一轮新兴产业整体布局。欧盟深入实施《“地平线 2020”计划》[①]，统筹研究和创新的投资，推动科学突破转化为创新产品和服务，为企业提供更多商机。事实表明，“双创”早已成为全球共识，这也意味着中国“双创”发展和大国崛起都必须立足全球竞争和开放格局，从产业、资源、人才、环境、服务等多方面加快抢占国际竞争制高点，实现中国“双创”力量在全球创新创业浪潮中从“跟跑”到“并跑”，再到“领跑”的角色转换。

创业小贴士
START-UP TIPS

《自由企业经济体的创业、创新与增长机制》

该书是近年来有关创业、创新经典论文的合集。该书名家荟萃，集中了包括索洛、阿罗、诺斯、菲尔普斯四位诺贝尔经济学奖得主在内的名家的最新观点，从微观和宏观两个层面探讨了自由企业经济体经济增长的奥秘所在。从宏观角度看，创业和创新为“恐龙资本主义”的庞大体系注入了新的生机。同时，创业资本主义的产生又是源于资本主义内部为创业创新制定的、非常具体又有效的各种制度安排。

（二）其次，打造“双创”升级版是总结改革开放四十年经验，实现创新引领发展的必然要求

中国经济经过改革开放四十年的快速发展，低垂的果实早已被采摘殆尽，人口、

① “地平线 2020”科研规划几乎囊括了欧盟所有科研项目，分基础研究、应用技术和应对人类面临的共同挑战三大部分，其主要目的是整合欧盟各国的科研资源，提高科研效率，促进科技创新，推动经济增长和增加就业。该规划还将向“战略创新议程”项目投资 28 亿欧元，为中小企业创新投资 25 亿欧元。

土地、资本等要素红利面临拐点,创新发展成为必然选择。这四十年也是确立市场化改革方向和发挥企业家精神的四十年。党的十九大进一步将创新发展理念摆在五大发展理念之首,提出了新时代要建立现代经济体系和创新型国家的新目标,这为“双创”升级版提出了新要求。当下重点工作之一,便是以“双创”作为手段,推动中国从草根创业走向创新创业,从低端供给走向有效和中高端供给,着力提高供给侧质量,进一步深化供给侧改革。另外,应该在全社会激发和保护企业家精神,鼓励更多社会主体投身创新创业。只有将深化供给侧改革和打造“双创”升级版结合才能为建设现代化经济体系和创新型国家提供战略支撑。

(三)打造“双创”升级版是不断满足人民美好生活需要,加快全面建成小康社会的必然要求

党的十九大明确了新时代我国社会主要矛盾是人民日益增长的美好生活需要和不平衡不充分的发展之间的矛盾。这种矛盾从“双创”的视角来理解主要体现在两个方面:一是社会建设领域与经济建设领域的不平衡,二是农村地区与城市地区的不平衡。如果这两个薄弱环节的问题不解决,势必影响乡村振兴战略的实现和全面建成小康社会的进程,“两个一百年”奋斗目标也就难以实现。“双创”对于激发社会建设和乡村振兴而言,恰恰提供了最好的自我造血动机。因此,有必要从更为高远的视角来重新审视“双创”升级版在新时代中国梦实现过程中的时代价值,从破解中国不平衡不发展的进程中对“双创”升级版进行更为宏大的阐释与提升。

二、新时代打造“双创”升级版的新目标

打造“双创”升级版,是推动“中国梦”实现和新时代新旧动能转换的重要力量。必须以“全方位、全过程、全要素”作为主线,坚持问题导向,聚焦“双创”发展过程中的痛点和难点,推动“双创”向更大范围、更高层次、更深程度迈进。

(一)全方位推进,推动“双创”向更大范围发展

打造“双创”升级版,就是要全方位推进创新创业,不管是创新创业范围,还是创新创业主体,以及创新创业领域,都将向更大范围发展,其具体表现有三。第一,创新创业范围更扩大。“双创”不是局限于国内,还应面向“一带一路”国家甚至全球;不仅局限于城市,更包括广大农村地区;不仅局限于线下,更包括潜力无限的线上。第二,创新创业领域更广泛。“双创”不仅局限于经济建设领域,也包括更广阔的社会建设

领域;不仅局限于“互联网+”,还拓展到“中国制造 2025”“军民融合发展”“新一代人工智能”等领域。第三,创新创业主体更多元。“双创”不仅有草根创客与时尚大咖,也有二代创业者和大学生创客;不仅有中小企业的“星火”,也有大企业内部创业和衍生创业的“连环炮”。

(二)全过程融合,推动“双创”向更高层次发展

打造“双创”升级版,就是要变“大水漫灌”式的粗放扶持转变为全过程“精准滴灌”式推进,变要素驱动为创新驱动,做到前、中、后端同时发力,提升创新内涵,其具体表现有三。第一,在创新创业前端,以普惠化为重点,突出科技引领,优化“双创”教育,推动国家实验室和基础科学发展,推进产学研用结合,创造、创意、创新、创业融合,有效引导基础科学和新技术向产业应用拓展。第二,在创新创业中端,以提升创新效率为重点,鼓励企业自主开发新产品,研发新技术。第三,在创新创业后端,以产业化应用为导向,做好创新企业与资本市场和消费市场的对接,促进创新链和资金链、产业链的有效融合。当下,尤其要加快发展先进制造业,推动互联网、大数据、人工智能和实体经济深度融合,在中高端消费、金融科技、绿色低碳、共享经济、现代供应链、人力资本服务等领域培育新增长点,形成新动能。

(三)全要素集聚,推动“双创”向更深程度发展

打造“双创”升级版,就是要充分发挥市场在资源配置中的决定性作用,以全球化的视角聚集全要素资源,推动“双创”向更深程度发展,其具体表现有三。第一,充分利用国际国内两个市场,加快在全球范围内集聚整合人才、技术、资金、项目等创新创业要素和资源,进一步挖掘离岸创新创业优势,最大限度激发全社会创新创业活力。第二,多维度筑好创新创业平台,打造“政策+人才+资本+平台+技术+文化”于一体的全要素体系,推进“众创空间—孵化器—加速器—产业园”的完整孵化链条,构建生机勃勃的创新创业生态。第三,做好“双创”精准服务,切实优化营商环境,推进放管服,缩减供需之间的交易环节,着力让创业干事得实惠。

三、新时代重塑“双创”升级版新格局

打造“双创”升级版,要在明确新时代新目标要求的基础上,及时纠偏过往“双创”推进过程中的痛点和难点,多措并举,切实从四个方面进一步壮大发展的新动能。

(一)“双创”升级版的立足点，应从各种优惠政策提供转向营商环境优化和创新人才培养

当前推动“双创”发展不能一味靠政策加法，也应做好减法。阻碍“双创”升级的最大因素是体制机制瓶颈而非优惠政策不足。用老办法管制新业态的做法在很多地方还比较常见。一些地方制度创新不够，注重短期优惠政策，忽略了整体营商环境营造。因此，必须从单一层面的政策修修补补转到系统性的制度创新突破、从追求优惠政策到优化营商环境上来。一是加快建立“双创”制度创新的长效机制。进一步厘清“双创”中政府、市场和社会的边界，在企业税费、商事制度、信用体系建设、知识产权保护、人员自由流动、科技成果转化、行政垄断等方面进一步加大制度突破力度，建立以用户为导向的营商环境考核机制，形成“双创”制度创新的长效机制，使创业者安心创业、放心投资。二是给予新技术、新产业、新业态、新模式一定的市场探索空间，放宽新产业进入门槛，倡导从严格限制向包容规范转变的新兴产业监管理念。三是改善现有“双创”人才培养模式。“双创”人才培养不同于传统职业人才培养，已有传统的学科培养和知识传授模式并不适用，需要更加强调创新者的跨学科跨专业知识和创新创建创造知识养成、机会把握能力和不确定性应对思维等核心素养培养。针对上述核心素养要求，必须创设针对不同行业、不同场域的虚拟—现实交互场景解决学校前沿创新人才培养难题。要着力从新工科建设、行业传承等手段破解大国工匠培养难题。四是积极营造良好的社会“双创”氛围。大力探索改革创新、干事创业的容错纠错机制，在全社会营造鼓励敢于冒险、包容创新、宽容失败的良好文化氛围，只有如此才能厚植“双创”土壤。

(二)“双创”升级版的着力点，应从单一要素推动转向生态系统构建

全面开放新格局下的“双创”需要链接全球创新创业资源，构建政、产、学、研、资等各种关键资源深度融合的开放式创新生态。一是加快完善各种共享型“双创”服务平台。要优化众创空间、孵化器、社区营造等各种线下平台资源，推动线上综合服务平台建设；发挥大企业优势，推动企业内部创业平台向社会开放，促进大、中、小、幼企业融合发展。二是充分发挥创业投资的产业集聚和带动效应，促进创新创业要素的充分流动和耦合裂变，推进区域创新“生态群落”的集聚发展。红杉、凯鹏（KPCB）等大型创业投资商，作为硅谷创新创业雨林的基石，恰恰是硅谷创新锦标赛的发动机和创新生态的捕鼠器。三是大力推进“共性技术平台＋共享创业服务＋引导基金”的发展模式。要立足于“互联网＋”“中国制造 2025”、新材料、人工智能等前沿领域，通过共性技术平台吸引新创企业，通过共享创业服务链接新创企业，通过引导资金加快赋能新兴产业。四是要继续强化高校和科研院所在创新源头供给中的龙头作用，深化产学研合作协同创新机制，围绕高校周边打造创新创业生态圈。例如，环同济建筑设计创意产业群和上海财经大学“金融谷”已经逐步发展成杨浦国家“双创”示范基地的重要组成部分。五是大力推进区域一体化良性发展的“双创”模式。“双创”升级也要与区域经济协调对接，着力从区域一体化角度破解各地“双创”政策竞争难题，引导区域“双创”生态的健康发展。当前，长三角区域一体化发展正在走向深入，我们认为区域协同的“双创”政策应该逐步纳入政府视野，为打造“世界梦想极”奠定良好生态环境基础。

创业小贴士
START-UP TIPS

《硅谷生态圈：创新的雨林法则》

硅谷得以长期引领全球创新发展的关键，是在硅谷搭建出的是一种类似于热带雨林的创新生态系统。

硅谷风险投资家维克多·黄和格雷格·霍洛维茨合著《硅谷生态圈：创新的雨林法则》，书中提到的雨林式创新不同于传统意义的农场式创新。农场中，地里的野草显然需要被拔掉，不仅如此，那些“意外”长出的作物，如玉米地长出的蒲公英也都会被铲除。全球许多地方斥巨资建起的创新园区，都符合农场式创新，其核心在于把握确定性、寻求控制感，希望投放到创新中的资源能够依照计划接近并达到目标。

企业家、投资者、创新创业者乃至公共部门，都愿意寻求确定性和控制感，这使得创新创业环境多数情况下自上而下建立，遵循理性的经济思维支配。在这样的环境中，仍可能出现大量的创新产品与服务来提高生产力。但由于“野草”被拔除，因而很难出现意外之外、计划之外的创新。

雨林式创新与此截然不同。自然界中的雨林不会预先决定有价值的新物种的进化，却能够提供恰当的环境来培育偶然发现的进化，包容多种形态的生命出现。硅谷建立起的正是这样的雨林生态系统，从而使得创新创业者的创造力、商业智慧、科学发现、投资资金及其他支持因素被巧妙地嵌合在一起，鼓励萌发新想法，最终源源不断地培养出一个不断产出伟大创新的生态圈。

据此，他们总结了雨林式创新的相比农场式创新的七条法则：

雨林式创新	VS	农场式创新
1. 打破规则，追逐梦想。		1. 做好你的本职工作。
2. 敞开大门，倾听他人。		2. 对你的团队忠诚。
3. 诚信，并且相信他人。		3. 和可信任的人一起工作。
4. 寻求公平，而非利益最大化。		4. 找到你的竞争优势。
5. 与他人共同尝试，并不断重复。		5. 一次就把事情做好。
6. 犯错、失败，坚持。		6. 追求完美。
7. 帮助别人，不求回报。		7. 回馈人家给你的好处。

资料来源：维克多·黄，格雷格·霍洛维茨. 硅谷生态圈：创新的雨林法则[M]. 北京：机械工业出版社，2015.

(三)"双创"升级版的突破点，应从商业领域逐步渗透到社会民生领域和广大农村

"双创"推进过程中，重商业轻社会、重城市轻农村的倾向十分突出。打造"双创"升级版必须切实扭转这种局面，加快推动社会民生领域和农村"双创"的纵深发展，从而形成商业与社会、城市与农村双轮驱动、融合发展的新格局。一是加快破解社会民生事业"双创"的破题。新时代下，创新创业型经济向创新创业型社会发展是必然趋势，加快社会"双创"是改变当前社会建设与经济建设不匹配，满足人民美好生活需要的应有之义。重点应该鼓励更多的社会民间力量，进入教育、医疗、养老、扶贫、社区等各种发展深水区，要发挥"互联网＋"的社会创新和赋能力量，链接更多社会创新创业者投入社会民生领域的创新创业行动。二是加快推动农村"双创"的深入发展。相对于蓬勃发展的城市"双创"来说，农村"双创"仍只是处于起步阶段。当下在"精准扶贫"的同时，更应该加快培养一批新时代的农村创新创业者，夯实农村基础设施，依托农村特色的乡土资源和农产品电商平台，深挖现代农业的多功能性，以农村"双创"带动农村一二三产业融合发展，促进乡村振兴。

(四)"双创"升级版的落脚点，应从一味倡导创新创业转向切实创收创富

"双创"既是培养经济发展新动能的国家战略，也是老百姓增收创富的有效途径。如果"双创"不能转化为老百姓口袋里的实惠，那么"双创"就很难持续下去。一是从政策导向方面，要切实把创新者获利的政策落到实处。在“双创”推进过程中，个别地方仍然存在创业者跟风套利倾向，创新的引领作用发挥不够。打造“双创”升级版，就是要及时纠正这种仿冒和骗补的不良倾向，把“双创”成果变成实实在在的产业推动，让更多的创业者腰包鼓起来，让更多的创新者实现人生价值。应把关键技术突破摆在发展全局的更为核心的位置上，瞄准世界科技前沿，强化前瞻性基础研究，重视大数据、人工智能、区块链、云计算等基础技术研发。要在全社会严格保护知识产权，推动创新者获利，让仿冒者无处生存。二是从政策落地方面，要切实破除政策“肠梗阻”现象。据统计，全国各地各部门围绕“双创”出台的政策累计超过 2 000 件，但由于政出多门、政策申请流程繁杂、操作不到位或不精细等问题，政策“肠梗阻”现象时有发生，这也致使一些政策陷入“最后一公里”难落地的尴尬。因此，打造“双创”升级版就要注重整合政府资源，提供集政策宣传解读、落地、资源配置等功能于一体的“一站式”服务，加大政策落实力度，提高政策转化率，使政策摸得着、看得见，创业者能够实在得到实惠，真正降低创业者的成本。同时，加强对“双创”政策落实的审计监督，督促各有关部门能够切实把政策落实好。三是政府要优化和完善初创企业破产法，完善社会保障制度，降低创业者对未来预期的不确定性。唯有这样，创业者才会集群智、聚群力，心无旁骛地投入到创业的过程中，增加创业成功的可能性，从而实现从“双创”到创收创富的跨越。

总的来说，打造“双创”升级版是新时代背景下国家的重大战略部署，要有新思维和新目标，要从国际创新创业竞争新格局和大国崛起的战略高度把握“为什么升级”“升级什么”“怎么升级”三个核心问题，多举并进推进“双创”升级，为两个“百年”奋斗目标打下坚实基础。

（原文发表于《解放日报》，2018 年 4 月 3 日）

全国众创空间发展状况调查

2015年3月，国务院办公厅印发《关于发展众创空间推进大众创新创业的指导意见》(下称《意见》)，提出到2020年，形成一批有效满足大众创新创业需求、具有较强专业化服务能力，同时又具备低成本、便利化、开放式等特点的众创空间等新型创业服务平台。发展众创空间是推动大众创业，万众创新的有力抓手，是深入落实创新驱动发展战略、优化创新创业生态环境的重要举措，对于激发全社会创新创业活力、加速科技成果转移转化、培育经济发展新动能、以创业带动就业具有重大意义。如何全面认识我国众创空间发展现状，科学认识存在的主要难题是当下推动众创空间发展的关键所在。本文对全国众创空间发展进行了详尽的梳理，总结了我国众创空间发展的四个特点，分析了长三角、珠三角、京津冀区域众创空间发展的显著集群特征，提出了未来我国大力发展众创空间必须克服的问题和对策。

一、全国众创空间发展现状

1. 众创空间呈现加速度发展

2015年之前，在北京、深圳、武汉、杭州、西安、成都、苏州等创新创业氛围较为活跃的地区开始涌现创新工场、车库咖啡、创客空间、天使汇、亚杰商会、联想之星、创业家等近百家创新创业服务机构。这些机构各具特色，产生了新模式、新机制、新服务、新文化，集聚融合各种创新创业要素，营造了良好的创新创业氛围，成为科技服务业的一支重要新兴力量。这些新型创新创业服务机构具有鲜明的特点，被称为众创空间。

创业小贴士
START-UP TIPS

我国众创空间发展

2015 年之后，在国家双创政策的推动下，我国众创空间发展从无到有呈现快速发展态势。截至 2016 年 9 月，中国有众创空间共 3 155 家，成为全球数量最多的国家。其中，科技部认定的国家级众创空间先后有三批，数量达到 1 337 家，占全国众创空间数量的 42.4%，增速分别达到 167%、131%。我国创客空间发展与全国双创活动一样正迈入新阶段。

根据《中国火炬统计年鉴》的统计数据，2017—2019 年，我国众创空间的数量不断增长，增速均在 15%以上。截至 2019 年年末，我国共有 8 000 个众创空间，较 2018 年年末增长了 15%，国家备案的众创空间数量达 1 888 家。2020 年 4 月，科技部确定 498 家众创空间为国家备案众创空间。2020 年我国备案的众创空间数量突破 2 300 个。

注：由于本研究进行的时间是在 2016 年之前，为了保证数据和分析的连贯性，本文众创空间具体数据没有相应更新。

2. 众创空间区域分布不均衡

全国众创空间发展十分不平衡，大致可以分为四个能级。第一能级众创空间的分布数量在 200 家以上，包括北京、上海、重庆、广东、浙江、山东等省市。其中，北京市依托国家自主创新示范区等丰富的科技创新创业资源，成为我国众创空间数量最多、发展最快的城市，上海、重庆、广东、浙江、山东等经济发达省市列居前位。第二能级众创空间的分布数量为 100～200 家，包括江苏、河北、辽宁、福建等省。第三能级众创空间分布数量为 50～100 家，包括陕西、天津、湖北、内蒙古、云南、吉林、甘肃、湖南等省市。第四能级众创空间分布数量在50家以下,包括安徽、江西、贵州、青海、宁夏等省自治区。从空间密度看,上海市众创空间分布密度最高,每万平方公里有将近470家,在全国所有省市中遥遥领先;北京市密度位居全国第二,单位面积拥有258.4家。此外,江苏、山东、浙江、广东、福建等沿海经济发达省市众创空间面积密度位居前列。

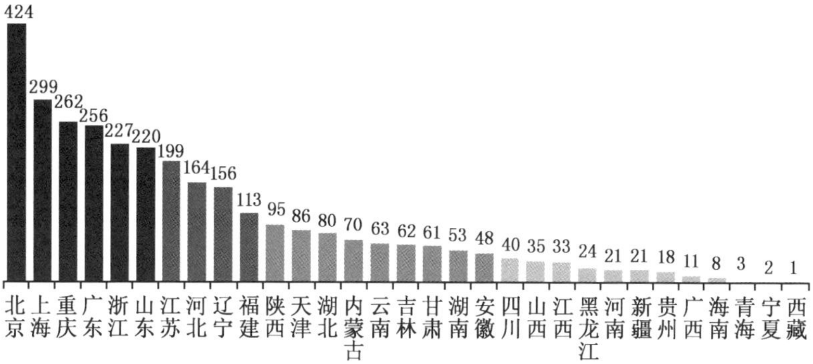

我国各省市众创空间数量分布图

3. 众创空间运营模式多元化

随着众创空间的不断完善与发展,创新创业服务作为众创空间的核心价值逐步凸显。众创空间所提供的服务包括公司注册、法律咨询、财务服务、人力资源、媒体推广、创业培训、融资服务、举办沙龙、创业大赛等,众创空间服务开放式、全方位的特征越来越明显。

综合众创空间提供的服务,我国现有众创空间运营模式可以划分为三种。一是产业服务型(包括投资驱动型、培训辅导型、活动聚合型、媒体推广型),其主要特点是通过提供单一方面的创业服务来获取利润。例如,联想之星、创新工场侧重投资服务;清华X-lab、柴火创客空间等侧重培训辅导;车库咖啡等侧重活动聚合;黑马会侧重媒体推广等。二是地产思维型,其主要特点是通过出让工位和共享办公空间及设备来获取利润,类似We Work模式。例如,SOHO 3Q、优客工场(Ur Work)等。三是综合创业生态体系型,其特点是打造完整的创业服务体系,包括金融、培训辅导、招聘、运营、政策申请、法律顾问,乃至住宿等一系列服务。例如,创业公社。我国大部分众创空间是创业培训型、地产思维型和投资驱动型,相对而言,综合生态体系型和媒体推广型数量较少。

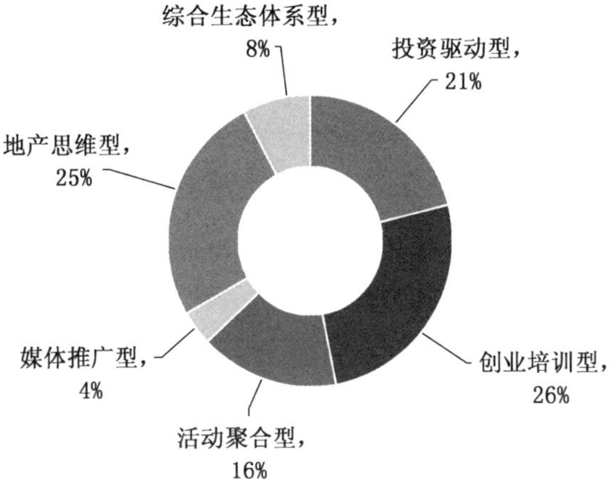

我国众创空间运营模式分布图

二、全国主要区域众创空间发展特征

我国众创空间发展区域特征明显。长三角、珠三角和京津冀由于其产业基础、政策倾斜和其他要素禀赋的不一致，使得其众创空间发展的模式也各不相同。长三角地区众创空间双核式分布，以上海、杭州为中心，总体分布比较平均；京津冀地区众创空间轮轴式分布，以北京为绝对中心，向天津和河北地区扩散；珠三角地区众创空间网状式分布，从广深地区出发，带动珠三角地区城市众创空间的发展。

全国主要区域众创空间发展概况

	长三角地区城市群	京津冀城市群	珠三角地区城市群
发展模式	双核式分布，以上海、杭州为中心，逐步辐射到苏州、南京、宁波等地	轴轮式分布，以北京为绝对中心，向天津和河北地区扩散	网状式分布，从广深地区出发，带动珠三角地区城市众创空间的发展
发展特点	众多城市围绕两个大型城市发展，形成众创空间发展集群	一个大型城市构成发展核心，带动周围城市众创空间的发展	众多相对独立的城市交叉联系，聚集在一起构成众创空间集群
空间服务	主要集中于投融资及创业培训服务	主要集中于公司注册和创业培训服务	主要集中于沙龙活动和创业培训服务
运营模式	逐步向综合生态型发展的运营模式	地产思维主导的运营模式	成熟的产业链型运营模式

1. 长三角地区众创空间

作为全国最具经济活力的资源配置中心、经济社会发展的重要引擎,以及具有全球影响力的科技创新高地,长三角城市群已经成为中国创新创业发展的热土。在创客热情高涨的长三角地区,众创空间不仅在上海迅速发展,也在南京、杭州、宁波、苏州等创业活动频繁、创客聚集度高的地区与城市兴起。

(1)双核五圈分布格局

“双核”是指上海市和杭州市。“五圈”是指南京都市圈、杭州都市圈、合肥都市圈、苏锡都市圈和宁波都市圈。上海作为中国最重要的经济、科技与贸易中心,充分吸收了长三角地区的区位和经济优势,加上政府对于创新创业领域的大力扶持,依靠自身强大的经济基础,在整个长三角地区脱颖而出,拥有众多众创空间。

众创空间作为创业创新的驱动器,是聚积创客和资源的生命网。浙江省众创空间分布相对较集中,其中杭州市众创空间数达到 115 个,宁波市众创空间数达到 52 个,合计占比超过浙江省全省众创空间数的 70%。江苏省众创空间分布相对均匀,其中南京市与苏州市众创空间数量最多,分别达到了 51 家和 47 家。安徽省在众创空间的发展建设方面还处于起步阶段,众创空间数相对较少,众创空间分布最集中的合肥市仅拥有 19 家。

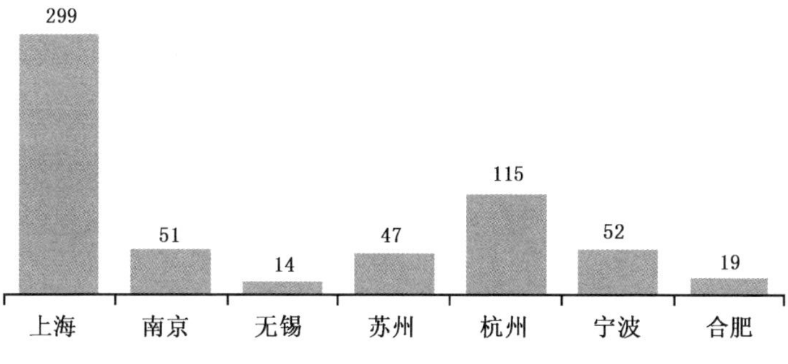

长三角城市群众创空间数量分布图

(2)投融资成为创业服务亮点

长三角地区作为全国经济最发达、经济发展最活跃的地区之一,依托于大量资源与雄厚经济基础,以及发达的商品经济,得益于成熟的产业体系,有大量的众创空间能够提供投融资服务。但是,创业大赛、创意传媒等平台类服务则较少。

(3)综合生态型营利模式

与全国平均水平类似,长三角地区众创空间正处于发展阶段。就目前情况而言,有45%的众创空间属于地产思维型,39.3%的空间属于产业链服务型,15.7%的空间属于综合生态体系型。随着整体空间营利模式结构的不断调整与众创空间运营方向的不断发展,越来越多的众创空间在不断探索与尝试新的运营模式。

2. 京津冀地区众创空间

京津冀城市群由首都经济圈的概念发展而来。作为全国的政治中心、文化中心、国际交流中心、科技创新中心所在地,众创空间在京津冀地区的发展走在全国前列。

(1)轮轴式分布格局,北京虹吸效应明显

与长三角城市群相比,京津冀城市群众创空间数量分布更加集中。由于北京地区众创空间起步早,发展时间最长,资源分布最集中,北京市众创空间数量在整个京津冀地区远远超过剩余的所有城市。

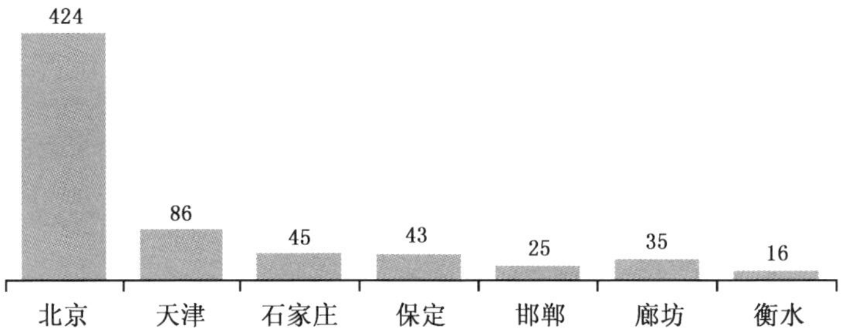

京津冀城市群众创空间数量分布图

一直以来,北京强大的"虹吸效应",使得周边资源、人才源源不断被吸入,其他两地发展由此受到各种限制。随着京津冀一体化成为重大国家战略,"北京"迁出北京提上日程,非首都功能疏解到河北、天津等一系列利好落地,"一小时经济圈"正在转变为"溢出红利"。这一系列因素的互相影响加持,逐步形成了如今"一个中心"的京津冀城市群众创空间发展现状。

(2)创业培训成为创业服务亮点

京津冀地区作为全国的政治文化中心,得益于其大量优质的教育资源与区位优势,有大量众创空间都能提供创业培训服务。然而,除了硬件环境外,在创业者关心的其他资源方面相对不足。有些地产商和创投机构资本嗅觉灵敏,本着广阔的商业发展愿景,为抢占众创空间发展先机,大肆“跑马圈地”,在老旧厂房、闲置楼宇和商业设施改造上过于仓促,缺乏宏观布局,为可持续发展留下隐患。

(3)地产思维主导的营利模式

在发展模式上,京津冀地区众创空间存在同质化倾向,65%的众创空间属于地产思维型。京津冀地区众创空间的发展并未与《京津冀协同发展规划纲要》中关于京津冀三地的功能定位完全契合。从目前三地众创空间的发展来看,其发展模式并未基于各地的战略地位,特别是城市的产业布局与规划。不少众创空间发展模式雷同,相互模仿抄袭比较严重,未能充分体现各自的核心优势和鲜明特色。

3. 珠三角地区众创空间

从2012年开始,以市场为原始驱动力的广东掀起了一股创业、创客风,创新谷、柴火空间、HAX孵化基地等众创平台大量涌现。随着市场的需求和地方人才政策的不断完善,未来将有更多的创业人才在各地市流动,双创也将提供更多的纽带,将岭南热土连成一片。

(1)网状模式分布格局

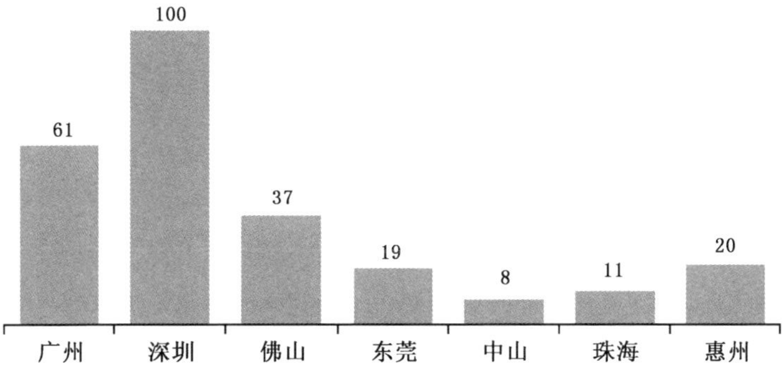

珠三角城市群众创空间数量分布图

深圳率先提出“创客之城”的口号,拥有数量最多的众创空间。广州市紧随其后,从2014年下半年开始,众创空间的发展迎来井喷。除了广深,珠三角其余地市的众创空间也正蓬勃发展。东莞从2016年年初开始各镇街众创空间涌现,已有至少十几家较有规模的孵化基地。珠海不甘其后,越来越多市场化运营的孵化平台涌现;江门的大学生创业孵化基地到2015年为止已孵化了60多个创业项目,其中科技型企业超过90%。

在人均空间数量上，整个珠三角地区的众创空间人口密度还处于一个比较平均的水平；在地理密度上，整个珠三角城市群呈现类似京津冀地区的密度分布趋势，即有一个绝对的高密度中心（深圳市），除此之外的其他城市则分布较均匀。

（2）沙龙活动成为创业服务亮点

与长三角地区和京津冀地区重视融资环节进行项目孵化的思路不同，珠三角地区众创空间非常重视入驻创业团队的知识获取与项目辅导。大量的众创空间能够提供创业培训和沙龙活动等，有帮助创业者获取创业知识的特色空间服务。

（3）产业链型营利模式

与长三角地区和京津冀地区略有不同，珠三角地区众创空间大多专注于某一领域，产业链服务型众创空间的数量和比例最高，有54%的众创空间属于产业链服务型。和其他地区重地产投资的思路不同，珠三角地区的众创空间更多的专注于为某一特定类型的企业提供对应的创业服务。

三、进一步发展我国众创空间的政策建议

我国众创空间在快速发展的态势下也产生了一系列问题。第一，政策扶持不到位。虽然多数人对众创空间扶持政策持肯定态度，但全国主要省市的众创空间抽样调查显示，在众创空间商务支持政策（如提供人员招募、创业和商务指导等的创新创业基本公共服务支持，推进研发创新资源对创新创业者的开放共享等相关政策）对入驻企业的金融政策和人才政策等方面仍然存在不小的改进空间。第二，营利模式不清晰。调查显示，多数众创空间以政府资助和工位租金为主，营利模式非常单一和被动，多数众创空间目前仍然入不敷出，在政策扶持期尚可勉强维持生存，一旦失去补贴就可能难以为继。第三，对产业促进不明显。目前，众创空间入驻企业主要聚焦的行业是互联网、教育、医疗、智能硬件、金融、文化创意等领域，分布非常分散，和战略性新兴产业对接深度不够，总体上对产业的促进作用不明显。

针对上述问题，以及我国众创空间发展的特征，我们应该着力从促进产业和空间协同发展、优化空间布局和扶持政策、改善空间运营和盈利状况三个方面促进众创空间的进一步发展。

1. 将众创空间建设与新兴产业协同发展作为推进众创空间建设的落脚点

首先，在大力发展众创空间的同时，向专业化众创空间倾斜支持，重点支持战略

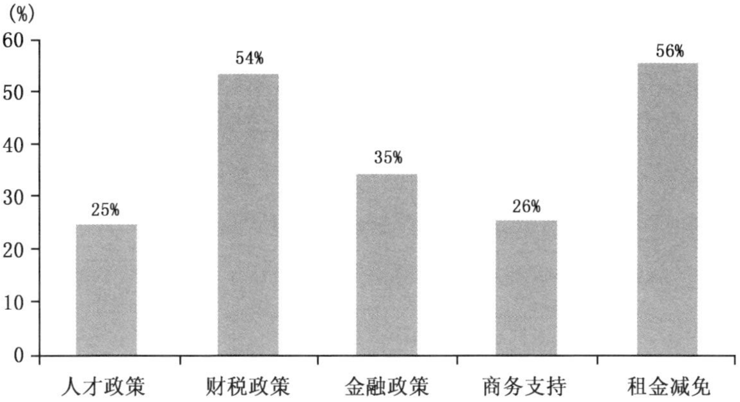

各项支持政策满意度

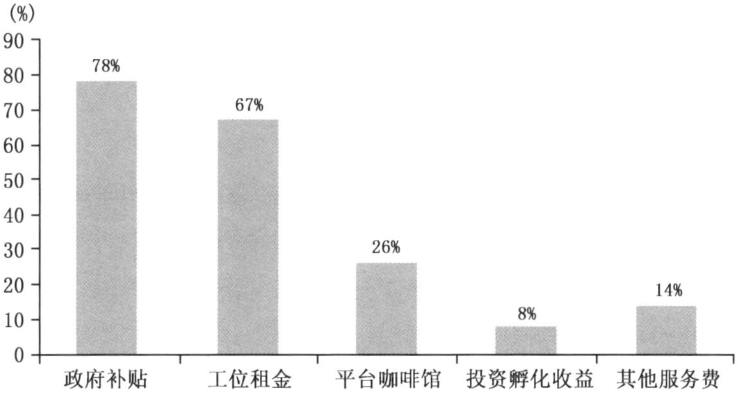

众创空间主要营利模式

性新兴产业、现代服务业、科技金融等各类新型专业众创空间。其次,进一步认识众创空间在产业链中的重要作用,转变目前众创空间"工位+活动"的发展模式,积极探索"孵化+投资+产业"的新型发展模式,构建"研究开发—创业苗圃—创业孵化—加速器—专业园区"的完整孵化链条,最终形成众创空间与新兴产业的良性互动。

2. 将众创空间扶持政策的分类实施和空间布局优化作为推进众创空间建设的着力点

根据产业发展定位,进一步制定适宜区域实际情况的创客空间发展措施和行动计划,完善分类扶持政策,加大空间商务支持政策、创业企业人才政策和创业金融政策力度。注重各项政策的系统性、协调性，众创空间政策落地往往涉及人社、科委、财政、税收等多个部门，应进一步理顺各管理部门的关系，确保数据共享和政策对接。建议依托第三方进行众创空间星级评价，以此作为获得政策支持和市场准入的参考标准，鼓励众创空间提高自身软硬件水平，做好众创空间管理。

优化众创空间布局，建造特色鲜明的众创空间。建议在有效整合现有要素资源基础上加快建造一批低成本、便利化、全要素、多元开放、各具特色的众创空间，做专的同时要尽量避免同一区域空间的无序引入和同质化建设；鼓励各行业龙头骨干企业和有条件的科研院所围绕产业发展定位来建设众创空间，形成开放的创新创业平台。

3. 将众创空间运营效率和盈利模式优化作为推进众创空间建设的关注点

开源减负，促进众创空间形成健康的盈利模式。一是引导办公场地的提供方以股权的形式投入众创空间的管理，从而降低物业成本。二是让众创空间的管理人员以工资及股权收益的形式实现对众创空间的管理收益，从而降低人力资源成本。三是鼓励众创空间做好创业项目孵化，并引导创业项目以少量股权换取众创空间的孵化服务，取得双赢的良好结果。

提高效率，改善专业化运营水平。各类众创空间要以市场需求为导向，通过更高水平的服务供给，吸引创新创业人才、天使投资人、创投机构、创业导师、成功企业家、第三方服务机构等各种资源加入，使各类创新创业主体都能在众创空间这一平台获取各种配套资源。建议成立创业金融管理公司，做好创业金融的接力配套；建议联合周边院校成立创业学院，推进创业辅导培训；鼓励空间内部企业业务对接。

（原文发表于《光明日报》，2016 年 12 月 7 日）

光明日报 2016年12月7日 星期三 责任编辑：张宪辉 美术编辑：袁昕 光明调查 11

优化创新创业生态环境

——全国众创空间发展状况调查报告

□ 刘志阳

发展众创空间，是推动大众创业、万众创新的有力抓手，是深入落实创新驱动发展战略、优化创新创业生态环境的重要举措，对于激发全社会创新创业活力、加速科技成果转移转化、培育经济发展新动能、以创业带动就业具有重大意义。

如何全面认识我国众创空间发展现状、科学认识存在的主要难题，是当下推动众创空间发展的关键所在。本报告对于全国众创空间发展进行了详尽的梳理，总结了我国众创空间发展的基本特点，分析了长三角、京津冀、珠三角区域众创空间发展的显著集群特征，提出了未来我国进一步完善发展众创空间的对策建议。

一、全国众创空间发展迈入新阶段

1.整体呈现加速度发展

早在2015年之前，在北京、深圳、武汉、杭州、西安、成都、苏州等创新创业氛围较为活跃的地区，开始涌现出创新工场、车库咖啡、创客空间、天使汇、亚杰商会、联想之星、创业家等近百家创新创业服务机构。这些机构各具特色，产生了不少创新创业的新模式、新机制、新服务、新文化，集聚融合各种创新创业要素，营造了良好的创新创业氛围，成为科技服务业的一支重要新兴力量。这些新型创新创业服务机构具有鲜明的特点，被称之为众创空间。

2015年之后，在国家双创政策的推动下，我国众创空间发展从无到有呈现出快速发展态势。截至2016年9月，中国已有众创空间3155家，成为全球数量最多的国家。其中，科技部认定的国家级众创空间数量先后三批，数量达到1337家，占全国众创空间数量的42.4%，增速分别达167%、131%。我国创客空间发展与全国双创活动一样正迈入新阶段。

2.区域分布不均衡

全国众创空间发展十分不平衡。大致可以分为四个能级：第一能级众创空间的分布数量在200家以上，包括北京、上海、重庆、广东、浙江、山东等省市。其中，北京市依托国家自主创新示范区等丰富的科技创新创业资源，成为我国众创空间数量最多、发展最快的城市，上海、重庆、广东、浙江、山东等经济发达省市也列居前位。第二能级众创空间的分布数量在100家到200家之间，包括江苏、河北、辽宁、福建等省。第三能级分布数量在50家到100家之间，包括陕西、天津、湖北、内蒙古、云南、吉林、甘肃、湖南等省市自治区。第四能级分布数量在50家以下，包括安徽、江西、贵州、青海、宁夏等省和自治区。从空间密度看，上海市众创空间分布密度最高，每万平方公里有将近470家，在全国所有省市中遥遥领先。北京市密度位居全国第二，单位面积拥有258.4家。此外，江苏、山东、浙江、广东、福建等沿海经济发达省市众创空间面积密度也位居前列。

3.运营模式多元化

随着近年来众创空间的不断完善与发展，创新创业服务作为众创空间的核心价值开始逐步凸显。众创空间所提供的服务主要包括：公司注册、法律咨询、财务服务、人力资源、媒体推广、创业培训、融资服务、举办沙龙、创业大赛等，众创空间服务开放式、全方位的特征越来越明显。

综合众创空间提供的服务，我国现有众创空间运营模式可以划分为以下几种：

（1）产业服务型（包括投资驱动型、培训辅导型、活动聚合型、媒体推广型），其主要特点是通过提供单一方面的创业服务来获取利润。如联想之星、创新工场侧重投资服务；清华X-lab、柴火创客空间等侧重培训辅导；车库咖啡等侧重活动聚合；黑马会侧重媒体推广等。

（2）地产思维型，其主要特点是通过出让工位和共享办公空间及设备来获取利润，类似We Work模式。例如：SOHO 3Q、优客工场（Ur Work）等。

（3）综合创业生态体系型，其特点是打造完整的创业服务体系，包括金融、培训辅导、招聘、运营、政策申请、法律顾问乃至住宿等一系列服务。例如：创业公社。

依据统计数据可以看出，我国大部分众创空间是创业培训型、地产思维型和投资驱动型，综合生态体系型和媒体推广型数量较少。

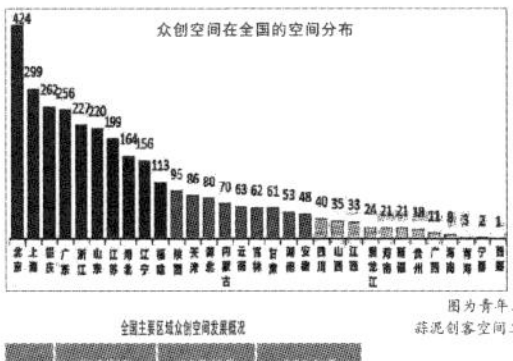

图为青年工程师在西安经济技术开发区的蒜泥创客空间工作。 新华社记者 李一博摄

全国主要区域众创空间发展概况

	[illegible]	[illegible]	[illegible]
[illegible]	双核式分布，以上海、杭州为中心，逐步辐射到苏州、南京、宁波等地。	轴轮式分布，以北京为绝对中心，向天津和河北地区扩散。	网状式分布，从广深地区出发，带动珠三角地区城市众创空间的发展。
[illegible]	众多城市围绕两个大型城市发展，形成众创空间发展集群。	一个大型城市构成发展核心，带动周围城市众创空间的发展。	众多相对独立的城市交互联系，聚集在一起形成众创空间集群。
[illegible]	主要集中在投融资及创业培训服务。	主要集中在公司注册和创业培训服务。	主要集中在沙龙活动和创业培训服务。
[illegible]	逐步向综合生态型发展的运营模式。	地产思维主导的运营模式。	成熟的产业链型运营模式。

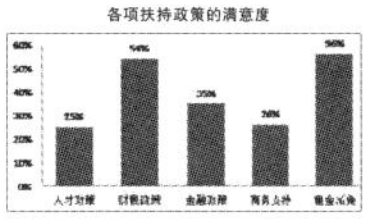

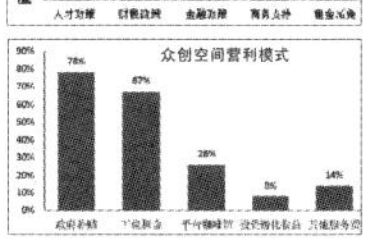

图为在北大中电石家庄科技园众创空间，青年创客与客户进行业务洽谈。 新华社发（张震摄）

二、长三角京津冀珠三角区域发展特征明显

我国众创空间发展区域特征明显。尤其是长三角、京津冀和珠三角地区由于其产业基础、政策倾斜和其他要素禀赋的不一致，也使其众创空间发展模式各不相同。长三角地区众创空间双核式分布，以上海、杭州为中心，总体分布比较平均；京津冀地区众创空间轮轴式分布，以北京为绝对中心，向天津和河北地区扩散；珠三角地区城市群众创空间网状式分布，从广深地区出发，带动珠三角地区城市众创空间的发展。

（一）长三角地区的发展特点

作为全国最具经济活力的资源配置中心、经济社会发展的重要引擎以及具有全球影响力的科技创新高地，长三角城市群已经成为中国创新创业发展的热土。在创客热情高涨的长三角地区，众创空间不仅在上海迅速发展，也在南京、杭州、宁波、苏州等创业活动频繁、创客聚集度高的地区与城市迅速兴起。

1.双核五圈分布格局

“双核”是指上海市和杭州市。其中，上海作为中国最重要的经济、科技与贸易中心，在充分吸收了长三角地区的区位和经济优势后，再加上政府对于创新创业领域的大力扶持，依靠自身强大的经济基础，在整个长三角地区脱颖而出，拥有299家众创空间。

此外“五圈”是指南京都市圈、杭州都市圈、合肥都市圈、苏锡都市圈和宁波都市圈。众创空间作为创业创新的驱动器，是聚集创客和资源的生命网。浙江省众创空间分布相对较集中，其中杭州市众创空间数为115家，宁波市众创空间数为52家，合计占比超过浙江省全省众创空间数的70%。江苏省众创空间分布相对均匀，其中南京市与苏州市众创空间数量最多，分别为51家和47家。安徽省在众创空间的发展建设方面还处于起步阶段，整体众创空间数量相对较少，分布最集中的合肥市仅仅拥有19家众创空间。

2.投融资成为创业服务亮点

长三角地区作为全国经济最发达、经济发展最活跃的地区之一，依托于其大量资源与雄厚经济基础以及发达的商品经济，得益于成熟的产业体系，有大量的众创空间能够提供投融资服务。同时，对于创业大赛、创意传媒等平台类服务则较少。

3.综合生态型的营利模式是亮点

与全国平均水平类似，长三角地区众创空间正处于发展阶段。就目前情况而言，有45%的众创空间属于地产思维型，39.3%的空间属于产业链服务型，15.7%的空间属于综合生态体系型。随着整体空间营利模式结构的不断调整与众创空间运营方向的不断发展，越来越多的众创空间也在不断探索与尝试新的运营模式。

（二）京津冀众创空间的发展特点

京津冀城市群由首都经济圈的概念发展而来。作为全国的政治中心、文化中心、国际交往中心、科技创新中心所在地，众创空间在京津冀地区的发展势头也走在全国前列。

1.轮轴式分布格局，北京虹吸效应明显

与长三角城市群相比，京津冀城市群众创空间数量分布更加集中，由于北京地区众创空间的起步最早，发展时间最长，资源分布最集中，北京市众创空间数量在整个京津冀地区远远超过其他所有城市。

一直以来，北京强大的虹吸效应使得周边资源、人才源源不断被吸入，其他两地发展因此受到不同程度影响。随着京津冀一体化成为重大国家战略、非首都核心功能疏解到河北、天津等一系列利好落地，“一小时经济圈”正在转变为“溢出红利”。一系列因素的互相影响加持，逐步形成了如今“一个中心”的京津冀城市群众创空间发展现状。

2.创业培训成为创业服务亮点

京津冀地区作为全国的政治文化中心，得益于其大量优质的教育资源与区位优势，有大量众创空间都能提供创业培训服务。

然而除了硬件环境，在创业者关心的其他资源方面，尚存在相对不足。有些地产商和创投机构资本嗅觉灵敏，本着广阔的商业发展愿景，为抢占众创空间发展先机，大肆“跑马圈地”，在老旧厂房、闲置楼宇和商业设施改造上仓促上马，缺乏宏观布局思路，为今后众创空间的可持续发展留下了隐患。

3.地产思维主导的营利模式

在发展模式上，京津冀地区众创空间存在同质化倾向，65%的众创空间属于地产思维型。当前京津冀地区众创空间的发展并未与《京津冀协同发展规划纲要》中关于京津冀三地的功能定位完全契合。从目前三地众创空间的发展来看，这些众创空间发展模式并未很好地契合各地的战略定位，特别是城市的产业布局与规划。不少众创空间发展模式雷同，相互模仿、抄袭的情况比较严重，并未充分体现各自的核心优势和鲜明特色。

（三）珠三角众创空间的发展特点

从2012年开始，以市场为原始驱动力的广东，掀起了一股创业、创客风，创新谷、柴火空间、HAX孵化基地等众创平台大量涌现。随着市场的需求和地方人才政策的不断完善，未来将有更多的创业人才在各地市流动，双创也将提供更多的纽带，将岭南热土连成一片。

1.网状模式分布格局

深圳在珠三角地区率先提出“创客之城”的口号，拥有数量最多的众创空间。广州市紧随其后，从2014年下半年开始，众创空间的发展迎来井喷。除了广深，珠三角其余地市的众创空间也在蓬勃发展。东莞从今年年初开始涌现各镇街众创空间，已有至少十几家较有规模的孵化基地。珠海不甘其后，越来越多市场化运营孵化平台涌现；江门的大学生创业孵化基地，到去年为止已孵化了60多个创业项目，其中科技型企业超过90%。

另外，在人均空间数量上，整个珠三角地区的众创空间人口密度还是处于一个比较平均的水平；在地理密度上，整个珠三角城市群呈现一种类似京津冀地区的密度分布趋势，即有一个绝对的高密度中心（深圳）市，除此之外的其他城市则分布较均匀。

2.沙龙活动成为服务亮点

与长三角地区和京津冀地区重视融资环节进行项目孵化的思路不同，珠三角地区众创空间非常重视入驻创业团队的知识获取与项目辅导。有大量空间能够提供创业培训和沙龙活动这类能够帮助创业者获取创业知识的特色空间服务。

3.产业链型的营利模式

与长三角地区和京津冀地区略有不同的是，珠三角地区众创空间大多专注于某一领域，产业链服务型众创空间的数量和比例最高，有54%的众创空间属于产业链服务型。与其他地区重地产投资的思路不同，珠三角地区的众创空间更多地专注于为某一特定类型的企业提供对应的创业服务。

众创空间再发展需要对接公共资源

□ 吕 政

众创空间已经成为当前“双创”社会大潮中的典型现象之一。解读众创空间的类型特征，理解众创空间的公共政策需求，提出相应的政策建议，是当前践行“大众创业、万众创新”战略和创新驱动发展战略，建设创新性国家的迫切需求。因此，这篇众创空间发展报告具有很强的现实意义。在详细调研了我国众创空间目前的总体发展状况和区域特征的基础上，报告为进一步发展提出了针对性的政策建议，为众创空间的建设提供了第一手资料和参考。

长三角、珠三角和京津冀三大城市经济群，在众创空间发展上表现出了明显的差异性。长三角地区众创空间双核式分布，京津冀地区众创空间以轮轴式分布，珠三角地区城市群众创空间网状式分布，这是由地区政治、经济、文化资源的配给和分布所决定的。这也是首次从区域层面，划分出了我国众创空间的发展模式，为我国众创空间的政策制定和完善提供了客观参考。我国众创空间进一步发展中面临的瓶颈，主要表现在政策扶持不到位、营利模式不清晰和对产业促进不明显三个方面。这是我国众创空间当前以及未来相当长一段时间内发展面临的共同问题。如何有效解决这些问题，将决定众创空间能否实现进一步发展，这需要政策制定者、众创空间建设者和管理者以及相关专家学者共同努力实践和探索。

作为一种创业服务模式，众创空间是提供面向创业者的、一定程度上的公共服务平台。该类平台的发展和功能发挥，将关联到诸多公共服务资源，其对政策的需求，须立足自身的特征展开分析。总的来说，众创空间进一步发展的需求包括运营场地、相关设备、专业的众创空间运营管理人才、创新创业扶持政策、科技服务信息、培训信息以及高效的资源对接机制等，而其中最大的需求是拥有能够无缝对接公共资源的能力。

但是，众创空间的产生和发展本质上还是市场行为。政府在众创空间的发展中，应该坚持市场主导的原则，其作用主要体现在政策支持、组织协调、公共服务供给等方面。众创空间的政策供给应有所针对，除了统筹布局、平台建设之外，政策供给的目的是要为众创空间发展营造良好的制度、技术和创新文化土壤，激发平台的创新创业活力。因此，在制定促进众创空间发展相关政策时，要树立系统思维，立足创新创业生态圈建设众创空间平台；要以政府为主导，创新财税支持政策，扶持和培育民营资本投入的众创空间；要完善创新创业政策体系、制度体系和科技支撑服务体系；要培育合作共赢、敢于冒险、宽容失败的众创文化。

（作者系中国社会科学院学部委员）

三、促进和深化发展的政策建议

我国众创空间在快速发展的态势下也产生了一系列问题：

1.政策扶持不到位。虽然多数人对众创空间扶持政策持肯定态度，但对全国主要省市的众创空间抽样调查显示，在众创空间商务支持政策（比如提供人员招募、创业和商务指导等的创新创业基本公共服务支持；推进研发创新资源对创新创业者的开放共享等相关政策）、对入驻企业的金融政策和人才政策等方面仍然存在不小的改进空间。

2.营利模式不清晰。调查显示多数众创空间营利状态以政府资助和工位租金为主，营利模式非常单一和被动，多数众创空间目前仍然处于入不敷出阶段，在政策扶持期尚可勉强维持生存，一旦失去补贴可能就难以为继。

3.对产业促进不明显。目前众创空间入驻企业主要聚焦行业是互联网、教育、医疗、智能硬件、金融、文化创意等领域，行业分布非常分散，和战略性新兴产业对接深度不够，总体上对产业的促进作用不明显。

针对上述问题，依据调查结果，我们建议，可以着力从促进产业和空间协同发展、优化空间布局和扶持政策，改善空间运营和盈利状况三个方面，完善和促进众创空间的进一步发展。

1.将众创空间建设与新兴产业协同发展作为推进众创空间建设的落脚点

首先，在大力发展众创空间的同时，向专业化众创空间倾斜支持，重点支持战略性新兴产业、现代服务业、科技金融等各类新型专业众创空间；其次，进一步认识到众创空间在产业链中的重要作用，转变目前众创空间“工位+活动”的发展模式，积极探索“孵化+投资+产业”的新型发展模式，构建“研究开发—创业苗圃—创业孵化—加速器—专业园区”的完整孵化链条，最终形成众创空间与新兴产业的良性互动。

2.将众创空间扶持政策的分类实施和空间布局优化作为推进众创空间建设的着力点

根据产业发展定位，进一步制定适宜区域实际情况的创客空间发展措施和行动计划，完善分类扶持政策，加大空间商务支持政策、创业企业人才政策和创业金融政策力度。注重各项政策的系统性、协调性。众创空间政策落地往往涉及人社、科委、财政、税收等多个部门，应进一步理顺各管理部门的关系，确保数据共享和政策对接。建议依托第三方进行众创空间星级评价，以此作为获得政策支持和市场准入的参考标准，鼓励众创空间提高自身软硬件水平，做好众创空间管理。

优化众创空间布局，建造特色鲜明的众创空间。建议在有效整合现有要素资源基础之上加快建造一批低成本、便利化、全要素、多元开放、各具特色的众创空间，同时要尽量避免同一区域空间的无序引入和同质化建设；鼓励各行业龙头骨干企业和有条件的科研院所围绕产业发展定位来建设众创空间，形成开放的创新创业平台。

3.将众创空间运营效率和营利模式优化作为推进众创空间建设的关注点

开源减负，促进众创空间形成健康的营利模式。一是可以引导办公场地的提供方以股权的形式投入到众创空间的管理中，从而降低物业成本；二是可以让众创空间的管理人员以工资及股权收益的形式实现对众创空间的管理收益，从而降低人力资源成本。三是鼓励众创空间做好创业项目孵化，并引导创业项目以少量股权换取众创空间的孵化服务，将可能出现双赢的良好结果。

提高效率，改善专业化运营水平。各类众创空间要以市场需求为导向，通过更高水平的服务供给，吸引创新创业人才、天使投资人、创投机构、创业导师、成功企业家、第三方服务机构等各种资源加入，使各类创新创业主体都能在众创空间这一平台获取各种配套资源。建议成立创业金融管理公司，做好创业金融的接力配套；建议联合周边院校成立创业学院，推进创业辅导培训；鼓励空间内部企业业务对接。

（作者系上海财经大学创业学院执行副院长）

创业小贴士
START-UP TIPS

一些众创空间的共享工位为啥成鸡肋

2018 年 1 月 9 日召开的全国科技工作会议上，科技部部长万钢公布的一组数据显示，目前我国已建成 4 298 家众创空间、3 255 家科技企业孵化器和 400 余家企业加速器，开展 41 个科技创新孵化链条试点，形成从产品创意到生产全服务的生态体系。2017 年，众创空间、孵化器服务创新团队和初创企业近 40 万家，带动就业超过 200 万人。

“众创空间是创业型社会的孵化载体，多一些挺好，但从目前情况来看，这些众创空间的运营效率普遍需要提升。”上海财经大学创业学院执行副院长刘志阳因新书《众创空间：创业型社会新群落》在众创空间朋友圈里火了起来，不少政府主管部门和众创空间运营者找上门来，请他出谋划策。

全国 8 个省份数十家众创空间跑下来，刘志阳发现，这些众创空间存在的问题都差不多，“变革是少不了的”。

一、创新创业政策多，满意度不高

实际上，从创业者对于众创空间的满意度来看，这场变革就应该是“箭在弦上，不得不发”。刘志阳曾受政府相关部门的邀请，对全国双创示范基地——上海市杨浦区众创空间进行过较为细致的调研。杨浦区的情况某种程度上代表着全国各地“双创”发展扶持的较高水平，这里高校云集，双创氛围得天独厚，仅环复旦、同济、上财区域，就有许多孵化器、加速器和众创空间。

截至 2017 年年底，上海杨浦区众创空间 80 家，入驻项目 2 993 个，入驻企业数 6 640 家，孵化项目存活率 31.4%，从业人员 365 人，主要聚焦互联网、教育、医疗、智能硬件、金融、文化创意等领域。然而，即便是在杨浦区这个看似“完美”的双创温床，创业者们对众创空间、扶持政策的满意度仍不算高。

“优惠政策很多，但创业者满意度却不高。”刘志阳对上述众创空间政策扶持满意度调研发现，对政策非常满意的占 22%、比较满意的占 36%、感觉一般的占 24%、感觉不太满意的占 18%。

进一步分析创业者满意度的分类小项，刘志阳发现，众创空间的租金减免和财税政策的满意度最高，分别为 56%和 54%；但人才政策、金融政策和商务支持政策的满意度就很低，分别为25%、35%和26%。

总体来说，除了房租便宜、税收减免，创业者们关心的服务类相关问题成为众创空间的一大短板，“政策改进空间不小”。众创空间的区域布局，也成为很多创业者“吐槽”的对象。有72%的创业者认为，众创空间布局不合理。这种情况主要表现在众创空间布局太过密集，同一个区域多家同类型众创空间进驻，同质化现象严重。例如，杨浦区的长阳路，在已经引进优客工场、启迪之星、泛远孵化器的情况下，又陆续引入创客+、中国电信众创空间和启医孵化器。大家聚集在一小块地方创业并不是不可以，但聚集在一起的众创空间在人员配备、配套服务、服务内容、专业服务水平、产出成果等创业服务方面普遍差异不大。

“布局不合理和服务同质化，不仅直接导致空间之间的竞争恶化，也导致空间企业整体入驻率偏低。”刘志阳说。

二、政府依赖度偏高，市场化程度低

工位的空置率，是刘志阳调研众创空间必看的重要指标。他发现，很多号称很厉害、有很多投资人关注的众创空间，都存在工位零散和空置率高的问题。

有一家众创空间，在刘志阳第一次前往调研评审时，称还有很多创业者签约并未入驻。但在第二次、第三次匿名造访后，刘志阳发现，这家众创空间租给小企业的大房间已经有70%～80%的入驻率，但大厅里的工位仍只有30%左右的入驻率。“很多空间里，小房间都租出去了，大堂里的工位却成了‘鸡肋’。”

《众创空间：创业型社会新群落》一书中，刘志阳团队在全国走访调研后，把众创空间运营模式归纳为六大类，其中培训辅导型和联合办公型分别占26%和25%，是目前最多的类型，“主要就是租工位给创业者，能提供包含融资、创业服务等在内的综合生态体系的只有8%左右”。

早期创业者往往缺资金、缺交流、缺平台，但大多数众创空间管理者并不关心这些早期创业者的内在需求，这直接导致众创空间的“共享工位”成为“鸡肋”。少了一大群小型、微型的早期创业项目，众创空间被寄予厚望的“对新兴产业促进作用”功能也就可能无法实现。“正常的逻辑是，众创空间扶持小微创业者，然后到孵化器、加速器，再到科技园区，最后形成产业集聚。”刘志阳说。这种问题直接导致很多众创空间成为政府政策的依赖者，而缺乏市场冲劲，“拿点补贴就算了，看看有啥好的项目再投资一把”。

在上海，一家叫“Innospace”的众创空间被刘志阳看好。“这家众创空间与西门子、微软等大企业合作，通过特训营的方式选拔创业苗子。大企业在特训营中发布需求，创业者通过与大企业和空间合作，既能很好地将项目与市场需求实现对接，也能在空间有效孵化。”空间经营者结合创业服务需求，衍生了创业融资、项目对接等全产业链创业服务。这样就有源源不断的小项目产生，由此初创企业也就一点一点培育起来，空间的工位出租应接不暇。在刘志阳看来，这是他见过的、极少的工位“基本全满”的众创空间，也是全国为数较少的“综合生态体系”空间，“自建生态体系应是众创空间未来的出路之一”。

三、创业型社会更需要“小而美”的社会民生项目

更为尴尬的是，不少众创空间的经营者本身就不专业，“没有创业经验，也不懂运营和管理，纯粹就是租租场子”。

《众创空间：创业型社会新群落》一书在研究了美国的 YC、Techstars、Ufrate、Rocket Internet 和以色列的 Technion 等创客空间后发现，由创业者或是资深天使投资人运营的创客空间，其市场化程度和营利能力等要远远高于其他主体经营的创客空间。

但问题是，我国创客空间大多由并不专业的人士运营。《中国青年报 · 中青在线》记者随刘志阳一同来到上海某街道办的创客空间。在这里，地段优异、由多栋小楼组成的空间，完全由一名物业经理进行管理。物业经理的工作是把房产租出去，每天来开门、关门，管理好这几栋楼。一层楼就是一家中大型公司，甚至还有国企的下级单位进驻。

这样的街道、乡镇、县级市众创空间，在全国各地不胜枚举。刘志阳说，“区县开办的众创空间，往往不具备基本的创业服务条件，不管是融资还是人才招募，都存在很多创业服务短板。”刘志阳赞成有条件的街道、乡镇、县级市由政府部门牵头搞众创空间，但要“因地制宜”。

“周边有大学的街道，可以试试高大上的高科技创业项目；以居民区为主的街道，可以试试与社会民生相关的项目，如养老、教育、快修、健身等。”“社会民生领域的创业项目，目前仍然是一片蓝海。这片蓝海的承载落地区域，就在基层社区、街道、乡镇。”刘志阳不止一次地在各种由基层政府举办的创业项目评审会上“力挺”那些“小而美”的社会民生项目，如帮家长接送孩子的公司、给老年人送餐的公司、辅导社区老人科学锻炼的公司等。“很多街道、乡镇也都喜欢瞄着高大上的项目，殊不知这些小小的、为老百姓服务的社会民生创业项目，才能真正提升老百姓的实际幸福感。高大上的项目，街道往往承载不了。”

刘志阳认为，“理想中的创业型社会，应该既有高大上的科技创新型企业，也有大量‘小而美’的社会民生企业。解决发展不平衡不充分的社会问题，既是当前社会的主要矛盾，更是新时代最大的创业机会。众创空间本质上就是要提供早期的创业服务。只有那些提供专业化和差异化服务的众创空间，才能在未来的竞争中生存下去”。

（原文由王烨捷采访发表于《中国青年报》，2018 年 2 月 13 日）

从创业创新到创收创富

2016 年 1 月 12 日，时任国家发改委就业与收入分配司司长蒲宇飞在北京表示，创业创新在中国绝非“运动”，而是一种潮流，未来将进一步走向大众化和创收创富。正如李克强总理指出，“我们推动‘双创’，就是要让更多的人富起来，让更多的人实现人生价值。这有助于调整收入分配结构，促进社会公平，也会让更多的年轻人，尤其是贫困家庭的孩子有更多的上升通道”。

“大众创业，万众创新”作为国家层面的战略，出发点是希望将其作为应对中国经济新常态的新引擎之一，推动创新发展、解决就业，实现高素质创新创业人才的正确配置。“创收创富”则是“双创”的落脚点。**“双创”如没有从国家动员真正转化为百姓实惠，“创业疲劳”就很难避免。如何将创意转变成方案，将方案落实到“口袋”，实现收入增加和财富积累，这在新形势下确实显得尤其重要。**

那么，如何从“创业创新”跨越到“创收创富”呢？

从创业方式的进化来看，过去三十年，我国创业模式套利色彩浓厚，但是随着时代的发展，已有行业套利空间越来越小，难以跨越到创收创富的阶段。现在一些创业者将创业简单地理解为“开淘宝”或“做代购”，虽然部分人通过市场的不均衡形成的价差实现利润，即使短期内能够“创收”，但在我国对外贸易进一步开放和知识产权保护越来越严格的环境下，长远看仍然难以实现“创富”。因此，唯有通过创新，才能持续地创造收入，实现双创到创收创富的跨越。创新的重点，不仅仅是指技术创新和获取核心专利，还要考虑商业模式创新。当前是一个商业规则高度重塑的时代。比如“Uber模式”，便是互联网思维下“共享经济”的一种商业模式，它本身并没有引入革命性的技术，而是提供了一种通过分享来实现个人创富和企业创收的借鉴。

创新创业供给的源头在于创新创业人才的培养。作为人才培养的主渠道，大部分高校不仅缺乏对创业教育的理性认识，而且创业教育也没有融合到高校人才培养的整体体系之中。创业教育的另一个源头职业技术教育也发展相对缓慢。创新创业供给的直接对象就是好的项目。与中国的实体经济大喊“缺钱”相反，不少创投机构并不缺乏资金，而是缺乏好的投资项目，通过社会多种有效方式孵化有前景的创业项目的供给，不但可以实现资金的运转，而且可以实现财富的积累。

在“双创”实践中，我们需要特别注意“中间侧的管理”。通过打通创新创业供需之间的中间侧管理，缩减供需之间的交易环节，可以提高营商环境能级，降低创业供需之间的交易成本，更多保证企业家得利。2015年8月的波士顿全球制造业报告显示中国的制造成本指数仅比美国低4%，相比几年前成本快速上升。只有为创业主体“清障搭台”，才能真正地“筑巢引凤”。

对于多数创业者来说，创业初期的资金基本上依靠家庭的支持，一旦创业失败，可能导致一个甚至几个家庭的破产。如何让创业者免除后顾之忧，提高创业者参与热情，需要国家完善社会保障制度，降低创业者对未来预期的不确定性。唯有这样，创业者才会集群智、聚群力，心无旁骛地投入到创业的过程中，增加创业成功的可能性，从而实现从“双创”到创收创富的跨越。

创业激情不减，创业实践持续，将“双创”落实到“创收创富”，需要切实转变思路。这不仅需要企业家转变创业方式，还需要社会有效增加创新创业供给，政府切实打通中间侧管理盲区，完善社会保障制度。唯有如此，才能实现从“大众创业，万众创新”到“创收创富”的阶段性跨越。

（原文发表于《解放日报》，2016年1月26日）

凝聚海外创新创业人才的关键点

创新创业创造是“在危机中育新机、于变局中开新局”的钥匙，创新创业人才是实现民族振兴、赢得国际竞争主动权的战略资源。海外创新创业人才作为我国科技力量和高端智力资源的重要组成部分，其潜力亟待系统谋划、深度挖掘。

关键点一：树立“但求所用”的引智新观念

当前，国家间竞争的焦点已从过去的自然资源和有形装备争夺，转向对掌握核心技术的高素质创新创业智力资源的争夺。应对变局，不应关起门来搞创新，而是要走开放式创新道路。引进和凝聚高层次海外创新创业人才，必须转变引智观念。高层次海外创新创业人才的作用发挥，离不开其本地科研网络和创新氛围的支撑。因此，必须转变“用智即引人”的传统观念，树立“但求所用”的选才用人新理念，加大力度实施海外创新创业人才引才工程，按照各国都能接受的国际开放式创新合作规则，探求高端海外创新创业人才共用共享新路径。

关键点二：完善基于技术链的高端海外人才库

人才信息库建设是各国海外引智的通行做法。我国在“十二五”时期就依托国家重大科研项目、重点学科和重点科研基地、国际学术交流合作项目，实施三大引智工程。当前已有的引智工程人才库难以满足应对国际战略挑战的新要求，亟须依据完善我国“卡脖子技术”技术链和产业链的需求，构建精准人才信息库。

首先,做好顶层设计,整合分散资源,建立统一的海外创新创业人才库;其次,依据国家亟须突破的技术,与全球各大专业人才市场建立有机联系,扩大海外创新创业人才的储备基数和覆盖的专业领域;最后,利用人工智能手段及时更新与我国技术需求相关的全球人才需求状态、海外人才最新发展状态,让海外人才库与技术链、产业链核心需求精准匹配。

关键点三:建设海外人才离岸创新创业基地

离岸创新创业基地不同于传统的海外人才回国创业形式,而是强调以技术、投资孵化服务和人才政策结合的模式,帮助海外科技成果在国内落地。离岸创新创业基地具有财务运作的便捷性、公司信息的保密性、投融资的便利性、经营的灵活性等诸多优势,是新形势下整合国际国内两种资源、两个市场,突破海外高层次人才引进使用瓶颈的有效手段。

迷你案例

中国(上海)自由贸易试验区海外人才离岸创新创业基地

中国(上海)自由贸易试验区海外人才离岸创新创业基地由中国科协与上海市合作共建,是“海智计划”落地上海自贸区的重大举措。基地于2015年正式揭牌,面向海外人才,探索“区内注册,海内外经营”的离岸模式,是集引才引智、创业孵化、专业服务保障等功能于一体的国际化综合性创业平台。基地具有三大功能:

一是海外高端人才和国际知名服务组织引进聚集。通过柔性引才新机制,集聚一批站在行业科技前沿、具有国际视野和能力的领军人才和企业家;加强与美国硅谷、以色列等全球科技创新领先区域的技术交流合作,引进各类知名服务组织,助力成功创业。

二是境内外创业孵化。依托海外服务站点,对海外高层次人才进行政策、IP、技术、投资等前置服务,实现海外预孵化;提供低成本、便利化、全要素服务保障,衔接相关创业孵化基地及产业园区,打造创新孵化链。

三是专业服务保障。集聚政策、资本、技术等优质创新资源,为创新创业提供高品质政策服务、投融资服务、技术产业对接服务及托管服务;优质创新资源提供高质量的专业服务保障。

早在 2016 年 5 月，中国科协就明确提出以“区内注册，海内外经营”的离岸模式吸引各类海外高端人才来华创新创业，并与地方政府联合建立了深圳、上海、武汉、海南等海外人才离岸创新创业基地或中心。上述基地对海外引智起到了积极作用，但基地建设在明确离岸区域、功能定位、建设内容、法律保障等方面还处于探索阶段。着眼未来，一要借鉴国际上离岸管辖区少而精的特点，明确基地各项政策和优惠服务，为海外创业者提供低成本、便利化、全要素、开放式的资源共享空间；二要积极“走出去”，在全球创新网络节点城市谋划全球人才工作站点布局，通过绿地投资、参股、联盟等多种方式设立海外离岸基地，谋划重点创新项目近距离孵化；三要因地制宜，制定灵活的离岸创新创业人才基地运营模式，积极发挥政府示范园区、众创空间、离岸创新创业联盟等各种模式优势，以实体基地为载体、以创新联盟为支撑、以专业团队为主体，完善创新创业项目“海外预孵化、国内再孵化、全球产业化”新机制。

关键点四：建立海外引智配套政策新体系

创新海外引智方式，需要完善法律保障、金融扶持、市场化运作机制等政策配套体系，为海外人才营造良好环境。

全方位提供注册登记便利。对在海外基地进行创业的外籍人才，在符合相关法规前提下，可探索用内资身份以人民币进行工商登记注册，逐步放宽海外人才创业、投资和经营范围。

提供财税金融等方面支持。各地应根据情况设立海外人才创新创业政府专项引导基金。政府引导基金应积极介入海外人才创新创业项目，激励更多民营创投基金进入。对于一些创投基金优先进入的项目，也可规定政府引导基金按比例配套跟进。财政和科技部门可以协同设立海外人才创新创业支持券，帮其分担科技研发的前期风险。

健全法律保障。建立健全知识产权保护和信用管理制度、知识产权多元纠纷解决机制，保障海外创新创业者信息安全和知识产权安全。

探索海外人才激励机制。对来华工作做出较大贡献的外籍人士，允许其通过科技成果转化获得限制性股权，享受国内人才递延纳税同等待遇，实行与国内同等的科技奖励政策。

加大创新创业服务力度。鼓励通过政府购买服务方式，为海外创新创业人才提供专业化、市场化、社会化的各类创新创业服务。简化外籍高层次人才永居申办程序，积极协助外籍人士子女入学，优化海外人才创新创业环境。

（原文由刘志阳、施祖留发表于《光明日报》，2020 年 7 月 20 日）

加快高技能人才培养

高技能人才是我国人才队伍的重要组成部分，是支撑中国制造、中国创造的重要力量。习近平总书记在致信祝贺首届全国职业技能大赛举办时强调，“高度重视技能人才工作，大力弘扬劳模精神、劳动精神、工匠精神，激励更多劳动者特别是青年一代走技能成才、技能报国之路，培养更多高技能人才和大国工匠，为全面建设社会主义现代化国家提供有力人才保障”。今天，把握新发展阶段、坚持新发展理念、构建新发展格局，离不开高技能人才的坚实支撑。

着眼新发展阶段，把握高技能人才与高质量发展的内在逻辑。当前，我国已进入高质量发展阶段，支撑发展的要素条件发生了深刻变化。在人口老龄化加剧、劳动供给结构变动的新背景下，提升劳动者素质，事关新发展阶段国家竞争力全局。综观世界制造强国的崛起过程，普遍将高技能人才的育、选、用工作放在推进制造业发展的重要位置，举全国之力给予保障。在日本产业工人队伍中，高级技工占比40%，德国则达50%。我国现有高技能人才近4 800万，在1.7亿技术工人中占比不足30%。尽管我国以相对完整的产业链成功应对了全球新冠肺炎疫情的系统性冲击，但高技能人才的缺乏和关键元器件的受制于人，也直接暴露了我国高端制造业的产业安全漏洞，限制了“中国制造”向全球价值链高端攀升。新征程上，要实现向制造强国的成功转变，关键是建设一支数量充足、素质优良、结构合理的高技能人才大军。

着眼体制机制,营造高技能人才技能报国的外部环境。一个国家的发展,离不开各行各业劳动者的共同努力。我国虽然有“尚巧工”的传统,但技能人才在相当长时期一直得不到应有重视,社会上依然存在轻视职业教育和技能人才的普遍现象。全社会必须更加深刻认识高技能人才对于推动高质量发展的重要性和紧迫性,将高技能人才纳入国家高端人才体系队伍,健全高技能人才培养、使用、评价、激励的系统性顶层设计;要积极倡导尊崇劳动模范和技能人才的社会新风尚,为各级劳模和技能人才施展才华提供广阔舞台,使他们在发展上有空间、经济上有盼头、社会上有地位;要紧扣“卡脖子工程”和高端制造的薄弱环节,凝聚市场、企业、学校等多方合力,大力发展与紧缺产业需求密切相关的现代职业技术教育,大力培养与未来产业密切相关的高等教育应用人才,重视建设新型产业学院和未来技术学院,营造全社会创新创业的蓬勃活力。

着眼自身发展,强化高技能人才成长成才的内生动力。走技能成才、技能报国之路,将青春梦融入中国梦,这是新时代新征程对全国青年才俊的殷殷期盼。近年来,国家相关部委密集出台文件,强调要坚决打破人才评价的“唯分数、唯升学、唯学历、唯论文、唯帽子”制约,这将为我国高技能人才的涌现提供更多机会。在人才成长的道路上,只有对未来职业的积极渴盼和强烈期望,才会点燃一个人努力向上的内在引擎。新时代高技能人才必须具有足够的自信,勇于淬炼高超娴熟的技能、涵育精雕细刻的理念,用不懈奋斗成就非凡人生。

(原文发表于《光明日报》,2020年12月16日)

“十四五”上海民营经济亟待突破的问题

“十四五”是上海高质量发展的关键时期，做大做强国资国企和外资力量的同时，迫切需要释放民营经济活力助力上海高质量发展。总体看，相比浙江、江苏、广东等民营经济发达省份，上海的民营经济发展的规模、贡献度等都与其在全国经济发展地位不相称。2019 年，中国 500 强民营企业中，浙江有 92 家，江苏有 83 家，广东有 60 家，上海只有 15 家；2018 年，民营经济增加值，浙江占比 65.6%，江苏占比 55.4%，广东占比 53.8%，上海仅略超 25%。“十四五”期间补齐上海民营经济发展短板，亟待突破四大重要问题。

一、民营经济发展观念问题

上海民营经济发展的困境与长期固有的民营经济认识误区有关。第一，定位误区。没有深刻认识公有制经济和非公有制经济都是社会主义市场经济的重要组成部分，都是我国经济社会发展的重要基础。促进民营经济发展的制度安排在过去长时间缺位，系统政策设计的缺失使得民营资本发展应有优势尚未完全充分发挥。第二，作用误区。认为民营经济在上海经济发展和核心主导产业中并非主导地位，忽视了民营企业在就业、财政税收、科技创新等其他方面的贡献。第三，政府服务误区。缺乏服务民营经济的责任意识和当好民营经济“店小二”的心态，对民营企业的各项政策需求关注不足，敏感度低。

这些误区的存在有其特殊的历史原因。1949年后上海是国有经济发展的典范，1992年后浦东开发开放战略实施加快吸引外资外企进沪，因此，上海长期以来对国资国企和外资外企的政策支持力度都很大。相比之下，培育和发展民营企业的政策则较少，这间接导致上海民营企业竞争力和话语权较弱，也使得民营经济在上海改革发展中的地位基础不稳。“十四五”期间，应彻底转变思想观念，充分释放民资民企与市场高度融合的灵活性，着力提升民营经济应有地位，助力上海民营跨国企业走向全球。

二、民营经济营商环境问题

根据世界银行最新发布的《2020年营商环境报告》，中国总体营商环境排名跃升15位至全球第31名。上海作为样本城市之一，多项指标提升较大，对营商环境排名贡献也较大。但对标全球，上海在便利度、法治化、国际化等营商环境方面仍有一定的提升空间。第一，法治化问题。首先，产权制度是市场经济的基石。只有产权得到平等、有效保护，市场主体才能放心投资。上海民营企业在产权、创新、投资、质量与安全监管等活动中仍缺乏法治化保障。其次，尽管上海的司法服务效率和透明度有了较大提升，但民营企业在合同执行与商业纠纷上仍面临受理办案难和维权成本高的问题。最后，建立法治政府和提升政府公信力，需要完善政府守信践诺机制，需要减少政府对民营企业日常经营和重大决策的不当干预。第二，市场准入与行政审批问题。首先，上海针对民营企业的政策执行的透明度不足，存在人为设置隐性门槛和附加条件的情况，民营企业遭遇“玻璃门”“弹簧门”“旋转门”的不公平待遇长期存在。其次，支持民营企业的政策呈现碎片化状态，政策之间甚至存在冲突，缺乏配套措施，政策不够细化，民营企业无法享受政策带来的支持和帮助，迫切需要集成支持民营经济发展的系统性顶层设计的制度保障，给民营企业吃下定心丸，并落实配套政策。第三，减税降费措施落实问题。新社保政策对企业成本的影响很大，调查显示，近七成企业的成本上升，其中25%大幅上升。在面临经济下行和中美贸易摩擦的双重挑战背景下，叠加上海高房价、高房屋和商铺租金等其他经营成本压力，民营企业迫切需要减税降费措施能够落实。尤其是对于中小企业的专项税收政策优惠和涉企收费规范应该全面落实，切实让中小企业公平分享减税降费的红利。第四，政府服务环境。

便利度是良好营商环境的重要体现。上海通过政务“一网通办”总门户，提高了政府服务效率，走在全国前列。但现实中，民营企业对政策的了解程度和渠道比较有限，信息渠道存在不畅通的问题。政府围绕政策落实落地统筹协调不够，各区各部门的联动性不足。政府主动服务意识不足，特别是在中美贸易摩擦和经济下行时，未能率先主动对接和服务民营重点企业，对政策帮扶与解答、信息沟通和项目落地推进等未能主动提供全方位的保障。

三、市场公平竞争问题

2019 年《政府工作报告》明确提出，按照竞争中性原则，在要素获取、准入许可、经营运行、政府采购和招投标等方面，对各类所有制企业平等对待。当前，我国面临经济放缓以及中美贸易摩擦等外部经济环境的冲击，企业之间的竞争逻辑由增量竞争逐步走向存量竞争，贯彻落实“竞争中性原则”迫在眉睫，从而让各种所有制主体依法平等使用资源要素、公开公平公正参与竞争、同等受到法律保护，推动相关政策落准、落细、落实。由于国有经济在上海经济发展中的重要地位，民资民企实际上并未得到平等对待和一视同仁。在对上海青年企业家的调查中，仍有高达 60.7%的企业家认为国企和民企不能公平竞争仍是当前企业家公平竞争权益上存在的痛点问题。国有企业在政策支持与信贷资源等方面具有天然优势，甚至在竞争性领域，民营经济的发展空间进一步遭受挤压。民营经济并未能公开公平公正地获取土地、信贷资源等生产要素，其普遍反映的融资难、融资贵未得到有效解决，这一点从世界银行发布的《2020 年营商环境报告》中“获得信贷”指标下降也可以得到印证。最后，国有企业混改中存在“混而不改”和“混而不和”问题，民营企业在信息平等、规则平等、机会平等方面未被作为一个平等的参与者对待，更多只是做背书，无法真正完善国企治理结构和运营机制，提升国有企业运营效率以及扩大民营经济的影响力。

四、民营经济创新发展问题

新时代上海高质量发展需要激发民营经济科技创新活力。首先，上海民营经济能级有待提升。例如，上海民营企业迄今没有一家跻身 2019 年世界 500 强，而 2019 年中国 500 强中上海的民营企业只有 15 家，远远落后于浙江和江苏。2018 年上海市有 390 家瞪羚企业、179 家千里马企业及 42 家独角兽企业，陆金所是上海本土唯一一家入选 TOP10 的独角兽企业。不同能级企业的数量不多，能级之间接力不足，民营企业不大也不强。其次，对民营企业创新缺少有效举措，包括共性技术创新平台、创业融资和创新人才引进。**技术创新需要共性技术平台支撑，这些往往不是单个民营企业所能负担的。现实情况是市级共性技术平台名义上开放，但实质上对中小民企是排斥的。**上海创业金融的机构数量和投资金额与深圳差距明显，反映了上海作为国际金融中心在创业金融的明显短板。在创新人才引进方面，66.04%的企业家认为主要问题在于户口落户缺乏优惠政策，围绕户籍衍生的购房、就医和子女入学等生活成本也成了上海企业吸引全国乃至全球各层次人才的制约因素，民营企业拿到的人才落户指标非常少。再次，民营企业尚未形成总部空间集聚发展态势，制约了其开放创新网络构建和产业链核力的形成。最后，以区块链、大数据、物联网、云计算、5G 等为代表的新一代数字技术的突破和融合正在深刻影响和塑造全球社会经济的各个领域和各个行业的格局，催生了各行各业平台经济的崛起。平台经济具有广泛性、虚拟性、效率高和赢家通吃的特点，现有新兴平台经济发展容易导致大的越大、赢者通吃局面，中小民营经济在新兴平台经济发展中寸步维艰。迫切需要制定民营经济特殊主体的新兴产业振兴政策，规制平台大企业滥用市场支配地位等违规违法行为，鼓励和引导平台大企业赋能中小民营企业发展。

06

第六讲

双创教育

新经济源头

创新创业教育作为教育新物种，其实质就是释放个体的天性，鼓励个体的自我实现。最终应该落实在“基于创造而不是预测，基于个性而不是共性”的人的核心素养的提升上。

创新创业教育的『2035』中国方案

到2035年中国要基本实现社会主义现代化。创新创业教育作为教育现代化的重要组成部分，不仅关系百年树人的教育大计，更与创新型国家战略紧密相关。站在新时代，我们有必要从更高远的视角来审视创新创业教育的历史作用和未来方位，走出一条有大国特色的中国道路。

历史是最好的“试金石”，中国创新创业教育与改革开放相伴而生。早在20世纪80年代，科大少年班模式一定程度上回答了精英创新人才的集中培养难题，但是创业教育在中国仍是空白。90年代，随着社会主义市场经济机制的建立，清华大学等高校发起的“挑战杯”大赛一定程度上激发了学生基于科技创新为基础的创业项目的产生，缓解了市场化改革对各类创业人才的渴求，但这一时期的创新创业教育仍停留于单一的大赛和活动。进入21世纪，伴随信息技术对创业门槛的降低和民营经济的跨越式发展，吸引了越来越多的大学生自主创业，这直接推动了创业教育成为学校选修课。与高校相比，财富的追求和民营企业家族传承的需要直接刺激了社会上各种财商教育的产生，一定程度上弥补了正规创新创业教育不足的缺失。但中国腾飞过程中的“钱学森之问”也再次提出了创新人才培养的大课题。2010年开始，尤其是党的十八大以来，伴随国家“双创”的大力推进，创新创业教育被提高到国家实施创新驱动发展战略迫切需要和高等教育综合改革突破口的高度。这一阶段,创新创业教育的科学特征更加清晰,时代意义更加突出,强调创业教育要与创新教育有机结合,创新创业教育要融入专业教育和人才培养全过程。这一时期的创新创业教育有力支撑了"双创"目标的实现。回顾改革开放40年,可以说创新创业教育是中国教育现代化征程中取得的重要成果,是中国市场经济发展和改革开放的必然结果,也将在2035年中国基本实现现代化的自主探索中扮演更重要的基石作用。

创业小贴士
START-UP TIPS

钱学森之问

2005年,总理在看望钱学森的时候,钱老感慨说:"这么多年培养的学生,还没有哪一个的学术成就能够跟民国时期培养的大师相比。"钱老又发问:"为什么我们的学校总是培养不出杰出的人才?"

"钱学森之问"是关于中国教育事业发展的一道艰深命题,需要整个教育界乃至社会各界共同破解。"钱学森之问"与"李约瑟难题"一脉相承,是对中国科学发展的追问。

面向2035,创新创业教育应该基于人的现代化,着力发展人的个性并培养应对未来不确定性的能力。在现代化进程中,人既是实践主体,也是价值主体,更是终极目的。现代化的核心在于人的现代化,没有人的现代化就没有真正意义上的现代化,而创新创业教育的实质就是释放个体的天性,鼓励个体的自我实现。与此同时,站在科技变革的前沿,知识在碎片化的同时流动更快,技术在不可预测的同时交叉融合比以往任何时候更深。长期以来的以专业知识、职业能力和确定性思维为主的人才培养模式走到了尾声,基于跨学科跨专业知识、把握机会能力、领导力及不确定性应对思维为主的新型人才培养模式正在重塑教育的未来。这一切,最终都应落实在提升"基于创造而不是预测,基于个性而不是共性"的人的核心素养上。

面向2035,创新创业教育应该基于校企、校地协同,着力重构未来教育新生态。在现代化进程中,学校只是知识传播的一个界面,不再是全部。企业、社区和各类专业组织是知识的新策源地。未来,学生来学校更多是为了寄托精神和结交伙伴。于学校变革的前奏,创新创业教育因其天然的实践基因,成为教育综合改革的一扇窗口。借助这扇窗口,企业、社区和众创空间开始成为新的课堂,企业家和社会创客成为新的导师。教育的任务不再是被动式学习,而是主动性的任务生成和实现。人工智能和知识簇群开始取代教师成为传统意义上的“传道授业解惑者”,教师则是“学生梦想实现的陪伴者”和“学习场景开发的研究者”。所以,我们有理由相信创新创业教育担负着数智时代的教育变革新任务。

面向2035,创新创业教育更应该基于现代化强国目标,着力提供新技术和高端人才的战略支撑。在任何国家的现代化进程中,人才和技术都是不可逾越的鸿沟,大国更是如此。技术进步是累积性的,但是技术创新却有可能弯道超车。尤其是新技术往往是在交叉中孕育,在融合中产生,因而也隐含了很多颠覆式创新的机会。创新创业教育的跨界特点恰恰为新技术的产生提供了丰富的土壤,所以完全可以为大国复兴提供大量新技术的储备。此外,创新创业教育强调基于发明、技术和商业化的综合性教育,强调产学研的最后一公里落地。所以这些受过创新创业教育的人才也是社会上不可多得的应用性人才,必将在现代化强国中因其卓越的行动力而备受期待。

总之,面向2035的中国创新创业教育方案应该是一条适应现代化发展需要的促进个体发展和学校变革,为民族复兴提供新技术和高端人才储备的中国特色社会主义教育之路。

(原文发表于《中国教育报》,2017年12月22日)

“互联网+”正以前所未有的速度席卷各行各业。高等教育在“互联网+”的冲击下,一方面,大学借助互联网技术与其他社会组成部门交叉渗透,促使知识生产、加工和利用的速度越来越快,双创教育的孵化成果呈现了前所未有的加速度;另一方面,作为高等教育综合改革的重要突破口,双创教育最大化塑造着大学的“互联网+”基因,使大学越来越多地展现出“互联网+”的本质:开放、共享、协同和平等。

首先,在“互联网+”新背景下,新技术和新知识以前所未有的速度更新,领创未来的双创人才是“互联网+”大学的主要培养目标之一。

多年前,马云对郭台铭说,虽然富士康是制造业的一头大象,但用很多蚂蚁一样能扳倒。当时郭台铭对此不屑一顾。几年后,郭台铭这样评价:蚂蚁长大了,有大的头脑和行动能力,蚂蚁虽小,行动一致,就可扳倒大象。如今,阿里这只曾经的蚂蚁扳倒的不止一头大象。

在“互联网+”双创时代,类似上述“蚂蚁扳倒大象”的例子不胜枚举,创业型经济替代管理型经济逐步成为互联网时代的最新特征。同时,借助互联网的链接,众创空间和分享经济不断兴起,越来越多的年轻人参与各种各样的社会创业过程,创业型社会正逐步改变管制型社会的诸多社会秩序,“互联网+”大学也身处其中。在瞬息万变的“互联网+”环境下,双创人才突出的独立思辨和问题导向思维、坐言起行的执行力,以及掌握创建过程的领导力成为核心竞争力。这部分人才恰恰是"互联网+"大学弥足珍贵的种子选手。

其次,开放共享的双创课程和教学手段是"互联网+"大学的主要供给内容。

双创教育资源的巨大需求,将会推动具有学科优势的大学将优秀课程在线分享,实现自身优势的辐射效应。通过在线双创课程建设,大学的围墙将被彻底打破,一个无边界的全球校园和校友全生命周期学习网络将被构建。未来更加人性化的课程平台和开源课程的构建与传播将成为"互联网+"大学的常态。同时,纯粹知识讲授型教学手段也将被摒弃。学生的头脑并不是待填满的容器,而是待点燃的火苗。"互联网+"背景下,碎片化知识的获取随处可见,大学应该做的恰恰是如何采取有效手段将创新火苗点燃。翻转课堂、参与式教学、研究型学习及大数据技术都将推动"互联网+"大学教学手段的创新。

再次,开放协同的双创管理机制是"互联网+"大学的重要支撑。

双创教育要求建立校校、校企、校地及国际合作的协同育人新机制。现有的高校财政投入体制很难实现知识生产和转化的一体化,校企协同可以解决很多类似关键性问题。对于企业而言,投资早期项目获得优先机会;对于学校来说,利用企业资金助于孵化。此外,开放办学解决了双创教育实践型创业导师的严重短缺。总之,开放协同要求大学教育删繁就简,只保留真正对学生教育起到贡献作用的部分,留下的将是更精致而又实惠的大学教育精粹。双创教育窗口的打开,恰恰为"互联网+"大学探索开放协同的管理机制提供了最佳试验田。

最后,平等包容的双创文化是"互联网+"大学的精神内核。

双创文化的实质内核是尊重首创,人人平等;宽容失败,鼓励试错,追求卓越。双创文化与"互联网+"大学的文化基础是共通的。在"互联网+"背景下,教师不再居高临下,更多体现为对学生兴趣的激发与思维引领。

大学作为知识、思想与道德的文化高地,吸纳了大批致力于优秀文化传承和思想文化创新的守望者。在日渐工具化及利益化的社会中,大学不能迷失育人之本和文化引领。双创教育是以对人的培养为目标,通过开展双创教育,将重新掀起全社会对高等教育本源的思考,有利于进一步激发高校在大学文化塑造中对培养具有思辨力公民的崇高理念追求。

(原文发表于《中国教育报》,2016 年 12 月 19 日)

海外创业教育课程框架

自20世纪60年代开展创业教育以来，美国、英国、西班牙、法国等国家在开展创业教育方面独占鳌头，在创业教育课程的体系与内容设计方面积累了大量发展经验。美国高校中最早出现创业教育是50年代麻省理工学院的工程学教授Dwight Baumann开设的第一门课程“创业精神”（Entrepreneurship），但此后跨国公司、超大型企业的崛起挤压了中小企业的成长空间，直到60年代末美国高校创业教育才迎来发展期。包括斯坦福大学、纽约大学、百森商学院、南加州大学及东北大学等在内的美国高校相继于70年代开设了创业教育课程体系。到21世纪初期，美国高校的创业教育课程体系已较为完善，已有1 200多所大学院校提供创业和小企业教育课程（Solomon，2001）。

本文根据《金融时报》（Financial Times）2017年发布的全球商学院创业学学科排名，选取美国排名前四的高校商学院作为创业教育课程内容的研究对象，在梳理美国创业教育指导理念和实施标准的基础上，对斯坦福大学商学院、麻省理工学院斯隆管理学院、百森商学院、加州大学伯克利分校哈斯商学院的创业教育课程内容进行重点分析，突出各所高校在课程内容设计中的亮点和重点，并试图把握美国创业教育的发展态势。

一、TOP 25 创业学学科的选取方法说明

创业教育在过去的半个世纪里经历了显著的增长。在将近六十年的时间里,创业教育已经从单一的课程发展到多元化的教育体系。创业教育最早开始于 1938 年的日本,日本神户大学教授 Shigeru Fujui 第一次尝试性开展创业教育(McMullen and Long,1987),此后在全球如雨后春笋般崛起,特别是在以美国、英国、法国等为代表的发达国家进行了广泛实践。发展中国家的创业教育则起步较晚,其发展规模和质量与发达国家相比还存在较大差距,但其发展势头迅猛,展现出了丰富的多样性和广阔的前景性。

创业小贴士
START-UP TIPS

全球商学院 MBA 创业项目排名 TOP25

创始于 1999 年的《金融时报》全球 MBA 排行榜(Financial Times Global MBA Rankings),是目前国际工商管理教育领域内认可度最高的排行榜之一。能够进入榜单的商学院须具备三个条件:获得国际认证机构的认证,如 AACSB、EQUIS、AMBAs 等顶尖机构;拥有一个至少运行了 4 年的项目;学生至少已经毕业 3 年或以上。2016 年的调查共有 157 所高校参加,使用了自 2012 年以来的 9 800 名校友的调查数据(其中回复率达 43%)。该次调查除了满足以上三个条件外,还规定至少要有 20%的学校校友回复《金融时报》的调查报告,且每个学校至少有 20 份填写完整的问卷,这就要求该专业每年至少有 30 名毕业生才能满足条件。

在对校友进行调查的问卷设计中,该项得分占排名权重的 59%,是影响不同学校创业学排名的主要因素。对学校的 11 项相关数据进行调查占排名权重的 31%,分别为平均工资、工资涨幅、货币价值、职业发展、目标完成情况、实习状况、毕业后三个月内求职状况、校友推荐、女性职员、女学生、女教师、国际职员、国际学生、国际教师、国际交流、国际课程经验、语言、具有博士学位的职员、历年 FT 排名。另外的 10%则根据该学科的研究能力来打分,具体而言是根据全球 45 位国际认可的学术和从业人员期刊上的专家的文章数量,在教师规模的基础上进行加权计算。在此基础上,得出了 2017 年创业学排名前二十五的高校。

2017年全球商学院MBA创业项目排名前二十五

排名	学　校	国家	创办公司的毕业生比例(%)	学校资金支持(总分10)	校友资金支持(总分10)
1	斯坦福大学商学院	美国	34	9	9.5
2	麻省理工学院斯隆管理学院	美国	36	7.3	8.6
3	百森商学院	美国	52	5.9	7.1
4	剑桥大学贾吉商学院	英国	17	9	9.5
5	加州大学伯克利分校哈斯商学院	美国	18	7.8	8.1
6	达特茅斯大学塔克商学院	美国	14	—	9.8
7	卡斯商学院	英国	27	8	7.5
8	卡耐基梅隆大学塔克商学院	美国	16	9.2	8.5
9	牛津大学赛德商学院	英国	29	7.1	8.1
10	哥伦比亚大学商学院	美国	18	8	8.4
11	芝加哥大学布斯商学院	美国	19	7.8	8.7
12	耶鲁大学管理学院	美国	16	7.2	9.9
13	宾夕法尼亚大学沃顿商学院	美国	25	7.7	8.9
14	帝国理工大学商学院	英国	34	—	6
15	弗吉尼亚大学达顿商学院	美国	15	9	9.3
16	哈佛商学院	美国	22	8.5	8.8
17	欧洲工商管理学院	法国/新加坡	24	6.9	8.1
18	纽约大学斯特恩商学院	美国	14	7.8	8.3
19	IMD商学院	瑞士	18	6.2	8.3
20	密歇根大学罗斯商学院	美国	16	8	8.6
21	兰卡斯特大学管理学院	英国	34	5.2	8.4
22	南加州大学马歇尔商学院	美国	19	7.4	7.3
23	西北大学凯洛格商学院	美国	15	6	8.4
24	IE商学院	西班牙	25	6.4	7.4
25	康奈尔大学约翰逊商学院	美国	28	6.5	6.1

注:数据基于《金融时报》对2013届毕业生的调查。

资料来源:Top 25 MBA programmes for entrepreneurship 2017,*Financial Times*.

本文根据以上排名，选取美国高校排名前四的斯坦福大学商学院（1/25）、百森商学院（2/25）、麻省理工学院斯隆管理学院（3/25）和加州大学伯克利分校哈斯商学院（5/25）的最新创业教育课程为例，分析当前美国创业教育课程设计的具体思路和内容。

二、课程设计理念与国家标准

美国作为世界创业理论创新的重要源头和实践原地，对创业理论贡献巨大。具体到创业课程设计的理念而言，主要有杰夫里·蒂蒙斯（Jeffry Timmons）、盖里（Dr. Gary）、撒迪厄斯（Thaddeus McEwen）等美国学者分别提出了较有影响力的相关理论。被称为“创业教育之父”的蒂蒙斯认为，创业教育的课程内容主要包括理论课程和实践课程两部分，该理念也成为目前全球各高校开展创业教育的主要指导思想。盖里则是创业教育课程学位模式的开启者，其先后在所任教的扬斯敦州立大学和威斯康星大学进行实践，他将创业教育引入学士学位、研究生学位和MBA学位的不同教育阶段，通过完成必修课和选修课的形式达到规定学分后才允许毕业。目前，蒂蒙斯的内容两分法和盖里的三阶段分法在整合融汇后，已逐渐得到世界其他高校的认可与借鉴。而北卡罗来纳州立大学的撒迪厄斯和贝丽尔（Beryl McEwen）提倡将创业教育课程中的经济、财政、会计、企业等因素融入通识教育中，为学生提供更好的就业创业机遇。这三种观点在美国高校创业教育中占据主流，成为各高校开展创业教育的主要指导思想。

自创业教育在美国开展以来，各地教育部门先后多次尝试制定创业教育本地标准，许多当地的教育协会在确定创业学科的内容方面发挥了领导作用，确保一个地区的学生能够分享共同的创业课程目标。2004年在考夫曼基金会（Kauffman Foundation）的赞助下，各地教育协会整合各地标准后统一制定《创业教育国家内容标准》（National Content Standards for Entrepreneurship Education）。该标准体系主要包括15个主要指标和403个辅助性指标。2016年再次对该标准体系进行了审查，15个主要指标和403个辅助性指标未做调整。

美国创业教育国家内容标准(2016年)

类别	主　题	学习要求	核心要点
创业技能类	创业过程	理解成功创业现象的概念和过程	发现、观念发展、资源、实现、收获
	创业特征和行为	理解成功创业现象中的个人特质和行为	领导能力、个人评估、个人管理
预备技能类	商业基础	理解基本的影响商业决策的概念	商业概念、商业活动
	沟通/人际交往技能	理解与他人有效互动的概念、策略和系统	沟通基本原理、员工沟通、沟通伦理、团队人际关系、冲突处理
	数字技能	理解基本的计算机操作概念和程序	计算机基础、计算机应用
	经济学(32)	理解经济学原理和概念	基本概念、成本—利润关系、经济指标和趋势、经济体系、国际化的经济概念
	财经素养	理解个人资金管理概念、程序和战略	货币基础、财经服务、个人财务管理
	个人发展	理解个人职业探索、发展和成长的概念和战略	职业规划、求职技能
企业职能类	财务管理	理解商业决策所需财务知识和工具	会计学、财政学、资金管理
	人力资源管理	理解招聘、激励、发展和解雇员工的相关概念、系统和战略	自组织、员工安置、培训、士气/动机、考核
	信息管理	理解商业决策过程中的信息访问、处理、维持、评价以及传播的概念、体系和工具	信息保存、技术、信息获取
	市场营销管理	理解判断和满足消费者需求,实现商业目标、创造新产品或者服务想法的相关概念、体系和工具	创造新产品或提供新服务、销售信息管理、促销、定价、销售
	运作管理	理解日常商业运作的过程和体系	商业系统、渠道管理、物资采购、日常运作
	风险管理	理解商业应用和损失最小化的概念、战略和体系	经营风险、法律风险
	战略管理	理解引领整个商业组织的过程、战略和体系	规划、控制

资料来源:National Standards for Entrepreneurship Education(2016),http://www.entre-ed.org/nat-standards/national-entrepreneurship-standards/standards-detail.

三、美国高校课程设计分析

本文将着重对斯坦福大学商学院、百森商学院、麻省理工学院斯隆管理学院和加州大学伯克利分校哈斯商学院四所高校的创业教育课程展开分析,以期把握美国创业课程设计的主要途径和发展前沿。

(一)斯坦福大学商学院(Stanford Graduate School of Business)

在美国所引领的第三次信息技术革命中,如果说硅谷是引领美国新经济的翅膀,那么斯坦福大学则是促进美国经济升级迭代的“心脏”。自斯坦福大学成立以来,其师生先后直接或间接创造了许多伟大的科技公司,包括谷歌、惠普、思科、雅虎等站在互联网革命前沿的促进美国硅谷诞生的许多伟大企业,这些企业对经济和社会发展做出了巨大贡献,深刻地改变了人们的工作和生活方式。斯坦福大学的大部分院系都开设了创业方面的课程,尤其是其商学院和工学院已成为全球创业教育的模板和典型。成立于1996年的斯坦福大学创业研究中心(Center for the Study Entrepreneurship),通过不断整合和完善学校已有的创业课程和研究资源,已逐渐发展为斯坦福大学进行创业教育的管理平台和服务平台。

斯坦福大学商学院创业课程的特色主要有三:一是全过程全方位渗透,创业素养已成为学生素养培养的基本目标。斯坦福大学在本科第一年、第二年均为通识教育,不分专业所有学生接受同样的通识课程教育,而创业课程则是通识课程的重要部分,在综合课程的设置中,多学科相互交叉是常态,工科、理科和文科的课程相互渗透,同时学校也通过选课结构、学分结构等方面的设置来鼓励学生跨学科选课;二是理论教学与实践锻炼无缝对接,知识应用转化率高,斯坦福大学大规模邀请知名企业家、商业团队走进课堂,与授课教师一起结合具体主题讨论交流,帮助学生结合案例学习理论知识,例如,《创业管理》课程的教授一般由一位本校的全职教师和一位具有企业运营管理经验的客座教师担任,而《创业机会识别》课程则是邀请了社会知名度较高的商业计划开发团队和资深投资人担任指导老师,将学生分为若干团队小组,指导老师定期和学生团队见面、指导;三是充分利用校内外资源,课外活动多样化、常规化,校友是斯坦福大学发展的重要资源,斯坦福大学的在校师生和校友在美国的商业经济中占据了重要话语权,因此,各种各样的创业俱乐部、投资年会、技术创新大会、创业者大会等成为斯坦福大学校园文化的重要组成部分,在校学生通过积极参加活动的

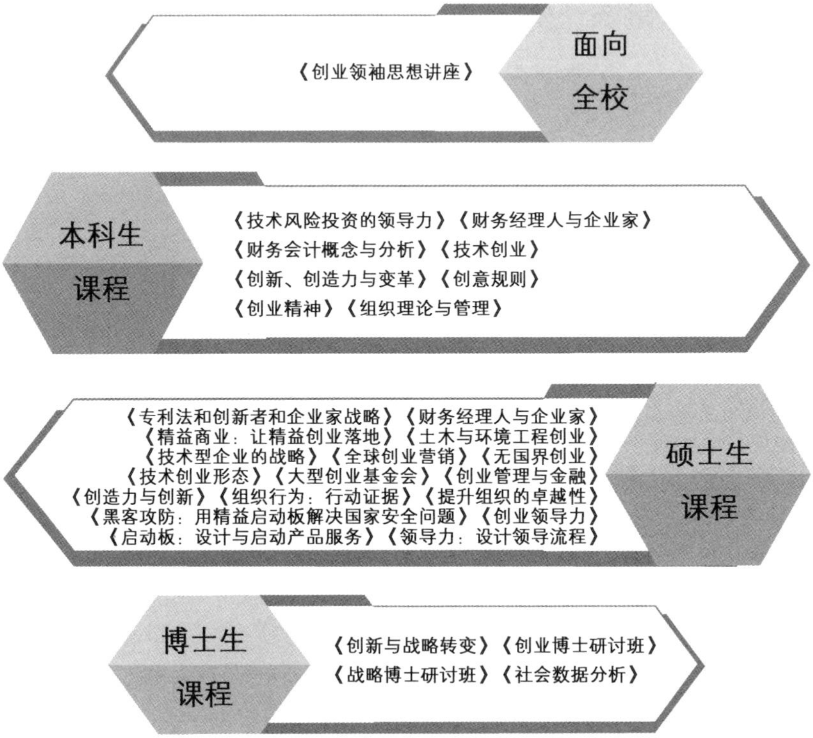

资料来源：Stanford Technology Ventures Program. Courses [EB/OL]. 2017 - 12 - 10. http://stvp. stanford. edu/courses.

斯坦福大学商学院创业课程

组织与运作，与知名企业高管、顶尖技术人才、学术大牛建立联系，这也能帮助学生对创业理念、创业实践有较深刻的认识。

值得一提的是斯坦福创业者网络（Stanford Entrepreneur Network），该创业者网络就是连接斯坦福大学所有创业资源的中介点和分享点，所有的创新信息、融资信息、新技术、人员流动等都会通过此平台分享，帮助在校学生以较低成本了解并获取创业资源。平台每年都会举办创业周，邀请知名企业来学校观摩项目路演，帮助学生的创意、项目、技术等与企业对接转化。[①]

（二）麻省理工学院斯隆管理学院（MIT：Sloan）

麻省理工学院在创业教育方面取得的成就尤为突出，现已成为各国各大高校竞

① 详见 http://sen. stanford. edu.

相模仿与研究的对象。麻省理工学院自 1916 年就开始了创业教育和创业实践活动,1950 年前后学校师生则开始了技术和项目的成果转让与转化,学术资源转化为有效的商业资源使得麻省理工学院的教育使命发生了相应转变。1990 年麻省理工学院正式组建“麻省理工创业中心”,开始把学校长期以来的创业教育资源、创业教育经验等进行系统总结和归纳。2013 年则在整合校内外资源的基础上进一步成立“麻省理工创新行动计划”项目,将麻省理工学院的创业教育生态进一步完善和系统化。

斯隆商学院开设 47 门创业课程,主要分为创业通识课程、创业专业课程、创业技能课程和创业选修课程,目前已有数千名学生注册学习。该校主要由马丁·特鲁斯特创业中心(The Martin Trust Center for Entrepreneurship)和戈登工程领导中心

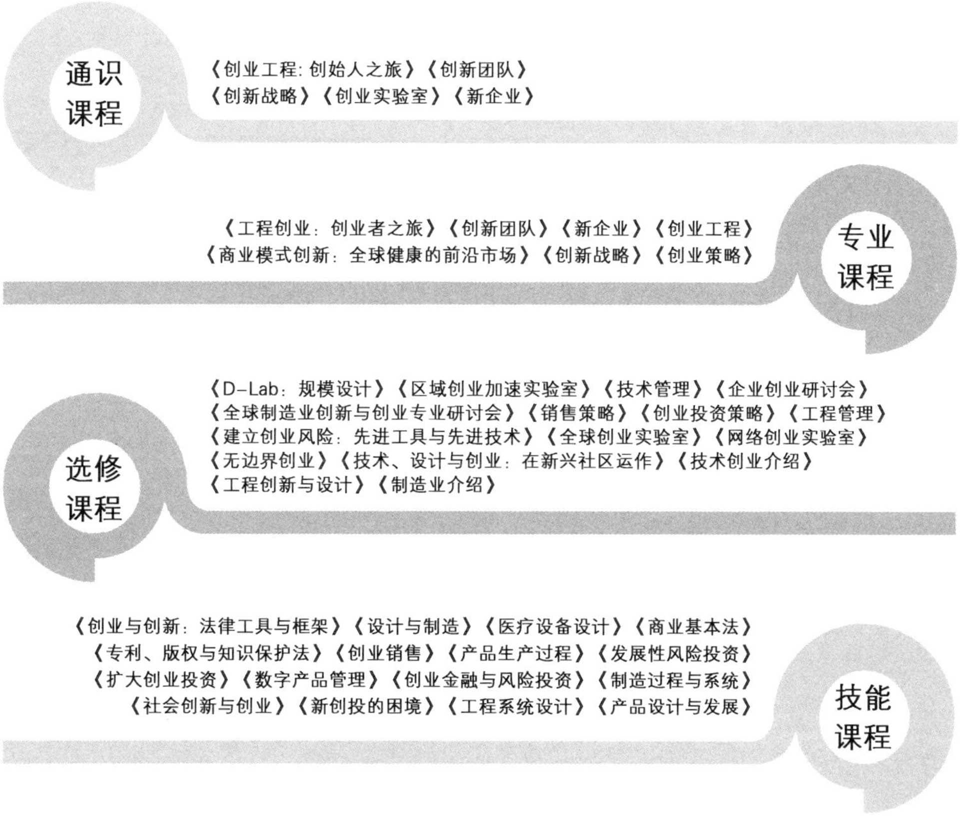

资料来源:Massachusetts Institute of Technology. MIT Facts[EB/OL]. 2017-12-10. http://entrepreneurship.mit.edu/courses.

麻省理工学院斯隆管理学院创业课程

(Gordon-MIT Engineering Leadership Program)承担麻省理工学院创业教育的主要任务,两者分工有所区别又相互补充。马丁·特鲁斯特创业中心是麻省理工学院创业的主要管理平台和交流平台,承担课程开发和课程融入的主要任务,并为本科生和研究生开设大量创业教育项目。戈登工程领导中心则主要提供创业思维和技能类方面的课程,着力于培养、强化师生创业所需的各种软技能,包括创业意识、创业精神(团队合作精神、契约精神、坚韧等)、创业态度等。学校每个季度举办各式各样的创业大赛、交流论坛、训练营等,帮助学生拥有更多的实践体验机会。

学校创业课程体系最大的特色是"知识普及—创意表达—创业实践"的完整教育过程周期,具有清晰的教育发展逻辑。第一,重视创业基础知识的普及。在教学过程中,对囊括创业基本过程、资源、项目实施运作、风险及危机、公关等方面的知识设置了较为丰富的课程,还对法律知识、社交礼仪、媒体公关等有详细的介绍,确保理论知识的完整。第二,创意计划显性化。在围绕课程学习的过程中,教师会引导学生学会如何将一个创意转化为具有操作性的创业计划,对该创业计划书的细枝末节进行指导,让学生做好进入社会创业的实践准备。第三,重视创业实践参与体验。在创业课程的教学过程中,学校会联系知名高科技企业,让学生在假期进行实习或观摩,帮助学生亲身体会了解企业的具体运作过程和项目的转化变现过程,将来自不同学院、不同专业的学生组成团队,参与高科技企业管理。

(三)百森商学院(Babson College)

百森商学院不仅是美国创业教育的领头羊,也是全球创业教育的风向标,引领着全球创业教育的发展潮流。在20世纪中期,美国绝大部分高校的人才培养理念是为大型企业提供各类人才资源,但以蒂蒙斯为代表的百森商学院的教授们预料到美国将处于"创业一代的兴起与传统产业的衰退"的大变革中,需要高等教育理念进行相应调整,因此率先在百森商学院开始创业教育的尝试与探索,培养适应社会变革发展的创业型人才,鼓励大学生投身于创新创业的实践。正是基于对社会变革的准备判断和教育发展规律的深刻认识,百森商学院一跃成为美国开展创业教育的先行者和领导者。因此,对百森商学院的创业教育课程设计进行分析具有相当的借鉴价值。

百森商学院由于悠久的创业教育历史,在如何将商业知识与通识教育课程结合的问题上有较为独到的探索和较为成功的经验。在具体的创业教育课程结构设置中,一方面以通识教育为基础,通过开设选修课、必修课和公共课,鼓励学生培养良好的人文素养、创新精神,并通过专门的创业教育课程帮助所有学生提升创业能力;另一方面,其课程结构分为基础层次、中级层次及高级层次三个维度,其中管理与创业基础、有效组织管理、竞争环境下的管理等重点课程贯穿学生的全部教育过程,对如何成为一名成功的创业者所需具备的素质进行了系统整合与重点完善。

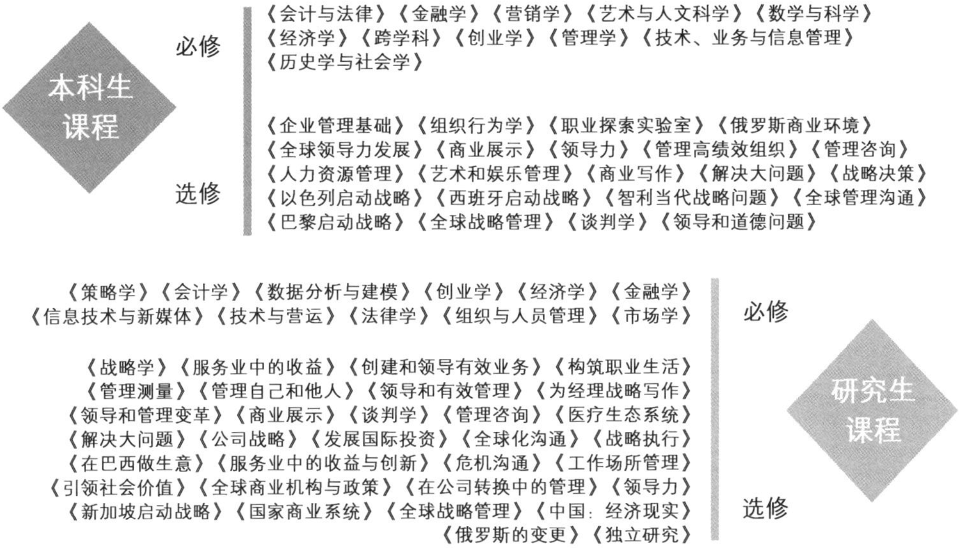

资料来源:Babson College. Undergraduate Curriculum [EB/OL]. 2017-12-10. http://www.babson.edu/Academics/undergraduate/Pages/course-catalog.aspx? Division=Entrepreneurship.

百森商学院创业课程

本科工商管理专业课程结构与学分(2012—2013年)

层次名称	开课时间	课程类型
基础层次(35学分)	第一学年	博雅教育课程(22学分)
		管理类课程(13学分)
中级层次(39学分)	第二学年至第三学年第一学期	博雅教育课程(21学分)
		管理类课程(18学分)
高级层次(52学分)	第三学年第二学期至第四学年	博雅教育课程(20个学分)
		管理类课程(32学分)

资料来源:Undergraduate Handbook (2012—2013),Babson College.

管理与创业基础(FME)是百森商学院的明星课程,曾在全美创业教育课程的评选中被评为最具创新性的课程。该课程的主要特色是“学习中的所有环节都体现尊重学生的兴趣爱好,让学生做学习的主人”。FME课程主要包括信息技术与管理学两个方面的内容,主要面向大一学生开设,具体运作过程包括“形成创意—建立新公司—运行和管理新公司”。该课程的成功要素包括为每一名学生配备导师,建立专门的评估系统,学校提供相应的保障支持等。

(四)加州大学伯克利分校哈斯商学院(University of California at Berkeley:Haas)

创业教育是加州大学伯克利分校的重要专业领域,在美国高校创业教育中评价较高。该校的创业教育包括专业性创业教育和普适性创业教育,前者主要针对商学院和管理学院的学生,其目标是培养专业化的高素质创业人才、企业家及优秀的工程师等;后者则针对全校学生,侧重培养在不同学科背景下的学生的创业意识和创业能力。该校开展创业教育最主要的组织机构是哈斯商学院的莱斯特创业中心(Lester Center for Entrepreneurship)和工程学院的科技创业中心(Center for Entrepreneurship & Technology),主要围绕创业教育教学、创业论坛、商业竞赛、学生活动、学术研究五个方面内容开展活动。

哈斯商学院针对本科生和研究生分别进行了课程体系设计,对本科生以启发创业为主,而主要课程集中在研究生阶段。课程内容设计根据循序渐进的逻辑思维与创业过程主要体现在四个方面:一是方向课程,其内容围绕有关创业的若干问题;二是探索课程,提供各领域课程和相关活动培养学生的创业兴趣,发展其创业技能;三是定向课程,其内容主要围绕前瞻性的企业家强调的问题展开,如“怎样识别和评估一个创业机会?怎样才能把一个想法或技术转化为商业价值?”;四是技能课程,涉及财务、法律、创业、市场等具体操作技能,如“围绕如何开发一个产品或服务模板?何种经营模式会得到最好的运行?如何组建一个高效的团队?”;五是创业前期准备阶段课程,帮助创业的学生设计创业策略,并提高其成功的概率,如创业的案例分析和新建公司的创业研讨会课程等。

硕士生课程

《领导沟通》《发现问题和解决问题》《数据和决定》《商业决策经济学》《全球经济视野下的宏观经济学》《运营学》《领导学》《市场营销管理》等课程。

博士生课程

《资产定价理论》《市场微观结构》《公司财务》《动态博弈理论与应用》《运营管理》《管理学》《微观组织行为》《宏观组织行为》《组织行为与产业关系研讨会》《市场营销研讨会》《营销学》《政治经济学框架分析》《公司战略与技术》《创新经济学》《经济制度的历史视角》《商业与公共政策研讨会》《房地产》《商业行为与理论：行为科学》《商业管理》《商业问题中的个体研究》等课程。

本科生课程

《创业概览》《商业原则》《新生研讨会》《针对性小组学习》《微观经济分析的业务决策》《领导艺术》《分析决策建模》《商业社会环境》《竞争策略》《领先战略实施》《财务信息分析》《金融服务行业的运营和财务报告问题》《会计专业评估》《战略成本管理》《复杂交易财务报告分析》《公司财务和财务报表分析》《生产与运营管理》《博弈理论与商务决策》《运营和信息技术专题讨论》《人力资源管理》《谈判和解决冲突》《组织中的权力和政治》《领导力》《工作场所的多样性》《组织管理专题讨论》《消费行为》《市场研究：数据和分析》《品牌管理与策略》《广告策略》《营销学》《定价策略》《商业的道德领导力》《美国商业的历史》《管理的法律视角》《媒体资讯和公共关系》《商业和公共政策专题》《国际商务概论》《国际中小企业咨询》《信息技术企业战略》《创新与设计专题》《领导沟通》《即兴领导》《领导力和个人发展》《非营利组织与社会企业》《社交运动与社交媒体》《公益战略》《应用影响评估》《社会领域的主题》《可持续业务咨询项目》《企业社会责任讨论》《能源与文明》《留学生课程实训》《国外业务》《创业精神》《理解创业》《应对全球贫困的创业》《创业专题讨论》等课程。

资料来源：http://guide.berkeley.edu/courses.

加州大学伯克利分校哈斯商学院创业课程

四、美国创业课程主要经验

斯坦福大学、麻省理工学院、百森商学院和加州大学伯克利分校的创业课程代表了当今美国创业教育的发展前沿，具有相当的参考价值。通过对四所高校的创业课程进行比较分析，可以发现以下特点。

第一，指导思想统一，标准体系较为明确。早在2004年，美国各地协会就联合起来统一制定创业教育标准，规定创业教育的学习要求和核心要点，课程开发具有明确的遵循，保证了教育的延续性。以蒂蒙斯、盖里、撒迪厄斯等为代表的学者在创业理论方面做出了巨大贡献，其关于创业教育的主要思想得到了学界的高度认可，在基本理论和研究范式上达成了共识，奠定了创业教育的指导思想。中国在2012年由教育部公布了《普通本科学校创业教育教学基本要求》和《"创业基础"教学大纲》,对推动我国的创业教育科学化、制度化、规范化建设提供了基本遵循,但就其发展状况而言,与预期成效相比相距甚远,仍需进一步完善改进。

第二,课程体系科学,多维度打造课程群。美国的创业教育经过了60多年的发展,从单一课程开发、专业课程开发到课程群开发,已摸索出较为成熟且多样的发展模式,主要体现在:一是基于创业过程或创业主题开发课程,如康奈尔大学按照创业前技能、企业创建和企业管理三个主要课程开发课程;二是围绕创业专业开发,美国的创业专业项目主要包括创业主修、创业辅修、创业本科学位、创业硕士学位、创业博士学位等7个项目;三是依托专业知识打造课程群,如罗彻斯特(University of Rochester)大学在本校的文理学院、商学院、教育学院、工程学院、音乐学院、护理学院都基于本学院的学科特色和人才培养目标开发了各具特色的创业课程群,但这对于授课教师的水平要求较高,要求教师不仅精通专业知识,还需要有较丰富的社会实践经验,增加了授课难度。

第三,课程内容丰富,多学科交叉成主流。创业教育课程从管理学院逐步走进其他学科已成常态,文科、工科、理科等院系纷纷开展创业教育,打通了科学教育与人文教育相对割裂的学科布局,拓宽了学生创业知识的广度。美国高校创业教育课程有2 000余种,涵盖了管理学、经济学、商学、法学、心理学、哲学等领域的内容,可以说是内容广泛、种类齐全。以百森商学院为例,其面向全校学生的通识课程包含外国文明、文学艺术、历史事实、自然科学、伦理规范和社会分析6个领域,而针对专业内的学生的核心课程则包括商机发现、创业家、创业计划、融资策略和迅速发展5个部分。

第四,课程形式多样,理论与实践并重。美国高校创业教育的授课形式主要包括课堂教学与课外实践活动两种。在课堂教学中,教师会采用讲授、讨论、定点观察、案例讨论、网络模拟等方式,也会邀请客座教授和企业家进课堂。其中,案例研究是比较广泛的教学方法,教师将成功或失败的典型案例引入课堂,引导学生解剖和探究,激发学生对创业问题的敏感性。很多学校也将《创业失败》引入课堂,将创业失败理论成果与典型案例引入课堂。在课堂学习之外,美国高校还会提供多样化的课下创业实践活动,如麻省理工学院通过与不同院系、不同实验室、不同研究中心和不同研究团队之间的跨界合作,帮助不同优秀创业项目之间的对接。同时在创新教育课程教学、课外咨询的过程中,鼓励学生大胆地将创意转化为可操作的项目,为学生提供真实的创业环境,帮助学生不断提升创业能力。值得注意的是,在线课程的发展、增长趋势较为明显,进一步拓宽了创业教育的渠道。

第五,关注社会价值,社会创业成为亮点。社会创业是创业教育的一个最新趋势,即成立并发展能够为股东创造利润同时能够为社会创造价值的企业。20 世纪 90 年代学者格雷格·笛茨(Greg Dees)发表了一系列具有广泛影响力的学术成果,同时将社会创业引进哈佛大学课堂。随后美国其他高校也相继跟进。进入 21 世纪,斯坦福大学、杜克大学、哥伦比亚大学、西北大学、迈阿密大学、纽约大学、贝尔蒙特大学、伯利亚大学、百翰大学、科罗拉多州立大学、桑佛德大学、太平洋大学、圣母大学、维克森林大学等都开设了社会公益创业课程,尤以斯坦福大学的社会创新中心、太平洋大学的全球公益创业研究中心、杜克大学的公益创业发展中心为甚。经过近十年的发展,公益创业教育在美国取得了丰硕成果,所培养的大批社会企业家活跃在生态治理、医疗健康、青年发展、社区建设等领域,通过创办社会企业、非营利组织、非政府组织等途径参与全球治理,为促进全球治理发挥重要作用。

(原文由杨超、刘志阳发表于《思想理论教育》,2018 年第 4 期)

全球化时代需要具备哪些财经素养

伴随着经济社会的发展，财经素养已被认为是21世纪每个人必备的核心素养和生存发展技能。2012年亚太经合组织（OECD）正式将财经素养（Financial Literacy）测评纳入国际学生评估项目（PISA）中，考察青少年的财经知识与理解、财经责任与态度以及财经技能与行为。

PISA测试激发了各国对财经素养教育的关注，普遍认为财经素养教育不仅与个人可持续发展休戚相关，更与国家未来竞争紧密相连。

截至2015年，已有超过50个国家正在制定或实行财经素养教育国家战略并取得初步成效，还有一部分国家正在计划制定财经素养教育国家战略。

2012年，上海首次参与PISA财经素养测试，并一举夺冠。2015年，PISA测试从上海扩大到北京、江苏和广州。

2016年，中央教科院率先开展中学生财经素养教育调查。与此同时，包括上海财经大学、西南财经大学在内的一些教育机构联合有关单位，通过财经素养大赛推动财经素养教育发展。

与国家重视和实践发展相比，教育界对于财经素养教育的研究才刚刚起步，对于财经素养教育课程的理念、目标、结构、内容、实施、评价等诸多标准性问题的认识仍然不清晰。为了推进财经素养教育在中国的大力发展，当前迫切需要推进财经素养教育中国标准的制定。

一、推进财经素养教育迫在眉睫

大力推进中国财经素养教育，既符合教育自身拓展的规律，也有鲜明的时代背景。

当下，校园贷等事件引发社会对学生财经素养教育的关注。2017 年暑假，校园贷各种暴力催收、裸条贷款、“求职贷”等违法违规现象频发，大学生传销致死案件引起社会各方关注，这些都给校园安全和学生合法权益带来严重损害，造成了不良社会影响。此外，中小学生微信豪发红包现象也引发社会各方关注。

《2017 年中国青少年财经素养调研报告》显示，中学生在财经知识积累上十分欠缺。调查样本中，所有知识题目的平均回答正确率仅为 31%，尤其是对复利计算、利息和通货膨胀背景下的货币购买力问题的认识十分有限，暴露出我国学生金融知识薄弱的问题。

2017 年 6 月，中国银监会等三部委颁发《关于进一步加强校园贷规范管理工作的通知》，明确要求“积极开展常态化、丰富多彩的消费观、金融理财知识及法律法规常识教育”。所以，主动实施财经素养教育具有十分重要的现实意义。

财经素养也是国家经济建设和金融发展对人才培养的强烈需求。因为金融是国家重要的核心竞争力，金融安全是国家安全的重要组成部分，当下，对各种高素质财经人才的需求仍然旺盛。

财经素养在当下也是培养学生面向现实、面向未来生存、发展能力的一种核心素养，其直接目的在于教授青少年财经知识，帮助他们提高领导能力和决策分析能力，使其能为应对日益复杂的金融环境做好准备；根本目的在于帮助青少年正确处理个人与社会、物质财富与精神财富的关系，逐渐树立科学的价值观和财富观。

二、培养财富管理综合实践能力

研制财经素养教育标准是推动财经素养教育发展的根本指引。OECD 国家已经各自出台相关财经素养标准。

创业小贴士
START-UP TIPS

OECD国家财经素养教育标准

美国是最早开始制定财经教育标准的国家，1998年首先公布了财经教育标准《个人财经水平标准指南》，随后在此基础上不断更新，直到推出2015年版K12个人财经教育国家标准。目前，美国的K12个人财经教育标准体系得到了普遍认可，并被其他国家和地区所广泛借鉴。

英国财经素养教育标准主要由个人财经教育集团(PFEG)制定，该集团是一个经官方认证的致力于帮助学校规划和教育青少年如何有效管理个人财富的公益组织。PFEG公布了英国《财经教育计划大纲》，目的是使青年学生具备管理和使用金钱的信心、能力和知识。

日本金融宣教中央委员会于2015年公布了《财经素养教育大纲》，作为日本开展财经素养教育的标准。该标准认为，不同年龄段财经素养教育的目标各不相同，但这些目标循序渐进，都是为了使个体具备独立应对社会经济生活的能力。

荷兰国家家庭金融研究所在2013年更新了财经素养教育标准——《儿童和青少年学习目标和竞争力》，该标准规定在每个阶段，儿童和青少年都将学习财经素养五个方面的不同内容。

国外财经素养教育标准都有明确的目标，虽然各个国家的具体目标略有差别，但总体而言，开展财经素养教育是为了使青少年具备财富管理的综合实践能力。从长远来看，个人财经素养的提高可以助力国家的经济发展。

财经素养教育标准基本涵盖了消费、储蓄、理财、投资等基础财经知识；从幼儿到中学有15年左右的时间，根据学生在不同阶段的学习能力，进行了不同层次的划分，在各个学龄阶段展开由浅入深的财经素养教育。

三、中国标准究竟该如何制定？

世界各国财经素养标准为我国财经素养教育标准制定提供了借鉴。财经素养中国标准的研制应该考虑如下原则：

把握社会主义初级阶段这个最大的国情。

研制财经素养教育标准既要总结国际先进经验，更要把握中国国情现实。尽管我国已经是世界第二大经济体，但是我国还有 4 000 多万农村贫困人口，并且各项改革也处于紧密攻坚期，经济建设任务仍然十分繁重。所以，财经素养教育要从服务社会主义初级阶段国家经济建设入手，与西方主要国家侧重微观理财知识不同，不可忽略宏观财经知识。

立德树人是教育事业的核心所在。

中国财经素养标准要重在提高学生参与财经事业、服务国家和人民的财经责任，培养学生善于解决实际问题的财经实践能力，培养合格的财经事业建设者和可靠接班人。所以，财经素养教育中国标准应该区别于一般意义上的财经知识灌输，而是要融入社会主义核心价值观，帮助学生养成正确的财富观和人生观。

标准制定要面向未来。

财经素养要以培育学生的主体意识、完善学生的财经认知结构、提高学生自我规划和自主选择能力为宗旨，着眼于培育、激发和发展学生的财经兴趣爱好，开发学生的财经潜能，促进学生个性发展。财经素养教育中国标准也应融入未来职业发展规划的内容。

基于上述三个最根本的原则，上海财经大学中国财经素养教育研究中心在借鉴国内外经验的基础上，在前期充分调研和学校试点的基础上，联合相关单位自主研发了财经素养教育中国标准，即“三学段、四目标、五维度”。

“三学段”主要参考全球标准，同时结合我国教育体系特色，根据青少年发展特点，将中国财经素养教育划分为小学段(6～12 岁)、初中段(12～15 岁)、高中段(15～18 岁)。

尽管许多国家将幼儿园时期也纳入财经素养教育阶段，但我国当下幼教普及水平和地区发展不均衡，在幼教阶段推广财经素养教育较为困难。大学阶段的财经素养教育虽然迫在眉睫，但可以结合大学通识教育进行。

“四目标”是中国财经素养教育的具体预期培养目标：知识、能力、态度和思维。

掌握财经知识是前提，不仅包括理财微观知识，更要初步理解市场运行和宏观调控的基本原理等；具备财经分析和决策能力是关键，能够将知识运用到解决实际财经问题的决策过程；而态度则是贯穿个人成长阶段的对待财富世界的方式和基本的生活态度，包括金钱观、义利观、财富观等；在思维层面上，我们希望学生能养成基于现实问题的实践导向思维和初步的创新精神，养成在瞬息万变的经济世界中不确定性应对思维。

“五维度”，即宏观与微观、货币和金融、收入与支出、风险与收益以及职业与创业五个维度的知识模块。

主要特色是将宏观经济和微观决策结合，将理论与实践结合，将身心成长与职业规划结合，形成更为全面完整的教育内容。微观与宏观分析旨在从哲学思维方面帮助青少年正确认识个人与国家在信用、财务、制度等方面的逻辑关系；货币与金融、收入与支出以及风险与收益旨在从经济角度帮助青少年理解基本财经知识，提高财经决策能力；职业与创业侧重个人发展，通过引导个人认识不同的职业，寻找个人的兴趣点，形成职业意识，为将来的职业规划和创新创业打下基础。

（原文发表于《文汇报》，2017 年 10 月 13 日）

10 责任编辑/姜 澎　　文汇教育　　www.whb.cn 2017年10月13日 星期五 文匯報

全球化时代，我们需要具备哪些财经素养

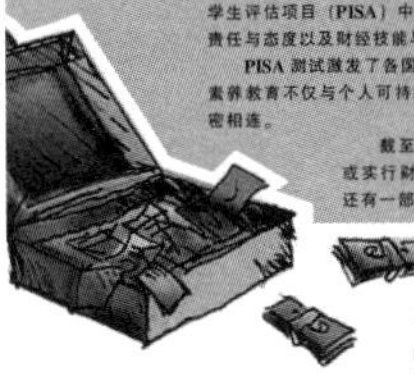

伴随着经济社会的发展，财经素养现在已经被认为是21世纪每个人必备的核心素养和生存发展技能。2012年亚太经合组织（OECD）正式将财经素养（Financial Literacy）测评纳入到国际学生评估项目（PISA）中，考察青少年的财经知识与理解、财经责任与态度以及财经技能与行为。

PISA测试激发了各国对财经素养教育的关注，普遍认为财经素养教育不仅与个人可持续发展休戚相关，更与国家未来竞争紧密相连。

截至2015年，已有超过50个国家正在制定或实行财经素养教育国家战略并取得初步成效，还有一部分国家正在计划制定财经素养教育国家战略。

■刘志阳

2012年，上海首次参与PISA财经素养测试，并一举夺冠。2015年，PISA测试从上海扩大到北京、江苏和广州。

推进财经素养教育迫在眉睫

培养财富管理综合实践能力

中国标准究竟该如何制定？

聚焦"三学段四目标五维度"

（作者为上海财经大学教授、中国财经素养教育研究中心主任）

理想中的财经素养教育中国标准

学段\目标\维度		宏观与微观	货币与金融	收入与支出	投资与风险	职业与创业
小学	知识	个人信用的概念 个人财务的概念 初步了解国家经济指标 初步认识宏观调控机构	识别本国货币 了解货币主要职能 了解银行基本业务	个人收入来源 消费必需品和非必需品 储蓄概念与重要性 个人预算概念	投资的概念 商业保险的定义 初步认识金融诈骗	认识职业种类
	能力	能通过ATM进行存取款 / 养成定期记录消费习惯 / 能选用不同方式进行消费支付				
	思维	有初步风险防范和防骗意识 / 有理性消费的初步意识 / 有自我规划的初步意识				
	价值观	认识劳动创造财富的重要性、遵守信用和自我保护				
初中	知识	个人信用记录与查询 个人财务决策的原则 初识国家宏观调控制度	识别主要国家货币 了解利率与影响因素 世界金融组织	家庭预算概念 国家预算概念 当期消费与远期消费概念 个税概念	投资的基本种类 投资风险的概念 商业保险种类 辨别金融诈骗类型	理解职业要求 了解创业过程
	能力	掌握办理信用卡的流程 / 能根据个人与家庭实际情况选择消费决策				
	思维	有辨别金融诈骗的理性意识 / 有基本的财经分类和比较判断意识 / 有基础的创新思维 / 有基础的量化思维				
	价值观	具有正确的个人金钱观，培养积极的生活态度				
高中	知识	个人信用的管理办法 各种决策方法 认识国家财政货币政策	电子货币、数字货币和虚拟货币概念/汇率与影响因素 金融市场种类	企业资产负债表概念 国税和国家支出种类 预算管理方法及工具 消费者权益保护	理财产品选择 商业保险选择 保险种类 资产评估种类	理解职业规划 了解创业与人生
	能力	掌握个人信用提升的办法 / 有收集、处理和运用信息的能力 能根据实际情况初步选择投资与保险决策 / 有认识自我的基础能力				
	思维	有初步的财经系统分析思维 / 有投资不确定应对思维 有一定的量化思维 / 有一定的批判性思维和创新精神				
	价值观	具有基本的独立生存能力和人生规划能力，树立初步的职业意识和敬业精神				

相关链接

国际组织和不同国家的财经素养教育标准各有特色

经济合作与发展组织（OECD）的《青少年财经核心能力框架（2015）》，主要针对15到18岁的青少年，教育标准及维度主要是货币与交易、规划与理财、风险与回报、财经格局。

美国的《K-12个人财经教育国家标准（2015）》，主要针对幼儿园、4年级、8年级和12年级中的学生开展，财经素养教育内容包括消费与储蓄、信用与债务、职业与收入、投资理财、风险管理、财务决策。

英国的《财经教育计划大纲》，分别在3-11岁、11-19岁之间开展教育，财经素养教育内容包括财务决策、理性消费、风险应对等内容；

技术正在颠覆我们的世界 但创业仅凭伟大的技术还不够

■诺曼·威纳斯基

他是智能语音助手Siri的创始人，也是斯坦福国际咨询研究院的创始人之一。这家研究院培育了市值约为250亿美元的70多家初创企业。不久前，他来上海参加"通裁"论坛，和学生年轻人分享创业经验：伟大的技术并不总是带来伟大的公司，但是伟大的公司一定会有伟大的技术，而他创建Siri公司并获得成功的经历也正说明了这一点。

我们现在所处的世界，正经历着极大的颠覆性变革。现在，全世界几乎所有的人都被互联网连接，所有人的足迹都能够在互联网上被追踪，而电脑的计算能力，很可能在未来几年，就能超过人的大脑运算定律，当然这并不意味着计算机能够拥有和人类一样的思考能力，但是这却意味着在未来十年，我们将迎来一个全新的世界。

在这样一个充满创造力、颠覆性的世界当中，无论你是创造者、研究人员还是学者，都会面临一个巨大的颠覆。

以美国为例，几百年前，一家企业可能存续数百年，而且在传统的既有领域中，常常是强者恒强。但现在，排名靠前的企业却是那些诞生还不到14年的公司，比如Facebook（脸书）、Amazon（亚马逊），它们都是在几年或者十几年前才出现的企业。

那么Siri呢？这家诞生于斯坦福研究院的公司实现的不仅仅是技术的颠覆。

仅有伟大的技术，创业还不足以成功，哪怕是常春藤名校的合作项目

众所周知，Siri出自CALO，即认知助理项目。这个项目一直致力于探索人工智能能否持续学习。CALO以一种疯狂的方式搜集、统计数据，并且进行实时总结。改变人类的生活方式，这是CALO项目的目的所在。这个项目拥有包括哈佛大学、斯坦福大学等名校在内的23个合作者。

这就是Siri公司的初创故事。如果Siri还是属于我们公司，那么，我们想干什么呢？我们原本的愿望是把Siri变得更私人，并且能够识别用户的情感，甚至可以衡量用户是否有抑郁症或者其他情感问题。

现在的人工智能仿佛30年前的互联网，每一个年轻人都应该迎接这个充满无限可能和挑战的时代

每一位梦想创业的大学生，都应该思考这样一个问题：你处于一个什么样的世界，以及你在这个世界上处于什么样的位置？

现在正进入一个真正的人工智能时代，人工智能就仿佛30年前的互联网，正处于起步阶段，但是每一个人都应该看到其未来真切的发展和起飞。

数智时代如何提升财经素养

过去的20年是互联网和数智经济快马奔腾的20年，对于人类社会的巨大影响，不仅表现为信息的获取传递方式的改变，更催生了电子商务、互联网金融、大数据和人工智能等大量新兴行业。但互联网监管的缺乏也引发了诸如“校园贷”“求职贷”，甚至暴力催收“裸贷”等公众关注的事件，给校园安全和学生合法权益甚至生命安全造成了严重威胁。

在高度全球化、互联网化、数字化和智能化的未来社会，一个合格的社会公民不仅需要掌握必备的信息化知识，也需要树立科学的财富观、掌握基础的财经素养知识，养成必备的财经决策能力以便适应现代社会的全方位需求。2012年亚太经合组织正式将财经素养测评纳入国际学生评估项目(PISA)中，考察青少年的财经知识与理解、财经责任与态度以及财经技能与行为。财经素养如今已经被认为是21世纪每个人必备的核心素养和生存发展技能。全球范围内已有28个国家在基础教育体系中引入财商课程。

与国外相比，我国财经素养教育开展不足，财经素养教育在我国存在巨大的现实需求。我国学生财经素养主要依托基础课程，如数学题中的借贷利息、货币换算，历史课中的经济史、税收史等，是潜移默化的培养形式。全面推进财经素养教育的开展是培养具有面向未来生存和发展能力的现代公民的需要，也是国家经济建设和金融发展对人才培养的强烈需求。

一、财经素养教育的上海标准

上海财经大学中国财经素养教育研究中心是国内领先的财经素养教育高端智库。中心受上海市委托，建立了以“三阶段四目标五维度”为框架的《青少年财经素养教育标准》。“三阶段”即小学阶段（6～12 岁）、初中阶段（12～15 岁）与高中阶段（15～18 岁），根据不同基础学段的学生发展特点分别培养；“四目标”即知识、能力、思维与价值观，通过针对性培养对学生的财经素养和行为进行规范；“五维度”即宏观与微观、货币与金融、收入与支出、投资与风险、职业与创业。希望学生能在未来拥有独立解决社会经济问题、提升个人经济福祉与主动承担社会财经责任的综合能力。该标准体系充分体现了中国国情和中国特色，具有明显的本土化特质。但要注意的是，该标准体系只是基于当前的社会实践和认识水平所提出来的，将会随着实践的不断发展更新迭代。

青少年财经素养教育标准体系（2019 年）

		宏观与微观	货币与金融	收入与支出	投资与风险	职业与创业
小学	知识	1. 个人信用的概念 2. 个人财务的概念 3. 初步了解国家经济指标 4. 初步认识宏观调控机构	1. 识别本国货币 2. 了解货币主要职能 3. 了解银行基本业务	1. 个人收入来源 2. 消费必需品和非必需品 3. 储蓄概念与重要性 4. 个人预算概念	1. 投资的概念 2. 商业保险的定义 3. 初步认识金融诈骗	1. 认识职业种类
	能力	1. 能通过 ATM 进行存取款 2. 养成定期记录消费习惯 3. 能选用不同方式进行消费支付				
	思维	1. 有初步风险防范和防骗意识 2. 有理性消费的初步意识 3. 有自我规划的初步意识				
	价值观	认识劳动创造财富的重要性，遵守信用和自我保护				

续表

		宏观与微观	货币与金融	收入与支出	投资与风险	职业与创业
初中	知识	1. 个人信用记录与查询 2. 个人财务决策的原则 3. 初步了解国家宏观调控制度	1. 识别主要国家货币 2. 了解利率与影响因素 3. 世界金融组织	1. 家庭预算概念 2. 国家预算概念 3. 当期消费与远期消费概念 4. 个税概念	1. 投资的基本种类 2. 投资风险的概念 3. 商业保险种类 4. 辨别金融诈骗类型	1. 理解职业要求 2. 了解创业过程
	能力	1. 掌握办理信用卡的流程 2. 能根据个人与家庭实际情况选择消费决策				
	思维	1. 有辨别金融诈骗的理性意识 2. 有基本的财经分类和比较判断意识 3. 有基础的创新思维 4. 有基础的量化思维				
	价值观	具有正确的个人金钱观，培养积极的生活态度				
高中	知识	1. 个人信用的管理办法 2. 各种决策方法 3. 认识国家财政货币政策	1. 电子货币、数字货币和虚拟货币概念 2. 汇率与影响因素 3. 金融市场种类	1. 企业资产负债表概念 2. 国税和国家支出种类 3. 预算管理方法及工具 4. 消费者权益保护	1. 理财产品选择 2. 商业保险选择 3. 保险种类 4. 资产评估种类	1. 理解职业规划 2. 了解创业与人生
	能力	1. 掌握个人信用提升的办法 2. 有收集、处理和运用信息的能力 3. 能根据实际情况初步选择投资与保险决策 4. 有认识自我的基础能力				
	思维	1. 有初步的财经系统分析思维 2. 有投资不确定应对思维 3. 有一定的量化思维 4. 有一定的批判性思维和创新精神				
	价值观	具有基本的独立生存能力和人生规划能力，树立初步的职业意识和敬业精神				

注：上海财经大学中国财经素养研究中心研制。

资料来源：刘志阳. 全球化时代，我们需要哪些素养？[N]. 文汇报，2017-10-13.

二、财经素养教育的上海实践

上海财经大学中国财经素养教育研究中心依托自主研发的标准,近年来分别在有关院校进行试点推广、研发教材课程体系、建设实践基地、自主开发 SAAS 智慧教学云平台,开办财经素养训练营等活动,取得了很好的教学成效。2018 年该成果获得四年一度的上海市基础教育教学成果一等奖。

1. 学校试点

财经知识、财经能力和财经思维只有在实际生活中活用才有价值,反复的书本式教学只能达到表面的认知,只有将知识运用到实践中才能真正被吸收。自 2017 年开始,上海财经大学中国财经素养教育研究中心在上海某中学启动了为期一学年的财经素养试点课程。在财经素养课程的试点中,通过故事化的方式加深学生的兴趣和理解程度是教学的一大特色。中心在试点的初步成功后,又陆续拓展到上海财大附中、敬业中学,后续又联合上海市民办教育学会在上海立达中学等多所学校深化财经素养教育基地联盟合作,不断推进教育基地与学校、学校与学校之间的联动合作,促进财经素养教育的进一步发展。

2. 课程教材开发

课程教材是财经素养教育推进的主要载体。上海财经大学中国财经素养教育研究中心自主研发了分别针对中学和小学的财经素养教材和相关配套练习,为学生的财经素养教育提供扎实的理论基础。

3. 实践基地建设

目前已经规划的实践基地有:上海市银行博物馆、上海税收文化主题馆、上海博物馆中国历代货币分馆、中国人保馆、上海市历代证券博物馆等。这些实践基地汇聚和整合各方资源和力量,进一步加强财经素养教育的理论研究和实践探索,在社会主义核心价值观的引领下,推动建设开放包容、有效运行的青少年财经素养培育工作体系,引导学生树立科学的价值观和人生观,助力国民财经素养的培育和提升。

4. 智慧教学系统研发

研究中心自主开发了财经素养智慧教学系统。该系统分为校园、训练营与大赛三大入口;包含在线学习、实践模拟、能力评价与教师管理四大功能;帮助学生体验股票、基金、债券、银行等理财方式,体验校园、家庭、职场等生活场景。

5. 财经素养训练营

由研究中心联合兴全基金共同发起的上财“兴全基金”中学生财经素养训练营，自2017年以来已经举办了5期，公益训练营已帮助几百位优秀中学学子提升财经素养，促进他们全面发展成为新时代财经创新型人才，获得了广泛的社会影响力。

三、数智时代财经素养教育思考

数智时代对财经素养教育内容、教学方式和教师培训等方面都产生了极大挑战，需要谨慎应对。

1. 数智时代的财经素养教育内容变革

传统的财经素养教育多数聚焦在传统金融体系的知识传授、个人理财和投资等方面的能力训练上，数字时代则提出了很多新的命题。例如，由脸书(Facebook)基于区块链所发行的Libra就代表着一个新的数字货币时代的到来，未来不仅有可能颠覆传统的纸币和数字支付，而且也将与支付宝和微信支付进行竞争。新的支付手段的产生对于世界各国来说都是一个很大的挑战。积极应对这种变化也应该体现在财经素养教育的内容上。再如，传统基金投资在智能时代遭受智能投顾的挑战，未来如何基于投资者的行为偏好，捕捉一些量化交易的机会，自主选定立项的投资标的，也是财经素养教育应该增加的新内容。

2. 数智时代的财经素养教学方式变革

传统的教学方式更多聚焦在线下的授课或是活动。未来更多的要采用O2O的方式或是线上教学,同时要充分借用大数据来训练学生的财经思维,养成良好的财经决策习惯。经过多年潜心研究,上海财经大学中国财经素养教育研究中心研发出SAAS云端智慧测评系统,通过智能分级测试检验,将全面评价学生财经素养教育的学习程度,对于已有的知识盲点将给予智能矫正和提醒。这些智能学习和行为训练措施都将改变传统的教学方式。此外,借助MOOC和智能交互手段,将更好地普及财经素养教育并及时精准帮助学生。最后,应该结合互联网优势将更多的财经线下体验场馆加以数据化和智能化,通过线上情境教学大幅提高教学效率。

3. 数智时代的财经素养培训方式变革

当前在云计算、大数据、物联网、数字智能等新技术新理念快速发展和经济社会需求的双重驱动下,信息技术疾步迈入智能化阶段。在这样的大背景下,如何面向未来对教师进行有效培训,也给财经素养教育带来新的机会和挑战。首先,应该利用互联网和人工智能手段,为每个教师提供个性化的财经素养内容菜单,帮助其克服自身瓶颈,全面掌握新的财经素养内容;其次,要及时更新互联网培训手段,增加趣味和效率引导,帮助老师们快速掌握数字方法和测评手段;最后,应该结合互联网优势更多进行情景化培训,有效提升教师的参与度。

总之,全面提高我国学生的财经素养,不仅对于个人发展、家庭幸福乃至国家富强都有着重要意义。面对数字化和智能化浪潮对财经素养教育带来的变革与挑战,我们应该通过重塑未来财经素养教学、实践和培训新体系,来培养更富时代精神的社会主义接班人。

(原文发表于《教育家》,2019年第30期)

我们需要怎样的创新创业教育

2018 年政府工作报告的热词中，“创新”“创业”依旧亮眼，打造“双创”升级版已成为全社会的共识。高校、企业、政府机构、科研院所乃至社会大众该如何精准发力？第三届“汇创青春”上海大学生“互联网＋”文创作品展示暨全国创新创业教育研讨会上，来自长三角地区的专家汇集群智，共同为步入深水区的双创教育寻找着力点。

一、双创教育应与区域发展、城市发展紧密融合

“当城市经济发展到一定程度时,势必与区域经济相衔接。上海推动长三角一体化的建设中承担着重要作用,作为这座城市中的高校,我们也责无旁贷。”上海财经大学副校长刘兰娟在接受《解放日报·上观新闻》记者专访时表示,“长三角一体化不仅是国家战略,更是城市内生需要。上海作为长三角大湾区中心,必须主动作为”。美国旧金山湾区的发展给了她许多触动,“这里是全球最大的高科技研发中心之一,聚集了大量创新创业企业,它们的产业发展需求可直接与斯坦福大学等高校和科研院所对接;反过来看,它们的科研成果转化、学生创业项目等也能丰富硅谷和湾区的发展。这是一种双向的促进,在长三角地区我们也亟待有这样一种协同发展模式”。

2017年,上海文化创意产业增加值占全市生产总值已超过12%,随着“文创50条”的出台,上海推进文创产业创新发展的引擎已经启动。在刘兰娟看来,文创与科创未来都将是上海乃至长三角地区发展的重要目标,为此,她提出了三点看法,“第一,深化产教融合是长三角双创教育一体化的突破点,直接瞄准培养人才的瓶颈,可真正把产教融合渗透人才培养的全过程;第二,深化文教融合要借力‘互联网+’的赋能手段,拓展‘文化+’新思维,充分发挥文化创意产业对其他产业的融合和催化作用;第三,应充分发挥高校在创新创业人才培养方面的支撑作用、在前沿科技的载体作用、在文化创意的引领作用”。

二、解决“3+3”双创教育痛点,建设双创“生态文明”

诚然,双创升级版发展的基础在于双创教育,目前尚存在一些亟待破解的难题。联合国教科文组织中国创业教育联盟主席、浙江传媒学院院长徐小洲开门见山,“新时代对新型创新创业人才有迫切需要,因此创新创业教育也必须改革创新、转型升级”。

“我国双创教育的主要矛盾在于数量和质量的难以协调。”徐小洲在专访时告诉《解放日报·上观新闻》记者,“从高校内部来看,主要存在师

资队伍建设、课程设置与学生创新创业热情不足三大问题。目前的高校师资中,谁来授课?双创课程在专科课程、通识课程中,如何布局?师资与课程的质量,如何评估?学生又如何跳出传统的评价制度来拥抱创新?"同样地,在高校外部也存在三大问题,"第一,社会大众对双创的认可接受程度依旧有待提高,不能简单用'赚没赚钱''破没破产'来看待创业这种新生活方式;第二,双创人才与企业还需要更多来自政府部门的制度保障;第三,社会应该为青年人才提供更多具有引领性的双创平台,更多企业应该担负起这一责任"。

徐小洲直言,长三角地区的政府、高校与企业有能力也有义务走在全国前列来解决这些痛点,"最终我们应该形成以高校为主导的、可持续发展的双创生态文明体系,校企合作将大有可为"。

全国财经院校创新创业教育联盟秘书长、上海财经大学创业学院执行副院长刘志阳表示,面向创变时代的双创教育,首先应该基于人的现代化,着力发展人的个性并且培养应对未来不确定性的能力。其次,双创教育应该基于校企、校地协同,着力重构未来教育新生态。学校只是知识传播的一个界面,不再是全部。"未来,学生来学校更多是为了寄托精神和结交伙伴,这才是学校存在的真理。站在学校变革的前奏,企业、社区和众创空间开始成为新的课堂,企业家和社会创客成为新的导师。教育的任务不再是被动式学习,而是主动性的任务生成和实现。"他也提到,人工智能和知识簇群开始取代教师成为传统意义上的"传道授业解惑者",教师则是"学生梦想实现的陪伴者"和"学习场景开发的研究者"。课程和教材都应适应新新人类的需求进行变革,"创新创业教育更应该基于现代化强国目标,着力提供新技术和高端人才的战略支撑"。

三、高校激励与社会平台为双创"精准赋能"

可以说,财经院校在一定程度上比综合性大学更有得天独厚的双创教育与发展优势。"创新路上,商业化是一道难题,这离不开财经院校的专业特点,因此财经院校应发挥商科优势,植根产业基础,以金融的先导作用引导产业提升和新旧动能转换。"刘志阳表示,财经院校应积极主动对接新技术、新产业、新模式，推动创新驱动战略和长三角一体化国家战略开花结果。

刘兰娟透露，为进一步激励双创课程在全校层面推开，上海财经大学高度重视教材开发，已在《学术成果管理办法》中将“教学成果”认定为“学术成果”，与岗位评定考核、职称晋升等直接挂钩；同时，为解决“老师不知道双创应该怎么教”的现实问题，教师发展中心正在计划进行大范围师资培训。“目前我们开设的20余种双创课程中，不乏由企业导师前来授课的情况，但这并非长久之计，各大高校都应该培育一批专业的双创师资力量。”

令人欣喜的是，除了来自高校内部的变革外，政府、企业与社会也正携手搭建平台。五角场创新创业学院院长、复旦大学原副校长冯晓源介绍，成立于2017年11月的五角场创新创业学院正着力为创业者解决实际困难。“双创教育不同于传统教育，走出高校后，这些创业者最需要的不再是一个讲解理论的培训班，他们或许面临资金、人才、政策法律疑惑、技术壁垒等各种各样的问题，我们要做的就是精准诊断、精准对接、精准赋能，提高双创要素配置效率，帮助创业者共渡难关。”据悉，五角场创新创业学院将优先选拔杨浦区、上海市及长三角地区的双创人才作为学员，集杨浦区委、区政府联合高校、行业龙头企业、投资人、创业导师、第三方创业服务机构、党群组织等各家之力提供个性化服务。“我们希望利用五角场‘沟通无限’的概念，让创业者成为真正的未来企业家。”

（原文由黄杨子采访发表于《上观新闻》，2018年5月20日）

华章网友:

创业到底能不能教？你自身是否有过创业经历？

对我来说，这个问题十分有趣。首先，人们认为创新创业教育“不可教”的观点基于一种判断，即创业行为更偏于实践，而非纯粹的知识传授，并且在传统学科中未曾涉及。这种判断本身也代表了人们对于新生的、不确定事物的一种质疑。我非常认同传统的知识传授型的教法不适合开展创新创业教育，应该开发基于实践的教学法来普及创业教育。

其次，对于“创业教育者自身没有创业经历肯定也做不好创业教育”的观点，我并不认可。这个问题的核心应该是能否通过创业教学过程帮助学员理解创业的内涵及创业过程的普遍性规律，而不是纠缠于传统的经验认识论。

华章网友：

对于多数不准备去创业的学生，大学创新创业教育的意义在哪里？

我个人认为认识大学创新创业教育的意义可以从理解创业的五个层次含义入手：

第一，有关项目的创业。

例如，很多大学生在校园内的所有项目尝试，这些项目都是临时性的，有时间范畴的，不太会去注册公司的。

第二，有关企业的创业。

即创建一个企业，这是最经常意义上理解的创业。

第三，关于事业的创业。

例如，身处大公司内部，应该怎样引领公司再次转型。

第四，关于社会的创业。

例如，如何利用商业的方式改变社会？如何将解决社会问题当作自身的机会？这种创业形式和常见的商业创业在创建目的上有本质区别。

第五，关于人生的创业。

每个人都希望能够挑战自我，为自己人生设定目标，并积极采取行动实现目标。这就是一种人生的创业过程。

关于项目、事业、社会、人生的创业，都可以理解成更宽泛意义上的“创业”。从这个角度分析，大学的创新创业教育就是要鼓励学生迎接人生中即将面对的各种挑战，即“人生的创业”，而非狭义的开办企业。

华章网友：

高校创新创业教育要教什么？

我认为，最关键的是“创新创业的核心素养”的培养，值得关注的有三个维度，分别是知识、能力和思维。

第一，“知识”维度。区别于传统的学科知识培养模式，创新创业的知识维度首先是教会学员“创新、创业、创建”的知识，也就是掌握新知识前沿及如何创造性完成一个项目的知识；其次是要引导学生掌握跨学科、跨专业的更新知识。

第二，“能力”维度。把握机会的能力及领导力的培养，是创新创业核心素养能力维度最关键的两点。

第三，“思维”维度。养成三种思维非常重要。一是批判性的思维，对习以为常的事情敢不敢质疑、能不能质疑，这是进行创新创业非常重要的一个前提；二是创造性思维，不仅要敢于质疑，更要敢于创新，创新是创业的前提；三是不确定性应对的思维，身处不确定的时代，培养不确定性应对的思维是非常重要的。

常见的大学职业素养更多的是强调专业知识、职业管理能力和确定性应对的思维，这与创新创业核心素养是不一样的。未来如何融通两者来更好地培养学生值得思考。我们认为，大学创新创业教育的重要启示就是要培养学生的创新创业核心素养，由此引导高校综合改革。

华章网友:

新时代是属于每个人的,身处新时代有哪些创新创业的机会?

第一个机会是传统行业的信息化改造。

这与我们如何判断这个时代有关,是每个创业者都必须面对的问题。在我看来,目前仍是处于“互联网+”时代,可以借助“互联网+”的方法改造传统行业。

产业革命非常重要的一个标志是时间节点,即每次产业革命都是经历一百年左右的时间,主导性技术从产生到被消化、吸收,最后应用完毕,大概经历接近一百年左右的时间。这是一个主导性技术渐渐被认可的漫长的过程。以一百年左右的时间段来看第三次产业革命,信息技术革命这一第三次产业革命自20世纪50年代至今,实际上才刚走完前半程。所以,当下仍然处于信息技术时代,下半程刚刚开始。怎么理解“下半程”呢?如果将每次产业革命分成导入期、转折点、拓展期,那么,我们恰恰处于“拓展期”。

拓展阶段,信息技术革命应用超越了本产业,正在向其他产业扩张,事实上就是“互联网+”。拓展阶段刚刚开始,基本上是处于拓展期的一个协同阶段,是一个非常好的阶段。

当下,如何利用“互联网+”传统产业,在衣食住行等方面提高产业的效率,就是非常重要的创业机会。例如,“找钢网”就是一个利用互联网手段改造传统钢材贸易行业的案例,类似的传统大宗商品交易仍然有很多的机会。未来就是利用“互联网+”的大数据形成智能决策的“数智”时代。

第二个机会是科技创新机会,科技创新怎样改变人们的生活?最近很火的无人车、区块链、大数据、人工智能等,以及新能源、新材料等,都是通过新的科技手段依靠创新帮助人类解决生活中最重要的问题,创造新的生活。此外,生物基因医疗领域的科技创新正在加快,呈现集体爆发的势头。

第三个机会是社会创业机会，寻找“社会创业”的新蓝海。新时代仍有很多发展不平衡、不充分的部分，如医疗、养老、教育等相关社会民生问题为大家所关注，我们完全可以通过商业方式替代民政方式来解决，通过社会创新和商业模式创新撬开金字塔低端市场（BOP）。这是民生市场，规模更大，机会更多。

以上三个机会都是创业道路上可以关注的新的机会。

华章网友：

如何辨识创业道路上的陷阱？

创业的成功是不可复制的，但创业路上的很多陷阱是有可能避免的，因为有很多共性问题存在，比如，决策、情景、方法、机会、商业模式、团队成长、融资等等。今天就来和大家谈谈创业中的“陷阱”，希望创业者在创业路上能够避免和克服。举例来看：

第一，创业决策陷阱。“创业决策陷阱”对于很多中国人来讲是经常碰到的一个问题。比如，前不久当当网的事件，到底“当当”应该是卖，还是继续经营，这就属于一个决策的陷阱的讨论领域。实际上，在创业决策过程中，适当的创业终止也非常正常，我们应该回归创业初衷，认真思考：究竟仅仅是要拥有这个企业，还是希望企业正常发展，带给消费者更多价值，造福社会？如果能够实现这些目的，创业终止也未尝不可。

第二，创业情景陷阱。有很多海归会提及，外国有什么，中国就可以做什么，我认为中国的创业情景和国外还是有所不同，中国的消费群体在区域上都比较集中，所以我们的电商和快递，甚至是分享经济行业比国外发展得更好。另外，我们创业会受很多的政策因素影响，所以应该和相关部门打交道。还有中国不同地区经济发展也不平衡，我们也完全可以用颠覆式创新来提供产品。

第三，创业方法陷阱。一种陷阱是完美化陷阱。中国人认为勤奋、努力、勤俭就可以创业成功，但现在市场竞争非常激烈，必须讲究方式方法，比如小步快跑、快速迭代等等。如果我们力求制作完美产品，再推向市场，或许“消费者的口味”已经变化；还有另一种极端倾向，认为我们自己的产品非常好，不需要改进，这也是不可行的。精益创业的方法非常重要，我们需要掌握科学方法，比如，企业以最小化的成本将产品原型开发出来，然后投放到特定用户身上进行验证，通过反馈进行迭代改进，慢慢地和我们的顾客对接，创造机会。这个逐渐尝试的方式就比较适合创业。

第四，创业融资陷阱。这方面是创业者最经常碰到的难题。第一个问题是企业才刚刚注册就希望找 VC，事实上企业早期的核心问题更关键还是要打磨产品；第二个问题是找 VC 时将投资者当对手而不是伙伴。当然，当伙伴并不意味着要放弃所有原则。在企业估值、融资次序、股份回购等方面创业者应该及时和 VC 进行充分的沟通；第三个问题是融资的节奏，慢了企业过不了冬，快了企业会被 VC 牵着鼻子走。随着融资对股权的稀释，在公司内部也伴随着一些问题产生，比如，我们团队中如何对股权进行分配，对半分还是平均分？期权留多少比较好，融资过程中的节奏把握，需要签署什么样的合同，有哪些注意事项？如何和风险投资家进行沟通？这些问题单个也许只是小小的矛盾，但是如果判断失误也足以令初创企业陷入内外困境中。

除此之外还有，创业认识陷阱、商业模式陷阱、创业团队陷阱、创业法律陷阱、创业成长陷阱、社会创业陷阱等。我的《创业画布》这本书对这 12 个陷阱逐一进行了剖析，我希望能够传递给大家的是从 0 到 1 到 10 这样一个过程，创业者最可能碰到的是哪一些难点，如何能够绕开它，我想这本书对我们所有初创者，也包含我们大学生朋友应该会有所裨益的。

总之，我认为：第一，创业课程是可以教授的：关键是要教给学生们核心的创新创业能力、创业创新素养，还有跨学科、跨专业的知识；第二，有关新时代里的创业机会：“互联网＋”改造传统行业；通过科技创新开启我们的新征程；通过社会创新发现新蓝海；第三，创业成功往往具有偶然性，但是常见陷阱更多具有必然性，我们应该更多认识到创业道路上的12个陷阱，努力去回避陷阱。

经管之家网友：

怎样理解创业过程并做好陷阱应对？

百森商学院认为创业是个小步快速走的过程。“小步”是指创业过程中需要克服各种各样的陷阱，做好失败的心理准备，提倡创业过程中不要盲目乐观，要脚踏实地。事实上，基于失败的可能来考虑各种各样的创业尝试，这点非常重要。因为只有清楚地知道可能输在什么地方，才会有赢的机会。“快速”是指在瞬息万变的社会中，一旦发现新的机会而没有抓住，那别人可能就抓住机会去做了。

“小步”讲的是精益的方法，是试错的态度；“快速”讲的是行动的实践，是把握机会的能力。创业小步快速走，既需要勇气，也需要有相应的方法。

那么，怎样应对创业过程中的各种陷阱，做好准备呢？

首先，做好自我规划就是最好的准备。创业首先是一个自我实现的过程，在有限的人生中，设定好目标和选择好方法非常重要。这也是创业中最重要的准备。

其次，学习一些精益的方法。创业是探索未知世界的过程，应该采取尝试的态度试着了解市场，做快速迭代。

最后，坦率地讲，除了自我规划和学习精益方法，其他的是没办法准备的。在高度不确定性的世界，创业者可能赢也可能输。优秀的创业者恰恰是通过吸收、消化、克服不确定性，才能在创业路上获得一定的超额利润，而这正是创业的魅力所在。

经管之家网友：

学校进行创新创业教育，怎样教学生选择机会？创业和做生意有什么本质区别？

第一，应该结合每个学校的特色。例如，财经院校本身没有科技，那么会更关注学生在文创、教育、互联网金融、互联网＋教育等能够广泛认识的“服务＋”领域，推动学生做更多的尝试。上海财经大学开创了一个项目，专门培养学生在“服务＋”的领域里做各种各样的尝试。

第二，要更多地听学生的需求。不是我们能教给学生什么，而是调研或了解学生真的想要什么，这点很重要。上海财经大学开设“科技＋”项目，就很受学生欢迎。

从某种意义上看，我们必须让我们的听众，让我们的学生，参与这种加工与创造的全过程。只有一起做这道“菜”，这道“菜”才会做得好。

创业和做生意两者有区别。创业机会与商业机会并不相同。一个是小机会，一个是大机会。做生意是小机会，大机会是更好的、更重要的一种创业机会。当然，如果做不好生意，肯定是创不好业的。

经管之家网友：

如何有意识地锻炼/保持批判性思维？

批判性思维因人而异。我个人认为，批判性思维的目的不是为了挑战别人，而恰恰是要创造新产品、找到新思路。我希望能够鼓励身边的人这样做，当然我们自己首先应该做到。

创业是个体与环境互动的一个结果。只有当人和环境、和客群都能够很好地达成一致的时候，创业才有可能取得成功。如果一个人脱离了社会，不能很好地或持续地与环境达成一致，实际上是很难取得创业成功的。这需要我们做好各种各样的平衡。

经管之家网友：

创业过程如何招募合伙人？

这个问题确实是一个非常有意义的问题，全世界大家碰到的问题都一样：找不到合适的合伙人。

招聘的原则有二点：一是要跟我们价值观相投，创业目的一致，沟通顺畅；二是要能力互补，相互有差异，能够弥补短板。

机会是可以迭代的，但合伙人很难迭代。所以，我们在找合伙人的时候，往往慎之又慎。如果是初创团队，那么从身边的同学、朋友中寻找，不妨是一个很好的合伙人招募模式。如果公司具备了规模，那么在招募合伙人的时候可以更职业化。

创业路上的分道扬镳，也很正常，因为人心很难把握。所以，可以制定一些防范机制。做好企业的延伸，或更好地规划、创建项目，都是非常重要的。例如，可以考虑有一些创业项目到一定阶段，如果有合适的机制将同伴分离出去会更好。实际操作中，机制比担忧更重要，特别是这种“分家”的机制。

创业的初心是非常重要的，创业失败很正常，没有一个人天生就会成功的。我认为创业失败过程中，取得的各种各样的收获更重要，对我们的人生来讲，也更有意义。我希望大家能够通过我们的项目“创业”，从而实现更好的人生“创业”。

上海外滩:

“双创”时代背景下,青年人创业有哪些优势和劣势?

青年人创业的优势首先在于社会大环境比较有利。目前中国经济在全世界范围内依然保持着较高水平的增长,同时在“双创”理念的引导下,全国和地方政府都大力扶持青年人创业,全社会对于创业的理解和认识也逐渐加深。所以,对于青年人而言,创业不只是一个梦想,而是能够变为现实的奋斗目标。

青年人热情、有朝气,这些都是创业者需要具备的特征。此外很重要的一点是,因为年轻,所以他们创业的时间成本比较低,比如还没有组建家庭,因此不需要在家庭和工作之间做平衡和取舍。

创业本身是一种学习的过程,是一种人生的修炼。在创业的过程中犯错并不可怕,在实践中犯错,从失败中学习。有一句话是这样讲的:没有失败的创业,只有成功的人生。

青年人创业也有一些劣势。一是在于他们缺乏工作经验和社会经验,仅凭一腔热情做事,难免要走一些弯路;二是青年人创业往往缺少资金的支持、缺少行业的资源、缺少行业上下游的合作伙伴、缺少成熟的团队,这都是青年人在创业之初面临的共同挑战。

上海外滩:

社会上有一些观点认为鼓励青年人(包括大学生)创业不切实际,您如何看待鼓励青年人创业对于中国经济和社会发展的意义和作用?

中国两位知名经济学者林毅夫和张维迎关于产业政策存废的争论,如今已成为备受关注的公共话题,林毅夫认为“经济发展有产业政策才能成功”,而张维迎表示“产业政策是穿着马甲的计划经济”。

我的核心观点是企业家精神是激发市场活力、推动经济增长的最重要动力源泉。产业政策是有效补充，但不能替代企业家精神。我们可以看到，富有的国家和贫穷的国家都有产业政策，这就说明产业政策有作用，但并不是推动经济增长最主要的因素。所以，应该鼓励在青年人中培养企业家精神，可以说这是立国之本。

当然，鼓励企业家精神并不排斥产业政策。对于初创期的团队，政府帮忙解决一些问题，如开设众创空间、给予一定的政策扶持，很有必要。我认为，扶持青年创业应当作为一种社会公共支出，就像教育是公共支出一样，对于初创企业的创业服务也应当成为一种社会公共物品，纳入社会公共支出。

在“双创”理念引导之下，实际上已经能够看到一些效果。2017 年全国两会公布的数据显示，近几年全国新增市场主体数量不断增长，市场活力不断增强。由此可以设想 5 年、10 年后，中国经济的发展将会更有保证。

我想指出的一点是，相对于其他产业，创业服务最早期的投入并不大。同时，鼓励创业、支持创新、培育具有企业家精神的文化土壤，也应该成为社会主义先进文化的重要组成部分。

上海外滩：

“互联网＋”是近年创新创业的热点领域，您如何看待青年创业与“互联网＋”的关系？

从人类文明史的发展阶段看，目前处于第三次信息技术革命的后半段。从蒸汽技术革命、电力技术革命到信息技术革命，每一次技术革命大约是一百年的时间。第三次信息技术革命始于 20 世纪 60 年代前后，我个人认为，现在进入了第三次信息技术革命的后半段，即“互联网＋”时代。

在未来 20 年左右的时间内，互联网仍然是全球产业发展的趋势和背景。这有几个显著特征：首先，信息技术革命超越本产业，开始大规模向其他产业扩张;其次,信息技术和金融资本结合紧密,一定程度上推动了其他行业的改革;最后,大量具有突破性、主导性的技术革命还没有成规模出现,还没有进入第四次技术革命交接棒的时间段。技术革命时代更替的重要标志是大量主导性的技术出现,目前还不到火候。

所以,青年创业者应当利用信息技术革命的珍贵遗产,推动它结合、拥抱、改造其他行业,包括传统产业。特别要强调的一点是,"互联网+"不等于简单的"+互联网"。我反对一般意义上的、没有原创性的工作,很多创业者只是把传统产业移到网上,比如在网上开个小店,这种重复性的、基础性的工作我不提倡。

互联网的本质是"点对点的连接",减少中间交易环节、减少交易成本、改变用户和企业之间不平等的地位,"互联网+"体现的是一种平等、共享、效率的精神。很多人并没有很好地理解互联网的本质、商业的本质,如果只是把简单概念加上互联网,没有创造新价值、没有新价值的交付,这是和互联网本质背道而驰的。

上海外滩:

国际上对于青年人创业有怎样的趋势?

鼓励"双创"不仅仅是最重要的国本,同时也是一个全球趋势。全世界许多国家都在推动创新创业,美国也是如此。以泰国为例,2010年泰国政府启动了"one town one product"项目(即一村一产品),每个村奖励100万泰铢(相当于20万元人民币),鼓励泰国的村庄创业。

我认为,"双创"还可以继续深入,推广到农民、科技人员、大学教师群体中,推动各行各业的人们投入价值创造的过程。这个观点并不是要全社会都"下海",而是强调要让更多群体融入创新创业。没有新企业哪有新经济?新经济靠什么?靠的就是创新和创业。

(本文是作者应机械工业出版社华章分社、"经管之家"和《上海外滩》邀请,就网络提问所做的回答)

07

第七讲

时代燃灯

释放创新创业创造新动能

从科技创新这个逻辑起点到以技术为导向进行各种生产要素组合的创业，再到弘扬伟大民族精神的创造精神，“创新创业创造”重要论述在行为主体、精神动力和作用机制上构成一个逻辑严谨、逐步提升的思想体系。

最大限度释放全社会创新创业创造功能

从“创新是引领发展的第一动力”到“民营企业家是我们自己人”，再到“释放全社会创新创业创造动能”，习近平总书记对高质量发展提出了更高的要求。习近平总书记关于“创新创业创造”的重要论述体现了为人民谋幸福、为民族谋复兴的初心和使命。深刻领会习近平总书记“创新创业创造”重要论述的思想内涵，对于把握新时代经济社会发展的动力转换具有深远的意义。

习近平总书记关于“创新创业创造”的重要论述具有严谨统一的内在逻辑和丰富的思想内涵，它是一个从科技创新、高质量发展再到伟大民族精神的系统性理论拓展，是推动实现伟大中国梦的战略新抓手。

一、创新是“形势所迫”，是应对百年变局的必由之路

当前世界经济正处于第三次和第四次技术革命交汇期，这个阶段创新竞争异常激烈，各个国家普遍都将创新作为国际竞争优势的决定性力量。习近平总书记明确指出“即将出现的新一轮科技革命和产业变革与我国加快转变经济发展方式形成历史性交汇，为我们实施创新驱动发展战略提供了难得的重大机遇”，他强调“科技创新是提高社会生产力和综合国力的战略支撑，必须摆在国家发展全局的核心位置”。习近平总书记把创新发展作为新发展理念之首，精辟指出：“创新

是引领发展的第一动力。”解决新时代发展不平衡不充分的主要矛盾问题，关键是要深入贯彻新发展理念，着力抓重点、补短板、强弱项，这一切都需要进一步走创新之路。

创新是一个系统工程，包括理论创新、制度创新、科技创新、文化创新等各方面创新。在所有的创新活动中，习近平总书记特别强调科技创新和人才在国家发展全局的突出作用，强调要充分利用改革和开放这两个利器推进国家自主创新。人才是创新的根基，是创新的核心要素。创新驱动实质上是人才驱动。加快形成一支创新型人才队伍，重点要在吸引、培养、用好上下功夫。习近平总书记指出，“创新链、产业链、资金链、政策链相互交织、相互支撑，改革只在一个环节或几个环节搞是不够的，必须全面部署，并坚定不移推进”。只有全方位的改革才能焕发制度的活力，推进自主创新的自觉深入，让人才创新创造活力充分迸发。当前世界正进入以创新要素全球流动为特征的开放创新时代，自主创新也不能闭门造车，只有更深层次的开放才能谋划更高起点的自主创新。

二、创业是“大势所趋”，是实现高质量发展的战略举措

如果说科技创新解决经济新常态的动力问题，那么创业要解决的是经济发展的主体和活力问题，创业是将科技与资本、设备、人才等生产要素结合起来，它实质上是对科技创新的综合应用和产业化。习近平总书记指出，让市场真正成为配置创新资源的力量，让企业真正成为技术创新的主体。推进以科技创新为基础的创业，推动以制造业创新为主走向制造业与服务业齐头并进，打通科技创新和经济社会发展之间的通道，让一切劳动、知识、技术、管理、资本的活力竞相迸发，释放巨大发展潜能。全社会的创业活动将聚合新的市场主体，激活新的消费潜力，形成新的商业模式，由此广大中小民营企业将逐步成为市场活力的新的重要源泉，带动中国新一轮高质量发展。

创业的主体是企业家，特别是民营企业家。必须充分肯定我国民营企业在市场经济中的重要地位和作用。资本来源多样化决定了非公有制经济是创业活动的主要力量。党的十九大把“两个毫不动摇”写入新时代坚持和发展中国特色社会主义的基本方略。在2018年民营企业座谈会上，习近平总书记指出：“民营经济是我国经济制度的内在要素，民营企业和民营企业家是我们自己人。”推动民营经济发展和激发全社会的创业活动需要充分保护企业家精神。市场活力来自人，特别是来自企业家，来自企业家精神。激发和保护企业家精神对于增强市场活力、推动经济结构转型升级

以及促进经济社会持续健康发展都具有重要意义。

三、创造是“时代必然”，是凝聚力量实现中国梦的重大选择

党的十九大报告提出 2035 年基本实现社会主义现代化的目标。基本实现现代化需要激发全民族的劳动创造精神。如果说创新创业是经济发展的助推力，那么创造则是新时代高质量发展的必然要求。习近平总书记提出要“推动中国制造向中国创造转变、中国速度向中国质量转变、中国产品向中国品牌转变”。“中国创造”意味着“中国制造”从劳动生产向价值创造、从加工制造向价值链攀升的全面转型，是一场面向国际产业竞争的自觉“品质革命”。伴随中国在全球竞争中主导产业和核心技术的突破式创新以及企业国际市场占有率的不断提高，中国创造正逐步成为全球高质量、高品质的代名词。当越来越多的中国创新企业参与全球技术标准和贸易规则的制定过程，中国创造在全球创新版图的贡献度也将日益凸显。

“中国创造”更是指全体劳动人民伟大的“创造”精神。在十三届全国人大一次会议上的重要讲话中，习近平总书记热情讴歌中华民族的创造精神、奋斗精神、团结精神和梦想精神，指出“只要 13 亿多中国人民始终发扬这种伟大创造精神，我们就一定能够创造出一个又一个人间奇迹”。创造精神缘起于中华民族艰苦奋斗自强不息的精神传统和文化内蕴，也是中国梦实践中的伟大民族精神的自我升华。“创造”意味着开创、突破和超越的勇气，意味着事业从无到有、革旧鼎新的实践探索。“创造”的主体和依靠力量是最广大的人民群众。新时代倡导创造精神就要努力营造劳动光荣的社会风尚和精益求精的敬业风气；营造“尊重首创精神，保护创造成果”的社会氛围；大力弘扬劳模工匠精神、企业家精神和科学家精神；最大限度激发广大人民群众创新创造的磅礴伟力，最大限度释放全社会创新创业创造的新动能。必须从中华民族伟大精神的高度去认识和把握“创新创业创造”重要论述，以“创造”之精神推动新时代“创造”之伟业，让“创新创业创造”汇聚成新时代经济社会高质量发展的永恒动力。

四、“创新创业创造”重要论述是有机的思想整体

从科技创新这个逻辑起点到以技术为导向进行各种生产要素组合的创业，再到弘扬伟大民族精神的创造精神，“创新创业创造”重要论述在行为主体、精神动力和作用机制上构成一个逻辑严谨、逐步提升的思想体系。

在行为主体上，科技创新的主体是广大科技工作者以及全社会所有科技参与者；创业的主体是企业家，特别是民营企业家，他们是“创业就业的主要领域、技术创新的重要主体”；创造的主体是全体中华儿女，既包涵广大的科技教育工作者、大国工匠、民营企业家等知识型、技能型、创新型劳动者，更涵盖千千万万的有创造想法的普通老百姓，这些“创新创业创造”群体组成了新时代最耀眼的时代新人。

在精神动力上，创新需要大力弘扬爱国、创新、求实、奉献、协同、育人的新时代科学家精神，以科学家的榜样力量引领全社会创新智慧的充分迸发和创造力量的不断涌动；创业需要“激发企业家精神，发挥企业家才能”，冒险、创新、永不满足、服务社会的精神是创业的内在动力；创造既需要激发科技工作者的创新求变精神，也需要激活和保护企业家的创业创造精神，更需要发扬普通民众的劳动和工匠精神。创新侧重思维，创业重在实践，创造强调精神。创新创业是创造的归属和实践，创造是创新创业的灵魂和动力，必须从整体上把握新时代创新创业创造精神的思想实质。

在作用领域上，创新主要聚焦科学技术领域，强调以科技创新为抓手进而推动制度、文化、观念等领域的创新；创业主要聚焦经济发展领域，强调要适应高质量发展不断培育新的市场主体，从而推动经济切实转型增效；创造不仅是指经济领域从传统制造业到高端制造的经济发展模式转变，更是指社会领域新时代所需要的新面貌和新作为，因而适用于绝大多数领域。“创新创业创造”重要论述“打通从科技强到产业强、经济强、国家强的通道”。

总之，习近平总书记关于“创新创业创造”的重要论述体现了从生产力、经济基础再到社会系统的理论逻辑上升过程。创新是推动生产力的最活跃、最原始的动力，生产力的发展必然引发生产关系和上层建筑的变革，最终将推动社会进步。创业是由创新所牵引的，主要作用于经济基础。创造发端于生产力领域中的高附加值创新创业劳动，作用于推动经济增长和社会进步的所有要素的崭新整合。创造也是个体求新求变思维的开端，所有个体的创造精神更是指向民族精神重塑、社会发展理念更迭等上层建筑，因此它是涵盖各个层面、内涵最为广泛的一种活动。创新驱动发展、创业激活经济、创造提升价值并塑造新的时代精神。习近平总书记关于“创新创业创造”的重要论述是有机的思想整体，必须深刻把握其丰富的时代内涵，汇聚创新创业创造的强大动力，努力推动中华民族伟大复兴中国梦的实现。

（原文由刘志阳，张劲松发表于《光明日报》，2019 年 8 月 9 日）

05　2019年8月9日　星期五　责任编辑：龚亮、靳昊、刘华东　美术编辑：杨震　光明日报

汇聚“创新创业创造”强大动力 推动实现伟大中国梦

□ 刘志阳　张劲松

在全党开展“不忘初心、牢记使命”主题教育活动之际，深刻领会习近平总书记关于“创新创业创造”重要论述的时代内涵，以强烈的紧迫感和使命感积极应对百年未有之大变局，具有重要意义。2019年3月10日，习近平总书记在参加十三届全国人大二次会议福建代表团审议时强调，“要营造有利于创新创业创造的良好发展环境。要向改革开放要动力，最大限度释放全社会创新创业创造动能，不断增强我国在世界大变局中的影响力、竞争力”。从“创新是引领发展的第一动力”“民营企业家是我们自己人”再到“释放全社会创新创业创造动能”，习近平总书记对高质量发展提出了更高要求。习近平总书记关于“创新创业创造”的重要论述体现了为人民谋幸福、为民族谋复兴的初心和使命。深刻领会习近平总书记“创新创业创造”重要论述的思想内涵，对于把握新时代经济社会发展的动力转换具有深远的意义。

习近平总书记关于“创新创业创造”的重要论述具有严谨统一的内在逻辑和丰富的思想内涵，它是一个从科技创新、高质量发展再到伟大民族精神的系统性理论拓展，是推动实现伟大中国梦的战略新抓手。

越来越多的科技企业将目光投向基于无线网络的汽车智能系统的开发。图为在第18届上海国际汽车工业展览会上，展方工作人员（左）在显示屏前向参观者讲解一套汽车自动驾驶计算平台的工作原理。　新华社发

1 创新是“形势所迫”，是应对百年变局的必由之路

当前世界经济正处于第三次和第四次技术革命交汇期，这个阶段创新竞争异常激烈，各个国家普遍都将创新作为国际竞争优势的决定性力量。习近平总书记明确指出“即将出现的新一轮科技革命和产业变革与我国加快转变经济发展方式形成历史性交汇，为我们实施创新驱动发展战略提供了难得的重大机遇”，他强调“科技创新是提高社会生产力和综合国力的战略支撑，必须摆在国家发展全局的核心位置”。习近平总书记把创新发展作为新发展理念之首，精辟指出：“创新是引领发展的第一动力”。解决新时代发展不平衡不充分的主要矛盾问题，关键是要深入贯彻新发展理念，着力抓重点、补短板、强弱项，这一切都需要进一步走创新之路。

创新是一个系统工程，包括理论创新、制度创新、科技创新、文化创新等各方面创新。在所有的创新活动中，习近平总书记特别强调科技创新和人才在国家发展全局的突出作用，强调要充分利用改革和开放这两个利器推进国家自主创新。人才是创新的根基，是创新的核心要素。创新驱动实质上是人才驱动。加快形成一支创新型人才队伍，重点要在吸引、培养、用好上下功夫。习近平总书记指出，“创新链、产业链、资金链、政策链相互交织、相互支撑，改革只在一个环节或几个环节搞是不够的，必须全面部署，并坚定不移推进。”只有全方位的改革才能焕发制度的活力，推进自主创新的自觉深入，让人才创新创造活力充分迸发。当前世界正进入以创新要素全球流动为特征的开放创新时代，自主创新也不能闭门造车，只有更深层次的开放才能谋划更高起点的自主创新。

孩子们在上海科技馆做化学小实验，体验化学世界的神奇。　新华社发

2 创业是“大势所趋”，是实现高质量发展的战略举措

如果说科技创新解决经济新常态的动力问题，那么创业要解决的是经济发展的主体和活力问题。创业是将科技与资本、设备、人才等生产要素结合起来，它实质上是对科技创新的综合应用和产业化。习近平总书记指出，让市场真正成为配置创新资源的力量，让企业真正成为技术创新的主体。推进以科技创新为基础的创业，推动以制造业创新为主走向制造业与服务业齐头并进，打通科技创新和经济社会发展之间的通道，让一切劳动、知识、技术、管理、资本的活力竞相迸发，释放巨大发展潜能。全社会的创业活动将聚合新的市场主体，激活新的消费潜力，形成新的商业模式，由此广大中小民营企业将逐步成为市场活力的新的重要源泉，带动中国新一轮高质量发展。

创业的主体是企业家，特别是民营企业家。必须充分肯定我国民营企业在市场经济中的重要地位和作用。资本来源多样化决定了非公有制经济是创业活动的主要力量。党的十九大把“两个毫不动摇”写入新时代坚持和发展中国特色社会主义的基本方略。在2018年民营企业座谈会上，习近平总书记指出：“民营经济是我国经济制度的内在要素，民营企业和民营企业家是我们自己人。”推动民营经济发展和激发全社会的创业活动需要充分保护企业家精神。市场活力来自于人，特别是来自于企业家，来自于企业家精神。激发和保护企业家精神对于增强市场活力、推动经济结构转型升级以及促进经济社会持续健康发展都具有重要意义。

3 创造是“时代必然”，是凝聚力量实现中国梦的重大选择

党的十九大报告提出2035年基本实现社会主义现代化的目标。基本实现现代化需要激发全民族的劳动创造精神。如果说创新创业是经济发展的助推力，那么创造则是新时代高质量发展的必然要求。习近平总书记提出要“推动中国制造向中国创造转变、中国速度向中国质量转变、中国产品向中国品牌转变”。“中国创造”意味着“中国制造”从劳动生产向价值创造、从加工制造向价值链攀升的全面转型，是一场面向国际产业竞争的自觉“品质革命”。伴随中国在全球竞争中主导产业和核心技术的突破式创新以及企业国际市场占有率的不断提高，中国创造正逐步成为全球高质量、高品质的代名词。当越来越多的中国创新企业参与到全球技术标准和贸易规则的制定过程，中国创造在全球创新版图的贡献度也将日益凸显。

“中国创造”更是指全体劳动人民伟大的“创造”精神。在十三届全国人大一次会议上的重要讲话中，习近平总书记热情讴歌中华民族的创造精神、奋斗精神、团结精神和梦想精神，指出“只要13亿多中国人民始终发扬这种伟大创造精神，我们就一定能够创造出一个又一个人间奇迹”。创造精神缘起于中华民族艰苦奋斗自强不息的精神传统和文化内蕴，也是中国梦实践中的伟大民族精神的自我升华。“创造”意味着开创、突破和超越的勇气，意味着事业从无到有、革旧鼎新的实践探索。“创造”的主体和依靠力量是最广大的人民群众。新时代倡导创造精神就要努力营造劳动光荣的社会风尚和精益求精的敬业风气；营造“尊重首创精神，保护创造成果”的社会氛围；大力弘扬劳模工匠精神、企业家精神和科学家精神；最大限度激发广大人民群众创新创造的磅礴伟力，最大限度释放全社会创新创业创造的新动能。必须从中华民族伟大精神的高度去认识和把握“创新创业创造”重要论述，以“创造”之精神推动新时代“创造”之伟业，让“创新创业创造”汇聚成新时代经济社会高质量发展的永恒动力。

4 “创新创业创造”重要论述是有机的思想整体

从科技创新这个逻辑起点到以技术为导向进行各种生产要素组合的创业，再到弘扬伟大民族精神的创造精神，“创新创业创造”重要论述在行为主体、精神动力和作用机制上构成一个逻辑严谨、逐步提升的思想体系。

在行为主体上，科技创新的主体是广大科技工作者以及全社会所有科技参与者；创业的主体是企业家，特别是民营企业家，他们是“创业就业的主要领域、技术创新的重要主体”；创造的主体是全体中华儿女，既包涵广大的科技教育工作者、大国工匠、民营企业家等知识型、技能型、创新型劳动者，更涵盖千千万万的有创造想法的普通老百姓，这些“创新创业创造”群体组成了新时代最耀眼的时代新人。

在精神动力上，创新需要大力弘扬爱国、创新、求实、奉献、协同、育人的新时代科学家精神，以科学家的榜样力量引领全社会创新智慧的充分迸发和创造力量的不断涌动；创业需要“激发企业家精神，发挥企业家才能”，冒险、创新、永不满足、服务社会的精神是创业的内在动力；创造既需要激发科技工作者的创新求变精神，也需要激活和保护企业家的创业创造精神，更需要发扬普通民众的劳动和工匠精神。创新侧重思维，创业重在实践，创造强调精神。创新创业是创造的归属和实践，创造是创新创业的灵魂和动力，必须从整体上把握新时代创新创业创造精神的思想实质。

在作用领域上，创新主要聚焦科学技术领域，强调以科技创新为抓手进而推动制度、文化、观念等领域的创新；创业主要聚焦经济发展领域，强调要适应高质量发展不断培育新的市场主体，从而推动经济切实转型增效；创造不仅是指经济领域从传统制造业到高端制造的经济发展模式转变，更是指社会领域新时代所需要的新面貌和新作为，因而适用于绝大多数领域。“创新创业创造”重要论述“打通从科技强到产业强、经济强、国家强的通道”。

总之，习近平总书记关于“创新创业创造”的重要论述体现了从生产力、经济基础再到社会系统的理论逻辑上升过程。创新是推动生产力的最活跃、最原始的动力，生产力的发展必然引发生产关系和上层建筑的变革，最终将推动社会进步。创业是由创新所牵引的，主要作用于经济基础。创造发端于生产力领域中的高附加值创新创业劳动，作用于推动经济增长和社会进步的所有要素的崭新整合。创造也是个体求新求变思维的开端，所有个体的创造精神更是指涉民族精神重塑、社会发展理念更迭等上层建筑，因此它是涵盖各个层面、内涵最为广泛的一种活动。创新驱动发展、创业激活经济、创造提升价值并塑造新的时代精神。习近平总书记关于“创新创业创造”的重要论述是有机的思想整体，必须深刻把握其丰富的时代内涵，汇聚创新创业创造的强大动力，努力推动中华民族伟大复兴中国梦的实现。

（作者分别系上海财经大学创业学院执行副院长、教授，集美大学马克思主义学院教授）

基层实践

厚重历史成为干群教育的好教材

——新疆吐鲁番市开展“看历史、游家乡、爱祖国”主题活动纪实

本报记者　王　瑟

“这块碑叫《亦都护高昌王世勋碑》，碑文的汉文部分记载了回鹘人的来源与发展……元代维吾尔族先民回鹘人在汉语中又称畏兀尔。元明时期，新疆的蒙古人与畏兀儿人基本融为一体。1934年，新疆统一使用维吾尔作为汉文规范称谓，意为维护你我团结……”新疆吐鲁番博物馆副馆长邓永红的讲解，让鄯善县教育局干部亚森·艾坦木惊讶地张大了嘴——“原来我们是各民族融合的民族啊，今天我才知道自己民族的历史。维吾尔族是经过长期迁徙、民族融合形成的，这一点很重要。”

让吐鲁番丰富厚重的历史成为各族干部群众最好的教材，让历史发声，让文物说话，吐鲁番市自2017年开展“看历史、游家乡、爱祖国”主题活动后，很多干部群众澄清了思想上的模糊认识，坚定了跟党走的信心与决心，更加热爱自己的祖国，热爱自己的家乡，形成一股昂扬向上的力量。

充分发挥吐鲁番悠久厚重历史资源的作用

吐鲁番历史文物遗迹众多，是记载新疆各民族血脉相连、休戚与共、共同开发建设祖国边疆历史的“活化石”。立足独特的历史文化资源，吐鲁番市委精心策划开展了“看历史、游家乡、爱祖国”主题教育活动。通过组织全市基层干部群众免费参观吐鲁番博物馆、柏孜克里克千佛洞、苏公塔等爱国主义教育基地，用人民群众听得懂、记得住的方式，把马克思主义深刻哲理转化为具体、形象的大众化话语，让“五个认同”成为各族群众稳定的价值基础和精神纽带，进一步筑牢了中华民族共同体意识。

市委主要领导亲自主持制定工作方案，审定解说词，精心安排交通保障、安全保卫、后勤服务等工作；统一组织编写《吐鲁番市“看历史、游家乡、爱祖国”专题教育活动宣讲材料》，遴选一批高水平的讲解员并抓好培训，把涉及新疆历史的重要史实、重要观点用通俗易懂的语言讲清楚，澄清一些群众的模糊认识，驳斥反动谬论。同时，紧密联系各族群众的思想实际，充分考虑广大群众的接受能力和思维习惯，把习近平新时代中国特色社会主义思想的引领作用和各族群众的生产生活实际结合起来，注重在载体上谋划。这种既见物又见人的教育方式一经推出，立即引起各族干部群众的热追，形成凝聚共识、争取人心的“聚合效应”。

丰富多彩的活动吸引各族干部群众

三玉娟是吐鲁番市高昌区第九小学副校长。当天，在走进吐鲁番博物馆等地的活动中，她看得很仔细，记得也很认真。她说：“过去，我们只注重课上的知识，给学生讲的也多是课本上的知识，现在看了吐鲁番厚重的历史资料后才发现，原来我们生活的这片土地，拥有这样丰富厚重的历史，这对我们今后在课堂上给学生们讲解吐鲁番历史、中国历史有很大帮助。”

今年5月，吐鲁番市高昌区第一中学初一学生李卿宜参加了由学校团委组织的活动，第一次来到苏公塔、柏孜克里克千佛洞等地。“也是在这些地方，我才明白，维护各民族团结是一件多么重要的事。明白了这些，我就暗下决心，一定要从自己做起，从身边小事做起，做一个维护民族团结的好学生。如今我们班里的同学都在做着这件事，大家更像一家人了。”李卿宜说道。

吐鲁番市还充分发挥基层党组织作用，有步骤、分批次组织分散在乡村的农民前来参观学习。他们从每户农村家庭选出1名代表参观，安排乡镇干部担任领队，在参观游览中穿插一些典型故事、提问互动、小型歌舞等，宣讲习近平新时代中国特色社会主义思想和党的十九大精神，讲好中华民族一家亲故事和民族团结故事，使群众在看与听的过程中产生共鸣，增进认同感。

邓永红介绍，仅去年一年，吐鲁番博物馆就接待前来参观学习的农民18万人次。主题活动开展至今，已累计举行各项活动800余场次。从今年年初到现在，已有15.2万各族干部群众参加。

用文物资源载体推动马克思主义大众化

一件件历史文物、一幅幅珍贵图片、一段段文字记录，不仅充分展现了吐鲁番厚重的历史沉淀和丰富的文化内涵，更以馆藏文物为史证告诉世界，新疆是中国领土不可分割的一部分，新疆各民族是中华民族血脉相连的家庭成员，新疆各民族文化是中华文化的组成部分等基本史实，教育引导各族群众不断增强“五个认同”。

来自吐鲁番市葡萄沟镇洋沙中学的阿力亚古丽·巴合白丁参加活动后感慨地说：“这些历史和文物，让我们更加清醒和深刻地认识到，新疆是各民族共同建设的家园，中华文化是各民族共同筑就的，这给我们在学生中开展爱国主义教育提供了最好的明证与实例。我们都生活在吐鲁番，对自己的家乡如果没有清晰的认识，怎么可能教育更多的人，怎么可能讲清历史，澄清历史，这个活动真是太及时了。”

社会实践的主体是广大群众，实现科学理论的大众化，宣传工作至关重要。吐鲁番市委常委、宣传部长王甫志表示，坚持不懈用马克思主义中国化最新成果武装头脑、凝心聚魂，关键是要通过贴近实际、贴近生活、贴近群众的载体与形式，把深邃的理论用简单质朴的语言讲清楚，把深刻的道理用群众喜闻乐见的方式说明白，让科学理论走入生动的社会实践，真正成为广大党员干部普遍信仰、各族群众普遍认同的强大思想武器。

“开展‘看历史、游家乡、爱祖国’主题活动，我们坚持既见物又见人，充分考虑广大群众的接受能力和思维习惯，从政治上着手，在载体上谋划，使吐鲁番市各级党组织在学习贯彻落实习近平新时代中国特色社会主义思想和党中央治疆方略，特别是新疆工作总目标过程中，找到了精准有效的载体，使马克思主义‘五观’宣传教育具体化、实体化，拓展和推动了新时代马克思主义大众化，进一步提高了干部群众运用马克思主义基本原理认识、分析、解决问题的能力和水平。”王甫志说。

附 录
APPENDIX

最大限度释放全社会创新创业动能

2019年全国两会期间，习近平总书记在参加福建代表团审议时强调："要营造有利于创新创业创造的良好发展环境。要向改革开放要动力，最大限度释放全社会创新创业创造动能，不断增强我国在世界大变局中的影响力、竞争力。"从"双创"到"三创"，习近平总书记对营造良好发展环境提出了更高要求，这是对中华民族伟大精神的创造性发展，是应对国内外复杂形势的战略新判断，是基本实现国家现代化的战略总号召。

党的十八大以来，习近平总书记在各种场合强调创新创业创造的重要性。党的十八届五中全会把创新提到五大发展理念之首。在庆祝改革开放40周年大会上，习近平总书记强调："要坚持创新是第一动力、人才是第一资源的理念，实施创新驱动发展战略，完善国家创新体系，加快关键核心技术自主创新，为经济社会发展打造新引擎。"习近平总书记在参加福建代表团审议时强调："要坚持问题导向，解放思想，通过全面深化改革开放，给创新创业创造以更好的环境，着力解决影响创新创业创造的突出体制机制问题，营造鼓励创新创业创造的社会氛围。""三创"重要论述有其特定内涵，创新侧重理念，创业重在实践，创造强调精神。创新创业创造又融为一体，创造是创新创业的灵魂和动力，创新创业是创造的归属和实践，创新创业创造都是新时代所需要的新面貌和新作为。

一个伟大的民族，总有一种昂扬奋发的精神。习近平总书记多次提到"苟日新，日日新，又日新"，并强调指出"创新始终是一个国家、一个民族发展的重要力量，也始终是推动人类社会进步的重要力量"。在十三届全国人大一次会议上的重要讲话中，习近平总书记热情讴歌中华民族的创造精神、奋斗精神、团结精神和梦想精神。从上述论述可以看出，创新创业创造精神源于中华民族艰苦奋斗、自强不息的精神传统和文化内蕴，又是中国梦伟大实践中的民族精神的自我升华。必须站在中华民族伟大精神的高度去认识和把握这一重要论述，让创新创业创造精神变成汇聚实现中国梦的重要精神动力，推动各项事业日新月异发展。

"三创"重要论述是应对国内外复杂形势的战略判断。首先，创新创业创造是大势所趋，是应对新一轮科技革命和增强国际影响力的必然要求。在科技革命和国际竞争新背景下，唯有掌握创新创业创造的制高点，才能增强国际竞争的话语权和影响力。其次，创新创业创造是高质量发展的必然要求。我国经济总量已跃居世界第二位，但是不少领域大而不强、大而不优，同时我国人口、资源、环境压力越来越大，要通过以创新创业创造理念为引领，构建新的微观激励约束机制和宏观制度环境，破除高速增长阶段形成的传统老化的思维方式、僵化的行为方式、弱化的发展方式，以思维方式、行为方式和发展方式“三大转变”，推动经济高质量发展向实处落实，只有这样才能让中国经济跨越“中等收入陷阱”。最后，创新创业创造是伟大民族精神所致，基本实现国家现代化基点在创造，着力点在创新，突破点在创业。其内核是将中华民族伟大创新创业创造精神点燃，为“中国号”经济列车添加新动力、打造新引擎。

学习“三创”重要论述，首先要全面准确理解“三创”论述的重要内涵。**“三创”不是个别领域和某一方面的创新创业创造，而是全面创新创业创造，涉及上层建筑与经济基础、生产关系与生产力的全要素、全系统、全方位的改革创新。**“三创”不仅是指新技术、新产业、新业态等物质范畴的创新突破，更是涉及伟大民族精神内核的创新重塑，要让创新创业创造在全社会蔚然成风。其次，要深刻领会“三创”论述的马克思主义方法论。实事求是和问题导向是“三创”出发点，解放思想和全面深化改革开放是实现手段。判断各地“三创”开展情况如何，关键要看是否给创新创业创造以更好的环境，是否着力解决影响创新创业创造的突出体制机制问题，是否营造鼓励创新创业创造的社会氛围，这三个问题是当下推动高质量发展的“牛鼻子”系统工程。最后，要狠抓落实，推动“三创”蓬勃发展。要始终弘扬创新创业创造精神，推动创新创业创造教育在学校生根发芽，推动创新创业创造成为全社会的主动追求。“功以才成，业由才广”，要面向未来，落实鼓励全社会创新发展的各项政策措施，积极培育一批顶尖科学家、一批创新企业家、一批大国工匠，为实现中华民族伟大复兴的中国梦提供不竭动力。

（原文发表于《光明日报》，2019 年 3 月 22 日）

“双创”是中国梦渐行渐近的脚步声

十八大以来，“双创”对中国的贡献早已超越了经济领域，扎扎实实地渗透到了社会肌体中。“大众创业，万众创新”，不仅是发展的动力之源，也是富民之道、公平之计、强国之策。“双创”的过程，也是国民自我创造、实现自身价值的过程，每个个体的梦想都与中华民族伟大复兴的中国梦完美地融合在一起，“双创”由此也成为实现中国梦的引擎。

今天，“2017 年全国大众创业万众创新”活动周在上海拉开帷幕。“双创”活动周将以全国“双创”示范基地创新创业成果和成功经验为主要内容，选取新技术、新业态、新模式等元素，综合展示一年来“双创”所取得的新进展、新成绩和新突破。

一、“双创”是创新驱动发展的重要载体

习近平总书记指出：“创新是社会进步的灵魂，创业是推动经济社会发展、改善民生的重要途径。”李克强总理在 2014 年天津夏季达沃斯论坛上首次提出“大众创业，万众创新”，强调要坚持创新驱动发展战略，扎实推进“双创”，不断激发市场活力、潜力和社会创造力。党中央、国务院一直高度重视创业创新工作。特别是近几年，“双创”工作更是进入了发展的快车道，一系列国家层面的顶层设计陆续出台，“大众创业，万众创新”被写入政府工作报告，同时被纳入“十三五”规划纲要。

“大众创业，万众创新”实施以来，中国国家创新力不断提高，中国高技术产业和战略性新兴产业2016年增长率分别为10.8%和10.5%，明显快于GDP增长。世界知识产权组织公布的2017年全球创新指数排名中，中国由2013年的第35位提升至第22位，居中等收入经济体之首。中国早期创业活动指数为12.84%，高于美、德、英、日等发达国家；2016年，中国获得的风险资本投资额约占全球总额的四分之一。

恰如“双创”活动周的主题“双创促升级，壮大新动能”，作为创新驱动发展的重要载体，“双创”为“稳增长、调结构、转方式”和促进就业注入了源源不断的新动能。“双创”带动了新经济发展：“互联网＋”、分享经济、人工智能等新技术、新产业、新业态、新产品、新模式等不断涌现。“双创”带动了新平台发展：2017年我国各类众创空间超过4 200家，科技企业孵化器3 255家，企业加速器400余家，培育挂牌上市企业近1 000家。“双创”带动了新资本发展：2016年我国创业投资机构管理资金总量已超过7万亿元。

二、“双创”是富民之道公平之计强国之策

十八大以来，“双创”对中国的贡献早已超越了经济领域，扎扎实实地渗透到了社会肌体中。**“大众创业，万众创新”，不仅是发展的动力之源，也是富民之道、公平之计、强国之策。**

“双创”是富民之道。我们推动“双创”，就是要让更多的人富起来。近几年来，通过支持农民工等人员返乡创业等有针对性减贫脱贫计划的推出，已经建成1 096个农村“双创”园区，惠及数千万农村家庭脱贫。

“双创”是公平之计。推动“大众创业，万众创新”，既可以扩大就业、增加居民收入，又有利于促进社会纵向流动和公平正义，也会让更多的年轻人，尤其是贫困家庭的孩子有更多的上升通道，让更多的人实现人生价值。

“双创”点燃了中国人创新创业的热情，催生了数量众多的市场主体。既有行业精英，也有社会草根；既有海归学者，也有本土人才；既有初创企业，也有大国企；既有大企业“内部双创”的大工匠，也有投身“互联网＋农业＋扶贫”的农业创客。

“双创”的过程，也是国民自我创造、实现自身价值的过程，每个个体的梦想都与中华民族伟大复兴的中国梦完美地融合在一起，“双创”由此也成为实现中国梦的引擎。

三、打通政策落实的“最后一公里”

创新是引领发展的第一动力，抓创新就是抓发展，谋创新就是谋未来。需要强调的是，“双创”也是全世界应对新一轮科技革命和产业变革的共同趋势。2017年联合国大会通过决议，将每年4月21日指定为“世界创意和创新日”，呼吁各国支持创新创业。

“大众创业，万众创新”是中国经济转型的必然选择。而“双创”是一项系统工程，推进“双创”发展，不能仅靠技术创新，必须从整体上深化改革和制度创新，从创新政府管理、优化“双创”服务、拓展融资渠道、促进产业升级、强化人才支撑五个方面，为进一步营造融合、协同、共享的“双创”生态环境，实现持续健康发展，增强创业创新实效，推出一批具体措施。

好风凭借力，扬帆正当时。打造经济发展和社会进步的新引擎，要立足改革创新，坚持需求导向，全力打通政策落实的“最后一公里”，真正在960万平方公里的土地上掀起“大众创业”“草根创业”的新浪潮，形成“万众创新”“人人创新”的新态势。

（原文发表于《文汇报》，2017年9月15日）

在百年变局中强化创新对高质量发展的引领作用

“唯创新者进，唯创新者强，唯创新者胜”，创新创业创造是当代中国最鲜明的特征，是时代精神的最强音。总书记有关“三创”的重要论述既是应对国内外复杂形势的战略新判断，也是引领当前中国经济打破迷局、推动高质量发展的战略总指引。

一、百年大变局与创新发展的内在逻辑

世界百年未有之大变局，是经济科技格局和全球治理体系等领域发生的全球历史性革命性深刻变化。“百年变局”战略判断具有丰富的内涵，在经济科技领域是指当前世界科技革命正处于第三次和第四次技术革命交汇期。在这个阶段，信息技术革命遗产在已有领域已经消化吸收殆尽，传统信息产业接近成熟，新的主导技术和产业还没有完全形成，却又蕴含着新技术和生产方式的变革，世界范围内大数据、人工智能、区块链等各种新科技不断涌现，创新竞争异常激烈。为此，各个国家普遍都将创新作为主导国际竞争的决定性力量。

技术革命交汇期往往是后发国家赶超的机会。在第一次工业革命后期，英国企业仍固守前一范式的纺织、冶铁等传统产业。美国、德国充分利用电器和内燃机技术迅速赶超英国，掀起了第二次工业革命。同时，与之相适应的大规模工业化的“福特制”成为主要生产方式。在国家层面，美、德建立研究

型大学和职业教育制度，增加了新兴产业的研发力量和工程师供给；在企业层面，德国拜耳、美国通用电气等公司率先建立企业内部研发部门，推动企业成为技术创新主体。这些与新技术相适应的制度创新，最终加速了美、德的跨越式发展。两次“石油危机”促使第二次工业革命主导范式走到尽头，日本抓住了这次机遇。从20世纪70年代开始，日本在家电、汽车、纺织、造船和以半导体和集成电路为核心的电子产业领域呈现明显的赶超势头，与技术赶超相配合，日本企业的下包制和终身雇佣制等相关企业制度也成为全世界学习的经验。日本政府积极产业政策在经济追赶中起到了促进作用，通产省掌握了强有力的政策工具，除了产业规划、行业准入、行政指导外，还控制了外汇配给、外资准入、信贷等金融工具，这都是产业政策能够落实的关键。

世界经济中心的几度迁移，很重要的因素是主导技术这个主轴在旋转、发力，支撑着经济发展，引导着社会走向。总结人类发展历史，习近平总书记指出“即将出现的新一轮科技革命和产业变革与我国加快转变经济发展方式形成历史性交汇，为我们实施创新驱动发展战略提供了难得的重大机遇”。着眼现代化未来，习近平总书记提出“中国如果不走创新驱动道路，新旧动能不能顺利转换，是不可能真正强大起来的，只能是大而不强”。所以，“不创新就要落后，创新慢了也要落后”“抓创新就是抓发展，谋创新就是谋未来”。

二、在创新发展中确立“技术—经济—治理”的新范式

全球性主导技术结构和主导产业更替的脱节与断裂，即“技术—经济”范式的更迭是美国和欧洲出现巨额贸易逆差，进而导致全球经济失衡的最本质根源。“技术—经济”范式是由技术创新经济学家佩雷斯和弗里曼提出并逐步完善发展起来的，他们指出“技术—经济”范式的重要特征是“具有在整个经济中的渗透效应，即它不仅导致产品、服务、系统和产业依据自己的权利产生新的范围，也直接或间接地影响经济的几乎每个其他领域，它是一个‘亚模式’”。其本质是指在一定社会发展阶段的主导技术结构及由此决定的社会—制度框架。这主要有三层含义：一是以一个或几个主导技术群构成了不同时代经济增长的技术基础；二是这些主导技术群决定了一定时期内世界经济增长方式、生产方式和组织形式；三是随着科学技术的发展，主导技术群会发生变化，世界经济发展的技术基础也会随之改变，进而改变世界经济发展的模式，从而导致世界技术—经济增长范式的更迭。

创业小贴士
START-UP TIPS

“技术—经济”范式

借鉴佩雷丝等人的观点，我们认为每次技术革命都会形成与之相适应的“技术—经济—治理”新范式。一个技术—经济—治理范式包括一套通用的技术、资本和治理原则，是一种最优的经济社会发展模式。在佩雷斯看来，每次技术革命从爆发到被完全吸收要持续上百年甚至更长时间，可以划分为导入期和拓展期两个阶段。在导入期，新技术、新产品、新产业呈现爆炸性增长特征，金融资本开始介入，新的技术—经济范式开始形成，为和新的技术—经济范式相适应，社会治理方式往往呈现积极产业政策和鼓励创新宽容失败文化双向促进的特征。在拓展期，核心技术的创新潜力逐步耗尽，市场开始饱和，经济增长出现停滞，金融资本谋求退出并寻求新的机会，与之相应，社会治理方式由导入期的宽松包容和鼓励竞争更多转向严格监管和产业保护，由此可能触发新的国际治理难题。

中国这艘巨轮在创新的征程中迫切需要建立一套面向新技术革命的“技术—经济—治理”的新规则。首先，要牢固树立“创新是引领发展的第一动力”的新发展理念。总书记指出，“要在我国发展新的历史起点上，把科技创新摆在更加重要位置，吹响建设世界科技强国的号角。”“大科技创新成果是国之重器、国之利器，必须牢牢掌握在自己手上，必须依靠自力更生、自主创新。”如果中国失去了交汇期新技术弯道超车的最好机会，就无法谋划下一轮新产业超越发展的可能。其次，要积极将资本优势和市场优势转化为新产业和新动能培育的优势。要大力发挥世界最大市场的规模优势为新兴技术和产业发展提供最好的实验赛道，要大力发挥中国创业投资的庞大资本优势和创新筛选作用，引领各类技术源转化为生产力。再次，要建立一套适应创新发展的新的制度和治理体系。“最紧迫的是要破除体制机制障碍，最大限度解放和激发科技作为第一生产力所蕴藏的巨大潜能。”这些制度措施不仅包括源头上的鼓励创新创业创造教育、重视基础研究、知识产权保护制度，也包含中间层的鼓励产业研用转化、加速各类众创空间—孵化器—加速器—产业园等物理载体建设，更包含了后端的科创板和各类产权交易市场建设。和新技术发展相适应的国内外治理体系是必要

条件，必须坚持政府、市场和第三方共同促进，形成一个有效的内部创新激励体系和外部创新合作框架。改革和开放是破解束缚新“技术—经济”范式的制度障碍的最好利器。

三、以创新引领中国下一轮经济发展

技术革命的转换期往往伴随经济下滑，必须从“技术—经济—治理”范式的系统观点和经济波动的长周期性加以认真分析。

推动新一轮经济上升的形成至少需要三个条件：一是旺盛的创新投资需求和资本积累率推动。企业利润率上升和乐观利润预期所形成的强大投资动力是推动增长的最核心源泉。这一方面来自技术革命所形成的一系列新的生产部门引发的投资需要，一方面是技术革命所推动的传统部门技术改造的投资需要。二是旺盛的市场需求拉动。新的技术产业化如果没有市场需求，投资就没有回报，技术就无法完善，主导产业也无法形成。三是有利的治理环境支撑。这意味着和新技术相适应的新制度结构的某些重大变化，这也是任何经济高涨所必需的基础条件。

着眼当下经济发展，应该着力做好以下方面：第一，加大对创新的投入。一是加大对新产业部门的政府投资。在维持财政研发支出规模的同时，应该加大对创新部门的扶持。很多大科学装置和数据化平台是私营企业所无法负担的，政府应该将它作为公共支出的一部分列入预算。对于技术改造项目要予以一定的补贴。在创新投资中也要注意评估财政支出效率，引导有效创新投入。二是积极引导民营企业的创新投资。只有私营部门形成正向的利润预期，才会加大对创新的长周期投入。政府应该高度重视贸易战引发的不确定性预期，加大对私营部门的新技术采购需求。第二，推动创业金融制度的常态化落地，解决好新兴产业的联动发展问题。一个地方创业金融发展的好坏，往往是判断创新创业环境优劣的标志。应该大力发展地方天使投资、创业投资、私募股权投资、政府引导基金、创业担保基金和影响力投资等各类基金，努力栽好“梧桐树”才能引来“金凤凰”。要做好科研院所、公共技术平台、众创空间、创业园（文创园）、科技园、产业园联动发展问题，解决好政策的拥堵和贯通难题。第三，把握制度性开放机遇促进市场开放。要充分利用“一带一路”机遇，解决好创新创业的全球市场落地问题。国内的消费提升幅度毕竟是有限的，如果没有国际市场配合，创新的转化和应用仍然是个大难题。第四，构建有利于创新创业创造的营商环境和治理方式。要进一步建立适合科创中心的营商环境和政府管理制度;设立符合市场机制的科转制度;加大职业教育投入,培养新技术革命的创新创造人才;完善激发市场主体创新创业创造的社会分配制度。在新的技术革命交汇期,只有创新才是引领中国新一轮增长的新航标。

(原文发表于《解放日报》,2019年8月13日)

让创新创业创造在全社会蔚然成风

“最大限度释放全社会创新创业创造动能”，在2019年3月全国两会期间，习近平总书记的重要论述为进一步推进高质量发展注入了强大思想动力。2019年全国大众创业万众创新活动周于6月5—11日举行，主题是“汇聚双创活力，澎湃发展动力”。2019年双创周将紧扣高质量发展要求，落实就业优先政策，通过多层次、多样化的活动，进一步营造良好的创新创业创造氛围，激发全社会创新创业创造活力。《光明日报》邀请智库专家，就人们关注的创新创业创造机遇与利好、存在的短板与现实障碍等与广大网友互动，为创新创业创造者解惑鼓劲。

张光南
（中山大学粤港澳发展研究院院长助理）

刘志阳
（上海财经大学创业学院执行副院长）

袁岳
（零点有数董事长）

郭红松 绘

一、唯有掌握创新创业创造制高点,才能增强国际竞争的话语权和影响力

光明智库:

2019年3月,习近平总书记在参加十三届全国人大二次会议福建代表团审议时强调,要营造有利于创新创业创造的良好发展环境。要向改革开放要动力,最大限度释放全社会创新创业创造动能,不断增强我国在世界大变局中的影响力、竞争力。在您看来,当前对创新创业创造,特别是对"创造"的强调,具有什么特殊意义?

"创造"既强调"价值创造",也蕴含着精神力量,创新创业创造是对"大众创业,万众创新"更大范围、更高层次和更深程度的发展。首先,这符合全球产业变革的历史潮流。当前,以商品、服务、资本为主的经济全球化,正在向科技、人才等要素支撑的经济全球化拓展,科技创新成为突出特征,创新要素在全球范围内的流动空前活跃,全球创业热情高涨。

其次,这是应对新一轮科技革命的必然要求。21世纪的竞争,本质上是以科技创新为核心的全面竞争,唯有掌握创新创业创造制高点,才能增强国际竞争的话语权和影响力。可以说,创新创业创造是应对错综复杂的国际环境、抢抓新一轮科技革命机遇、增强国际影响力的必由之路。

再次,这是实现经济高质量发展的现实需要。我国经济总量现已跃居世界第二位,但有不少领域大而不强、大而不优,人口、资源、环境压力较大,要向改革开放要动力,以创新创业创造理念为引领,构建新的制度环境和激励机制,助推经济高质量发展。

对“创造”的强调，具有重要意义。一方面，创新强调科技发明，创业强调企业家精神，而创造更强调工匠精神。我国亟须培育和弘扬工匠精神，进行一场“品质革命”。“创造”的提出，适应了我国经济转型升级、提质增效的需要。另一方面，创造更强调劳动人民的力量。“双创”的主体更多聚焦企业家或创业者群体，而“创造”的主体是全体劳动者。随着改革的深入推进，只有依靠人民群众，尊重人民群众的主体地位，才能最大限度激发一切力量，汇聚更广泛的改革共识，确保改革顺利推进。

说到创造，有三点需要强调。第一，我们储备了很多以前的知识和历史性经验，要对这些知识和经验进行反思和突破，鼓励再创造。第二，要鼓励那些在原有的模式和条件下取得的成果，在新的模式和条件下继续进行新的探索。第三，对于人们在探索和创造中发生的错误，要有一定的容错机制。在教育科研层面形成的成果，如何继续产业化应用，要有资本、团队和供应链的支持，要有相应的激励机制。因此，在教育领域，要鼓励讨论型、辩论型、实验型、多项选择式的教育，促进创造性思维、创造性活动和创造性成果的培育。

二、举全社会之力，落实创新驱动发展战略，建设创新型国家

光明智库：

您如何理解“最大限度释放全社会创新创业创造动能”中的“全社会”？在您看来，创新创业创造需要什么样的主体、空间与生态？

“全社会”可从三个层面理解：一是从目的来讲，“全社会”意味着释放创新创业创造动能，并非只针对某个地区、某个行业、某个领域，而是

我国创新驱动战略、建设创新型国家的重要组成部分,是为了全面建成小康社会,实现中华民族伟大复兴;二是从对象来讲,“全社会”不仅包括企业家或创业者群体,也包括全体劳动者中的其他群体,不管是企业家、创业者还是普通工人,都要充分调动他们的主动性和积极性;三是从影响来讲,创业能带动就业水平不断提升,推进全面深化改革,从而增强我国在世界大变局中的影响力和竞争力。

“全社会”强调创新创业创造主体、领域、层次等的广度和深度。创新创业创造需要以企业和个人创业者为主体,并逐渐实现多元化、大众化。在此过程中,要正确处理好政府和市场的关系,重构社会创新的微观基础,让资金更多地来自企业或市场。要从制度上保障科技人员进入企业,引导企业家投身创新活动。当前,大学生、出国留学归来人员、企业高管和连续创业者、科技人员,成为创新创业的主力军。未来,要把创新创业创造引向深入,鼓励更多社会主体参与。

创新创业创造需要大力发展“众创空间”,面向小微创新企业和个人创业者,打造低成本、便利化、全要素的开放式综合服务平台。创新创业创造需要打造多要素、多层面联动的生态系统,通过主体、支持环境等之间的相互作用,以产学研对接、政策服务、人才服务等为主要内容,整合资源,为入驻企业提供完善的服务。

在我看来,“全社会”至少包括以下几个方面:第一,创新创业创造不是个别创业者应该具有的意识,而是每个岗位上的劳动者都应该有的意识,而且在这些岗位上,有些是实际的创造者,有些是提供服务和支持者,还有一些是创造性成果的欣赏者、鼓励者;第二,创新创业创造不限于商业领域,在公众服务、公共政策、社会文化等领域也存在这样的空间;第三,有人问:难道所有人都是创业者、创造者、创新者吗?我认为,人们在“创”的过程中更易于找到合适的自我定位,有的人是“创”的领导

者，有的人是前沿支持者，还有的人是忠实的执行者，这样才能形成带“创”字特点的行动集体，而不只是个体性的创业者、创新者和创造者。

三、创新创业创造越来越成为全社会的共同价值追求和共有生活方式

光明智库：

创新创业创造被持续倡导，全社会形成了想创、会创、能创的生动局面。当下，创新创业创造有什么机遇与利好，还有哪些体制机制障碍需要破除？

机遇利好主要有以下四个方面：

一是国家政策不断释放利好。党的十八大以来，我国出台了《关于大力推进大众创业万众创新若干政策措施的意见》《关于推动创新创业高质量发展打造“双创”升级版的意见》《关于促进中小企业健康发展的指导意见》等一系列文件，对创新创业创造的税费成本、制度保障等做出了明确规定，扶持力度持续加大。

二是环境日益优化。随着“放管服”改革持续深化，“不见面审批”“最多跑一次”等一批便捷政务服务涌现，营商环境不断优化。

三是平台不断健全。各地重点打造创新资源共享平台，开放型的创新创业公共服务体系初步形成，120 家“双创”示范基地逐渐成为区域创新高地，众创空间数量超过 6 900 家。

四是创业资本投入不断强化。创业投资在税收支持、规范监管的支撑下，进一步向实体经济、战略性新兴产业集聚。截至 2018 年年底，创业投资机构管理资本量约为 2.4 万亿元，居世界第 2 位。

然而，我们也要看到，体制机制方面仍存在不少障碍：其一，产学研联动机制有待完善，创新链与产业链之间缺乏有效的联动机制，人才、技术、资金对创新创业创造的支撑不足，科技成果转化率较低；其二，创业

平台同质化建设,以孵化器、众创空间为代表的平台数量不少,但大部分服务内容单一;其三,部分行业市场准入门槛较高,如教育、医疗卫生、养老等领域,市场准入存在较高壁垒;其四,知识产权维权成本高,多头多层执法时有发生,给企业维权带来了较大的困扰。

机遇与利好主要体现在两方面。一是新技术新产业快速发展。以"互联网+"、大数据、人工智能为代表的新一代信息技术迅猛发展,在更大范围、更高层次和更高程度上,促进了创新创业创造的蓬勃发展。二是个体需求不断升级。随着人们生活水平的不断提高,越来越多的劳动者从生存、安全、归属等基本需求,上升到发展需求、自我实现需求,创新创业创造越来越成为全社会的共同价值追求和共有生活方式。

体制机制障碍主要是:在人才流动方面,户籍制度、社会保险关系转移、人才激励等障碍尚需破解;在教育方面,创新创业创造教育缺乏有效的运行机制、学科支撑和师资团队等。

四、打破创新创业创造"孤岛",推进研学用多要素更顺畅流动

光明智库:

您认为进一步释放全社会创新创业创造动能,关键点在什么地方?应该如何发力与助推?

第一,优化市场环境。一方面,建立审慎包容、公平竞争的市场环境,进一步完善开办企业程序,简化创业审批手续,降低创业者进入重点领域的门槛,取消或减少阻碍创业者进入养老、医疗等领域的附加条件。另一方面,鼓励各地结合当地实际,建立制度化的政企沟通机制,使中小微民营企业反映问题的渠道更加顺畅。

第二，降低创新创业创造成本。加强对种子期、初创期和高速成长期创业企业的融资扶持；降低知识产权保护成本，强化一站式保护和维权援助；降低资源和信息获取成本，为企业提供从项目到产业化的全链条创业服务。

第三，促进产学研转化。一方面，加强高校、科研机构与企业的联系，打破创新创业创造的“孤岛”，大力推进高校、科研机构与企业间的要素流动。另一方面，进一步完善科技成果产权管理体制，改革科研人员评价机制，打通科技成果转移转化的“最后一公里”。

首先，发挥市场、社会、自主人群的积极性，最大限度推动社会各界的创造与努力；其次，发挥专业服务和支持机构的能量和热情，优化融资环境，对人才培养给予便利条件和政策支持；再次，发挥政府在产业导向、政策资源投放、针对性政策制订方面的调节作用。

大力普及创新创业创造教育。在人才培养方面，要进一步优化人才培养方案，把创新创业创造教育理念融入高校人才培养体系。在科学研究方面，要进一步改革科研管理制度，让科研人员有更强的积极性、更大的自由度、更多的获得感，以创新创业创造撬动高校科研成果从象牙塔走入现实生活。在服务社会方面，要进一步深化产教融合、校企合作，推进创新创业创造与经济社会发展的深度融合，以创新创业创造的成果为乡村振兴、精准扶贫、城乡融合、全面建成小康社会等提供服务。

（原文为《光明日报》智库访谈内容，由王斯敏等发表于《光明日报》，2019年6月5日）

创业小贴士
START-UP TIPS

创新创业创造如何助推中国经济转型升级？

＃光明智库你来问＃［创新创业创造如何助推中国经济转型升级？］21 世纪的竞争，本质上是以科技创新为核心的全面竞争。如何利用国内外两个市场，共同探索新技术、新产业、新业态？如何为中小企业、年轻人发展创造有利条件？今天的问答嘉宾是上海财经大学商学院刘志阳教授。

@混沌未开智：在和美国博弈的背景下，创新创业对我们的经济升级有多重要？尤其是对扩大开放，是不是一个很好的途径？

@刘志阳教授：在中美经贸摩擦背景下，中国应该做好高质量发展的文章：一要高度重视制造业转型升级，推动制造大国向制造强国转变；二要始终坚持以开放促发展、以开放促改革的既定方略，在制度性开放中推动创新型国家建设；三要最大限度释放创新创业创造动能，充分谋求世界变局中的国家竞争力。要进一步推动大学创新创业教育，鼓励大国工匠精神和创造精神，让创新成为全社会主动追求的品质。

@Melodymay：中国在数字经济、量子计算机等领域发展迅猛，但仍与发达国家有差距。要实现弯道超车，相关产业应从哪些方面发力？

@刘志阳教授：新兴产业发展有其规律性，中国要实现弯道超车，需要做好以下方面：一是充分利用中国庞大的消费市场需求，寻求中国技术标准应用的优先权，加速技术更新升级；二是政府主动采用中国本土新技术，给其更多发展空间；三是要做好中国新兴技术领域的基础研究和人才培养，尤其是要加大高校创新开放，要以开放式创新来推动中国本土技术和标准的超越式发展。

@天色不早了：创业创新既要脚踏实地，又要善于抓住机遇。请问创业如何处理好“快”和“慢”的关系？

@刘志阳教授：在创新创业路上雄鹰般快速行动固然重要，但蜗牛式的小心试错更值得提倡。如果有了“蜗牛”不断试错的精神和坚持不妥协的恒心，每个创业者都可能达到心中的目标。精妙创意变成现实，在脚踏实地的基础上，必须克服很多常见陷阱，如创意加工难题、产品原型设计和反馈问题、渠道问题以及团队问题、融资问题和商业模式问题，这些都是创业者必须修炼的课题。

@心口不一的俗人：大学生创业是不是只能进一步去细分市场，还有没有更好的选择?

@刘志阳教授:数字经济时代的创业环境与之前相比变化很多。大量平台企业已成为很多行业的主宰,留给新进入者的机会不多。对于大学生创业者来说,一方面,应该定位缝隙市场或是利基市场做好自身特色的产品或服务;另一方面,如果有自身独特的技术或是商业模式,仍然有颠覆式创新的可能。前者如讯飞在语音人工智能领域的超越,后者如头条在移动互联网领域的颠覆。

(原文发表于《光明日报》,2019年7月4日)

创新创业的高风险其实是一个谎言

2016年9月22日上午，记者在上海财经大学创业学院，就创新创业采访了国际知名创新创业咨询专家拉吉夫·纳兰和国内创新学者刘志阳教授。

拉吉夫·纳兰（Rajiv Narang），印度国家创新委员会委员，引领创新创业国际潮流的专家级人物。他的著作《移轨创新》带给读者与众不同的创新理念与创业构思，以高成功率的创业孵化实践引起广泛关注。

刘志阳，上海财经大学创业学院执行副院长。

以下是记者与拉吉夫先生和刘志阳教授的对话，供《解放日报·上海观察》读者阅享。

一、找准需求，是所有创新创业的原点

解放日报·上海观察：

从创新到创业，是中间隔了几层，还是它们天然就有一种直接的联系。现实中的情况是，创新不一定直接就能带动创业，而创业也不一定完全就带来创新。您能否根据印度或国际上的创新创业经验，谈谈这个问题。

拉吉夫：

在我看来，创新创业是天然连在一起的。创新促进创业，当创新体现社会需求的时候，便会形成产业。例如，在印度，一家创新企业自主研发了一套安卓系统，该产品完全从使用者角度出发，将使用者所需要的音乐或文件等数据储存在一个安全的系统里，使用者可以完全不受时间和空间的限制，随时获取所需要的资料信息。我认为，只要创新的目的是服务于人的需求，满足人的实际需要，创新就一定会与创业紧密联系在一起。

在我看来，创新和创业隔了好几层。创新一般来说包含了发明和商业化过程。创业则分为模仿型创业和创新型创业。模仿型创业与创新没有太大关系，是对领先技术、产品等的复制和扩散，对于很多的发展中国家来说是一种很好的技术学习的过程，也可以在一定时间内弥补国内需求的不足。创新型创业则往往是基于技术发明、产品创新或是重大商业模式创新基础上的商业化应用过程，本质上它是一种颠覆性革命。我认为不同时期不同国情这两种创业类型都可能有其特殊的时代价值。就中国现状来说，我认为一方面不要否认模仿型创新或是微创新的作用；另一方面基于产品模块化创新基础上的创业是一种更为可行的创业道路。模块化创新强调复杂产品的模块分解和整合，允许更多的创业者基于既定设计规则进行部分独立模块的创新，这种创新方式非常适合中国。我国手机行业的很多创业案例往往是基于模块化创新来实现的。

二、用国家力量推动创新创业，一定要讲求效率

解放日报·上海观察：

2015 年年底，比尔·盖茨在接受《大西洋月刊》采访时坦率承认，政府是重大创新发展的源泉，私营企业有时候过于自私低效，对于创新作用甚小。而在中国，政府的大量投入促进了创新创业事业的发展，包括

上海正在建设具有全球影响力的科技创新中心，这是国家战略。那么政府在创新创业中究竟能起到多大的作用？印度是什么情况？

拉吉夫：

政府对于创新创业的作用肯定是巨大的。特别是对于一些发展中国家来说，发展科学与技术创新，需要政府的大量投入。例如，以色列在科技上有着很多重大突破，其中政府扮演了极为重要的角色。科技创新，加强了国防力量；科技的商业化，带动了经济的发展。从以色列的经验来看，政府在推动创新创业的过程中功不可没。

但是不同的国家，国情不同。在印度，创新创业承担的更多的是这样一个角色——帮助二、三、四线城市发展，向市民提供干净的水源、清洁的能源，以及新的工作岗位等。也就是说，在印度，政府作用更多地体现在改善生活环境、提高生活水平和提升就业率上。

我觉得建设科技创新中心是件好事，但是最重要的，是国家的投入、政府的投入，一定要保证高效率和高质量。企业由于有盈利的目的、有回报的要求，它的创新一定是讲求效率和效益的，这也是它的优势。总体而言，创新有两个关键的主导性力量：一是集中式创新，二是分散式创新，这背后对应着政府和企业的驱动力量。我认为二者的力量同等重要，不可偏废。

用国家力量推动创新创业，尤其是新兴产业的培育是很多发达国家的做法，不是中国的专利。但是这个过程中政府不要替代市场的力量，政府的引导不要变相为直接的财政补贴或是市场干预。另一方面，如何调动企业家的创业精神在某种意义上更为关键。从长远来看，维持一个好的市场竞争环境更为重要。我认为政府应该大力推动社会创业，通过基金引导各类社会建设，更多发挥第三部门（NGO）、第四部门（社会企业）的作用，弥补市场的失灵。

三、创新创业完全可以“教”出来

解放日报·上海观察：

如今中国大力推动创新创业教育，全国高校纷纷设立创业学院，但是也有一种观点，认为创新创业不是“教”出来的，比如马云、马化腾的创新创业，是干出来的，不是学出来的。所以我想问的是，创新创业有规律可循吗？能上升为教学教法吗？可复制可推广吗？能“教”出来吗？

拉吉夫：

我的回答是，创新创业是完全可以“教”出来的。在远古时代，人们为了生存，就要不断学习各种技能和经验，同时不断创造出维系生存的技术和工具。随着知识和经验的积累，教育产生了。教育的一个很大的作用，就是把原先需要二十年才能完成的事情缩短为两年甚至更短。这就是教育的伟大，让人少走弯路，直达顶峰。创新创业教育也是这样，创业精神、创新意识、创造能力，甚至创业领袖，都是可以培养培训出来的。比如在印度的很多非营利组织里，就会有这样对于创新创业的教育，努力培养人们的创新意识与精神，而且效果非常好。

我部分同意拉吉夫先生意见。创新创业尤其是创新创业管理，是有必要教的。但是如何去教创新创业，还可以再深入一点。比如，传统的知识传授型教育并不适用，而创造性思维训练和领导力等实践能力的训练，以及不确定性应对能力更加重要。这是因为创新创业过程存在着很多的不确定性和复杂性，需要实践者尝试着应对，这个过程是有很多方法的。马云和马化腾的成功，通过细细观察就会发现他们也是边干边学、边学边干。虽然我们看到的更多的是他们野蛮生长的一面，但事实上只是很多人更喜欢看到野蛮生长的一面。所以，得出创新创业没法教的结论是认识方法上的一个错误。

四、创新创业的高风险，其实是一个谎言

解放日报·上海观察：

创新创业推动经济的发展、社会的转型，但创新创业同时意味着风险和失败的问题。我们都知道创新的成功率很低、失败率很高，这是一个我们必须直面的难题，一方面我们需要鼓动创新创业，而另一方面创新创业的风险极高、代价极大，怎么认识和处理这样的一种矛盾呢？

拉吉夫：

在印度，就整个创新文化和社会发展而言，资源稀少、创业环境不完善，导致创新创业失败的概率比较大，也会产生许多负面影响。不过，我一直想纠正的一个观点是，其实创业没有失败这回事。比尔·盖茨经历了一系列的失败，才造就了他今天的成功。而且失败也不全是负面意义的，我所观察到的许多创新创业案例，只要坚持不放弃，越过创业瓶颈期，再多走那么几步，就会成功。我们在美国加州新建了一个孵化器项目，研究出一套先进的管理和技术系统，目的只有一个，就是提高创业成功率。根据我们目前的运行效果来看，我可负责任地讲，在这个孵化器下创业成功率高达90%以上。这就告诉我们一个事实，创业失败的原因不在于创业本身，而在于支持创新创业的系统不完善、制度不健全和资源不匹配。还是我前面说的那句话，只要基于服务于人的实际需求这一准则，创新创业就没有失败，只有成功。说创新创业赢者寡败者众，绝对是一个谎言。

很多人以创新创业项目的高风险来否定大学创新创业教育，这是错误的想法。首先，要明确大学创新创业教育实质是栽下创新创业的种子，并非一定要马上开花结果。其次，创业项目在大学教育中是载体，学生从项目中学到的东西往往是课本里所缺乏的，尤其是失败学习更是实践性的。所以，从这个意义上说，没有失败的项目，只有成功的人生。

五、创新不是颠覆规则，创业不是零和博弈

解放日报·上海观察：

有人认为创新必然是对现有规则的颠覆，还有人认为互联网新经济带来的是零和博弈，这些都涉及对创新创业的价值判断，您对此怎么看？

拉吉夫：

我不同意这些看法，创新创业的本质不是破坏、不是颠覆，创新创业是一个创造正面价值的过程，它不是零和博弈，不是你多我就少，而是要在二者之间创造一个双赢的局面。这才是创新创业真正的价值。

真正衡量创新创业的成功与否，价值的落脚点体现在消费者本身，就是看它是否为消费者创造了最大利益。阿里巴巴的成功，不能看它对传统商业模式的颠覆，造成了多少产业江河日下、多少人失业落魄，而是看它在多大程度上满足了消费者利益、给消费者带来了多大的福利。在我看来，这才是评判创新创业唯一的价值依据。

解放日报·上海观察：

非常感谢你们接受我的采访。

拉吉夫：

请代我向上海的读者朋友问好！

谢谢拉吉夫先生来访上海财经大学创业学院，也谢谢《上海观察》。

（原文由王多采写并刊载于《上观新闻》，2016年9月25日）

结语：加快构建中国特色创业学体系

习近平总书记在《在哲学社会科学工作座谈会上的讲话》强调，“当代中国的伟大社会变革……不是国外现代化发展的翻版，不可能找到现成的教科书。”长期以来，创业研究以西方创业管理范式为主导，研究新事物的机会是如何出现并被特定个体所发现或创造的过程（Shane 和 Venkataraman，2000）。西方范式尽管在新企业创建的微观基础方面积累了大量的知识，但是缺乏创业推进社会建构和国家发展的宏观探讨；西方范式主要源自资本主义企业家精神的历史实践，无法反映中国商业文明的历史传承，更无法为全面建设社会主义现代化国家新征程提供理论指导。中国特色创业学体系是由我国经济社会发展的现实逻辑、理论逻辑和历史逻辑共同决定的。

一、中国特色创业学的现实、历史和理论逻辑

第一，中国特色创业学的现实逻辑。首先，正如 20 世纪 20 年代“仰韶文化”的发现，展现了通过考古学构建史前史的可能，才使得考古学这门外来的学问获得了中国学术界的接纳。百年变局背后也蕴含着中国科技、市场以及制度变革的重大机遇，为构建中国特色创业学研究企业创建和国家追赶现象提供了最佳契机；其次，中华民族伟大复兴战略全局需要有一批能屹立于世界民族之林的新创企业家和企业，这对构

建中国特色创业学服务国家需要提出了现实新要求；最后，中国改革开放四十多年来的伟大实践为构建中国特色创业学奠定了现实基础。

第二，中国特色创业学的历史逻辑。中国历史上的企业家精神及其实践发展是一部企业家精神和民族精神紧密融合的发展史。儒家在论证"修身、齐家、治国、平天下"的人生追求同时，也强调了"义利兼顾"的经营哲学。早在《国语·晋语一》中就有"民之有君，以治义也。义以生利，利以丰民。"儒商始祖子贡、"商圣"范蠡、"治生者祖"白圭等经营实践反映了古代企业家的取之有道的"义利观"。以张謇、吴蕴初、范旭东为代表的民族企业家，将实业救国视为士大夫不容推卸的责任。中国几千年的商业文明显著有别于西方世界，这是构建中国特色创业学体系的历史根脉。

第三，中国特色创业学的理论逻辑。从现代西方创业理论看，创业经济学强调创业活动对经济增长的贡献(Baumol，1968)。德鲁克、麦克莱兰、史蒂文森为先导的管理学家继承并发展了经济理论中创业的历史根源，将这一概念应用于创新的机会寻求活动，其任务是对机会进行利用和开发。后来者逐步从创业者特质、行为和认知等方面对创业理论进行了崭新的诠释(Baron R A，2007；Shepherd D A，2011；Sarasvathy S，2016)。马克思主义政治经济学认为，增进社会财富是中国特色社会主义政治经济学的目标(洪银兴，2020)，创业劳动作为"当代劳动"的最新进展，在财富创造同时理应参与分配。2017 年中共中央、国务院印发了《关于营造企业家健康成长环境弘扬优秀企业家精神更好发挥企业家作用的意见》，充分肯定了企业家和创业劳动的主体价值，为理论构建做好了明确思想准备。当前，新发展理念已经是我国现代化建设的指导原则，也应该是构建中国创业学的根本遵循。总之，现代西方创业理论强调创业者追求冒险精神的力量，力图避免政府干预，注重价值创造过程，但无法处理财富公平分配，并不能适用于中国创业实践；马克思主义政治经济学强调创业劳动创造财富，关注生产力和生产关系的适应性，追求财富创造和分配的统一，是符合我国制度背景和现实发展要求的指导思想。

二、中国特色创业学的构建设想

近年来，在国家自然科学基金委等的支持下，以张玉利、蔡莉、魏江、陈劲、路江涌、杨俊等为代表的学者，对创业学理论进行了富有成效的工作，为学科创建打下了坚实基础。结合已有研究成果，笔者认为创业学体系构建需要从观念重构、结构改造和方法改革入手。

第一,观念重构。要提高对创业学理论体系构建的重视,承认其学科体系的构建内蕴。笔者认为,中国特色创业学不是西方创业经济理论的翻版,也不是现代企业管理理论的附庸,可以作为一门独立的学科对待。中国创业学不仅应该回应百年变局下的包括新创企业在内的各种新组织的微观创建过程,也应该回应后发国家如何创新赶超的时代课题,体现了其宏微观结合的整合式导向;中国创业学不仅要总结已有企业创建规律,更要探索“新发展理念”指导下的各类新技术、新产业和新模式的创业实践,体现了其非系统的探索性导向;中国创业学不仅要研究财富创造和分配的规律,更应传递中国声音和中国力量,体现了其服务国家的鲜明价值导向。

第二,结构改造。应进一步明确中国创业学研究对象,着力完善创业学学术体系。中国特色创业学研究对象是基于财富创造的创建活动和规律。基于国家财富创造理论,研究领域包括:制度创业、国际创业、技术创业和数字创业等内容;基于社会和自然财富的创造,研究领域包括:社会创业、绿色创业、文化创业以及可持续创业等内容。基于个人和家庭财富创造,研究领域包括:包括中小企业创业、家族创业和公司创业等内容。未来学术体系完善尤其应该关注如下:一是要研究百年变局新特征,进而分析全球技术、市场、制度和秩序的变化,促进创业学的微观基础构建和理论转型;二是要研究伟大复兴战略全局的具体新要求,进而分析各种财富的积累变化及其互动机制,促进创业学的宏观基础构建和学科结构转型;三是要研究改革开放四十多年来中国的创新创业活动实践,进而以解决企业家出现和成长的“现实难题”为出发点,促进创业学学科的问题发现和现实转向。

第三,方法改革。应该从交叉科学、历史学和各种新技术手段中融合形成创业学自身的研究方法。新时代创业实践逐渐模糊的时空边界,对传统的创业要素研究提出了新要求。需要将管理学、信息学、统计学、神经科学、人工智能、机器学习等不同学科方法有机融合,提高创业过程研究的有效性;创业学研究应放眼于历史长河中,通过时空的变迁阐述了制度对企业家精神以及企业的创立、发展和消亡的影响;应该高度重视数智手段应用,数智技术利用不仅有利于收集数据帮助理解创业者的认知变化,也可以有效降低创业风险并提高成功率。

(原文发表于《管理世界》,2021 年第 6 期)

参考文献

references

[1] Alvarez S A, Barney J B, Anderson P. Forming and Exploiting Opportunities: The Implications of Discovery and Creation Processes for Entrepreneurial and Organizational Research [J]. *Organization Science*, 2013,24(1):301—317.

[2] Anderson P, Tushman M. Technological discontinuities and dominant designs: a cyclical model of technological change[J]. *Administrative Science Quarterly*,1990,35(4):604—633.

[3] Avnimelech G, Teubal M. Creating Venture Capital Industries That Coevolve with High Tech: Insights from an Extended Industry Life Cycle Perspective of the Israeli Experience [J]. *Research Policy*,2006,35(10):1477—1498.

[4] Baldwin C Y, Clark K B. Managing in the Age of modularity[J]. *Harvard Business Review*, 1997,75(9):81—93.

[5] Baldwin C Y. Where do transactions come from? Modularity, transactions, and the boundaries of firms[J]. *Industrial and Corporate Change*, 2008,17(1):155—195.

[6] Benson G L. Thoughts of an entrepreneurship chairholder model entrepreneurship curriculum [J]. *Journal of Applied Business Research*,1992,9(1):140.

[7] Bresnahan T F, Gambardella A, Saxenian A L. "Old Economy" Inputs for "New Economy" Outcomes: Cluster Formation in the New Silicon Valleys[J]. *Industrial and Corporate Change*,2001,10(10):835—860.

[8] Ceccagnoli M. Appropriability, Preemption, and Firm Performance[J]. *Strategic Management Journal*,2009(30):81—98.

[9] Chiaroni D, Chiesa V, Massis A D,Frattini F. The knowledge-bridging role of Technical and Scientific Services in knowledge-intensive industries[J]. *International Journal of Technology*

Management,2008,41(4):249—272.

[10] Christensen C M, Suárez, Fernando F, et al. Strategies for Survival in Fast-Changing Industries[J]. *Management Science*,1998,44(12):212—227.

[11] Donato I, Peter R. The Process of Business Cluster Formation by Habitual Entrepreneurship: Entrepreneurial Dynamics and Organizational Setting[C]. Bason Kauffman Entrepreneurship Research Conference, 2003.

[12] Dosi G, Marengo L, Pasquali C. How Much Should Society Fuel the Greed of Innovators? On the Relations between Appropriability, Opportunities and Rates of Innovation[J]. *Research Policy*,2010,35(8):189—202.

[13] Ferraro F, Gurses K. Building architectural advantage in the US motion picture industry: Lew Wasserman and the Music Corporation of America[J]. *European Management Review*,2009,6(4):233—249.

[14] Funk J L. Standards, dominant designs and preferential acquisition of complementary assets through slight information advantages[J]. *Research Policy*,2003,32(8):1325—1341.

[15] Gawer, Annabelle, Cusumano, et al. Platform Leadership: How Intel, Microsoft, and Cisco Drive Industry Innovation. [J]. *Harvard Business School Press Books*,2002.

[16] Goran, Lindstrom, et al.. Early stage financing of NTBFs: An analysis of contributions from support actors[J]. *Venture Capital*,2001,3(2):165.

[17] Hochberg Y V, Ljungqvist A, Yang L U. Whom You Know Matters: Venture Capital Networks and Investment Performance[J]. *The Journal of Finance*,2007,(62):252—301.

[18] Hurmelinna-Laukkanen R P. What's in it for me? Creating and appropriating value in innovation-related coopetition[J]. *Technovation*,2009,(29):819—828.

[19] Jacobides M, Knudsen T, Augier M. Benefiting from Innovation: Value Creation, Value Appropriation and the Role of Industry Architectures[J]. *Research Policy*,2006,35(8):1200—1221.

[20] Jeffry A, Timmons S. Spinelli Jr. New Venture Creation: Entrepreneurship for the 21st Century[M]. New York: McGraw-Hill Higher Education, 8th edition/2009.

[21] Krugman P R. Geography and Trade[J]. *Southern Economic Journal*,1992,59(10).

[22] Leonard A. Schlesinger, Charles F. Kiefer, Paul B. Brown. Just Start: Take Action, Embrace Uncertainty, Create the Future[M]. Boston: Harvard Business Review Press, 2012: 34.

[23] Lerner, Josh. The Syndication of Venture Capital Investments[J]. *Financial Management*, 1994,23:16—27.

[24] Markides C, Crainer S. Innovating Globally[J]. *London Business School Review*, 2010, 21 (1):24—27.

[25] McEwen T, McEwen B. Adding Entrepreneurship to the General Education Curriculum [C]. *Allied Academies International Conference*, 2010(2).

[26] Meng H C. Innovation cluster as the national competitiveness tool in the innovation driven economy[J]. *International Journal of Foresight and Innovation Policy*, 2005, 2(1): 104—116.

[27] Pandilt N R, Gary A S, Cook G M, Swann P. The Dynamic of Industrial Clustering In British Financial Services[J]. *The Service Industrial Journal*, 2001, (4): 33—61.

[28] Pisano G P, Teece D J. How to Capture Value from Innovation: Shaping Intellectual Property and Industry Architecture[J]. *California Management Review*, 2007, 50(1): 278—296.

[29] Porter M E. The competitive advantage of nations[M]. Free Press, 1990.

[30] Rajan R G, Zingales L. The Governance of the New Enterprise[J]. *NBER Working Papers*, 2000.

[31] Shane S A. A general Theory of Entrepreneurship: The Individual-Opportunity Nexus[M]. Edward Elgar Publishing, 2003.

[32] Shane S, Venkataraman S. The Promise of Entrepreneurship as a Field of Research[J]. *Academy of Management Review*, 2000, 25(1):217—226.

[33] Solomon G T. Interview[Z]. The George Washington University School of Business and Public Management, 2001.

[34] Sorenson O, Stuart T E. Bringing the Context Back In: Settings and the Search for Syndicate Partners in Venture Capital Investment Networks[J]. *Administrative Science Quarterly*, 2008, 53(2):266—294.

[35] Suarez F F. Battles for technological dominance: An integrative framework[J]. *Research Policy*, 2004, 33(2):271—286.

[36] Tee R, Gawer A. Industry architecture as a determinant of successful platform strategies: a case study of the i-mode mobile Internet service[J]. *European Management Review*, 2011, 6(4):217—232.

[37] Teece D J. Profiting from technological innovation: Implications for integration, collaboration, licensing and public policy[J]. *Research Policy*, 1986(15):285—305.

[38] Teece D. Reflections on "Profiting from Innovation"[J]. *Research Policy*, 2006, 35(8): 1131—1146.

[39] Utterback J M, Abernathy W J. A dynamic model of process and product innovation[J]. *Omega*, 1975, 3(6):639—656.

[40] Utterback J M, Acee H J. Disruptive Technologies: An Expanded View[J]. *International Journal of Innovation Management*, 2005,9(1):1—17.

[41] Vaghely I P, Venkataraman S. Are opportunities recognized or constructed?: An information perspective on entrepreneurial opportunity identification[J]. *Journal of Business Venturing*, 2010, 25(1):73—86.

[42] Wang H, Chen W R. Is firm-specific innovation associated with greater value appropriation? The roles of environmental dynamism and technological diversity[J]. *Research Policy*, 2010, 39(1):141—154.

[43] Wood M S, Mckinley W. After the Venture: The Reproduction and Destruction of Entrepreneurial Opportunity[J]. *Strategic Entrepreneurship Journal*, 2017,11(1):18—35.

[44] Wood M S, Mckinley W. The production of entrepreneurial opportunity: a constructivist perspective[J]. *Strategic Entrepreneurship Journal*, 2010, 4(1):66—84.

[45] Zirpoli F. Persistent integrality: product architectures and inter-firm coordination in the auto industry[C]. 17th Gerpisa International Colloquium, Paris,2009.

[46] 安娜·格兰多里. 企业网络:组织和产业竞争力[M]. 北京:中国人民大学出版社,2005:175—215.

[47] 陈坚. 高新技术产业与金融的融合:美国硅谷模式的分析与启示[J]. 国际商务研究, 2006, 27(3):36—40.

[48] 陈劲,邱嘉铭,何郁冰. 偶发性创新过程模型及激发因素分析[J]. 中国软科学, 2008, (03): 88—96.

[49] 陈晓红,杨怀东. 中小企业集群融资[M]. 北京:经济科学出版社,2008:1—2.

[50] 房汉廷. 发展创业金融解科技型中小企业融资之困局[J]. 中国科技产业, 2004,(11):33—35.

[51] 房汉廷. 中国创业风险投资发展中的七大问题[J]. 中国科技论坛,2007,(4):3—10.

[52] 哈里·布雷弗曼. 劳动与垄断资本[M]. 北京:商务印书馆, 1978:53—54.

[53] 亨利·罗文. 创业精神与创新集群:硅谷的启示[M]. 上海:复旦大学出版社, 2003:25.
[54] 黄先荣. 日本发展新兴技术及其产业所采取的措施[J]. 现代日本经济, 1992(4):24—27.
[55] 江小涓. 理解科技全球化:资源重组、优势集成和自主创新能力的提升[J]. 管理世界, 2004(6):4—13.
[56] 姜彦福,邱琼. 创业机会评价重要指标序列的实证研究[J]. 科学学研究,2004(1):59—63.
[57] 经济合作与发展组织. 创新集群: 国家创新体系的推动力[M]. 北京:科学技术文献出版社, 2004.
[58] 卡萝塔·佩蕾丝. 技术革命与金融资本:泡沫与黄金时代的动力学[M]. 北京:中国人民大学出版社, 2007.
[59] 刘常勇. 创业管理的 12 堂课[M]. 北京:中信出版社, 2002:129—149.
[60] 刘志阳,程海狮. 战略性新兴产业的集群培育与网络特征[J]. 改革, 2010(5):36—42.
[61] 刘志阳,施祖留. 创业企业基于生命周期的治理结构动态演进模型[J]. 经济社会体制比较, 2007(6):40—45.
[62] 刘志阳,苏东水. 战略性新兴产业集群与第三类金融中心的协同演进机理[J]. 学术月刊, 2010(12):68—75.
[63] 刘志阳. 创新创业教育的"2035"中国方案[N]. 中国教育报(高教周刊),2017—12—22.
[64] 刘志阳. 创业资本运动机理:一个马克思主义视角[J]. 南开学报,2005(3):97—106.
[65] 刘志阳. 战略性新兴产业主导设计形成机理与竞争策略研究[J]. 经济社会体制比较,2010(5):165—172.
[66] 路风,慕玲. 本土创新,能力发展和竞争优势:中国激光视盘播放机工业的发展及其对政府作用的政策含义[J]. 管理世界, 2003(12):57—82.
[67] 罗正英. 中小企业集群信贷融资:优势、条件与对策[J]. 财贸经济,2010(2):31—36.
[68] 马克思. 资本论:第三卷[M]. 马克思恩格斯全集:第 25 卷,北京:人民出版社,1974:431.
[69] 孟宪昌. 风险投资与高技术企业成长[M]. 成都:西南财经大学出版社, 2003.
[70] 钱德勒. 战略与结构:美国工商企业发展的若干篇章[M]. 昆明:云南人民出版社, 2002.
[71] 青木昌彦,安藤晴彦. 模块时代:新产业结构的本质[M]. 上海:上海远东出版社, 2003.
[72] 青木昌彦. 硅谷模式的信息与治理结构[J]. 经济社会体制比较, 2000(1):19—28+36.
[73] 斯晓夫,王颂,傅颖. 创业机会从何而来:发现,构建还是发现+构建:创业机会的理论前沿研究[J]. 管理世界,2016(3):115—127.
[74] 孙福全,张换兆,董书礼. 龙芯:坚持走以我为主的开放式创新之路[J]. 中国科技论坛,2010(6):37—40.

[75] 谈毅,仝允桓,李雪凤. 基于技术路线图的产业创新模式:一个选择性评述[J]. 研究与发展管理，2007,19(4):23—30.

[76] 谭劲松,薛红志. 主导设计形成机理及其战略驱动因素研究[J]. 中国软科学，2007(7):41—53.

[77] 王苏生. 创业金融学[M]. 北京:清华大学出版社，2006.

[78] 谢伟. 中国企业技术创新的分布和竞争策略:中国激光视盘播放机产业的案例研究[J]. 管理世界，2006(2):50—62.

[79] 许庆瑞,毛凯军. 论企业集群中的龙头企业网络和创新[J]. 研究与发展管理，2003(8):53—58.

[80] 杨其静. 财富、企业家才能与最优融资契约安排[J]. 经济研究，2003(4):41—50.

[81] 张永衡. 风险投资与产权制度[M]. 北京:经济科学出版社，2002:129—130.

[82] 赵洪江,夏晖. 基于自组织理论的创业金融体系构成、演化及发展对策研究[J]. 中国软科学,2009(S2):107—112.

[83] 赵洪江. 高新技术创业企业融资:融资契约与创业金融体系[M]. 成都:西南财经大学出版社，2015.

[84] 朱嘉红,邬爱其. 基于焦点企业成长的集群演进机理与模仿失败[J]. 外国经济与管理，2004,26(2):33—37.

[85] 朱瑞博,刘志阳,刘芸. 架构创新,生态位优化与后发企业的跨越式赶超:基于比亚迪、联发科、华为、振华重工创新实践的理论探索[J]. 管理世界，2011(7):69—97.

[86] 朱瑞博. 中国战略性新兴产业培育及其政策取向[J]. 改革，2010(3):19—28.

[87] 朱武祥,成九雁. 创业金融体系与新创企业独立发展:两个案例分析[J]. 证券市场导报，2008(7):6—13.